米中
覇権競争
と日本

三船恵美

勁草書房

はしがき

本書は、国際関係論の基礎的な概念を学ぼうとしようとしている大学生はもとより、現在の複雑な米中覇権競争の構図を理解するための入門書を手にしようとしている一般的な読者まで、幅広い読者を対象としています。

本書の企画にあたり、国際関係論の主要な領域の重要な概念や枠組みを体系的に学べるように工夫しました。広範で多様な国際関係を広く学ぶのではなく、日本にとって最も重要な２つの国家――アメリカと中国――間の政治力学に的を絞ることで、基礎的な知識を押さえながら現実の国際関係のあり方について理解を深めていけるように構成しました。本書の全12章を読み進め、アメリカと中国の複合的な戦略的競争の構図を理解していくことで、新聞を読んだりテレビニュースや政治討論番組を視聴したりする時に重要な構図を的確に理解しやすくなるよう、基本的なキーワードや国際法を盛り込みました。

また、本書の企画にあたり、クリティカル・シンキング（批判的思考）の導入にも使えるように工夫しました。クリティカル・シンキングとは、情報をやみくもに否定することではありません。結論を説明する根拠について、「本当にそうなのか？」と疑問を問い続け、最終的に自分自身で結論を判断する思考のことです。情報が溢れる時代に、あらゆる情報を無批判に受け入れるならば、間違った情報に混乱させられてしまいます。クリティカル・シンキングで分析する習慣が現代人には求められています。

例えば、一部のメディアは現在の米中関係を「新冷戦」と語っています。これをクリティカル・シンキングで考えてみましょう。

クリティカル・シンキングでは、まず、果たして現在の米中関係を「新冷戦」という前提で語ってもいいのか、と「新冷戦」という前提を疑い、適切なイシューを探してみる思考態度が求められます。冷静に米中関係を捉えようとするならば、例えばトーマス・クリステンセン（Thomas J. Christensen）をはじめとする数多の著名な国際政治学者達が説いているように、少なくとも以下の３点において、米中の戦略的競争関係を「冷戦」と呼んでしまうことは早すぎることに気づくでしょう。第一に、米中のイデオロギー対立について、冷戦初期の国際共産主義運動と違い、中国共産党（中共）の指導者たちは中国の統治形態＝「中国モデル」を輸出しようとしているわけではありません。現代の中共が訴えているのは、中共による独裁体制の正統性の主張です。中国は民主主義、人権の尊重、法の支配によって導かれるアメリカが主導するリベラルな国際秩序に異議を唱えていますが、それはイデオロギー対立による陣営の分断を導くものではありません。第二に、中国には頼りになる強力な同盟国がありません。中国がいくら富強大国として台頭しても、１カ国だけでは反米ブロックは作れません。ましてや相手は多くの同盟を形成しているアメリカです。第三に、グローバリゼーションが進んだ現在ではグローバル市場を米中の商業圏で分断することはできません。アメリカの同盟国である日本もオーストラリアも韓国も中国を最大の貿易相手国としており、中国経済とのデカップリング（切り離し）は容易くありません。南シナ海で中国との領有権問題を抱えている東南アジア諸国でさえも、中国との経済相互依存関係からいずれかの経済陣営に属することを望んでいません。そして何よりも、アメリカも中国も複合的な相互依存関係にあり、現在のグローバル・バリュー・チェーンにおいて、米中経済のデカップリングは現実的な話ではありません。つまり、現時点での米中関係のあり方はまだ「新冷戦」と呼べるものではないと言えます。

それでは、現在の米中の競争関係をいかに捉えればいいのでしょうか？　それが「本書の問い」です。そこで、本書は、アメリカと中国の国家間力学を中心とした関係を、両国間の主な論争的イシューに的を絞って考察していきます。「新冷戦」という一部のメディアで繰り返される言葉を鵜呑みにせず、その前提を適切に疑っていくことで、それまで常識だと思っていた思考を覆し、新たな側面を発見していくことになります。そのような課題に取り組むための基礎的な枠組みを国際関係論や米中関係の初学者が理解しやすいように、本書は国際関係論の主要な理論、近年の米中関係のあゆみや論争的なイシューについて整理しています。

本書を通して読者の皆さんが国際関係論や米中関係の基本的な知見を増やし、米中競争関係の理解を深め、その面白さを解してくだされば、著者にとって大きな喜びです。

本書刊行の貴重な機会をくださった勁草書房の宮本詳三氏にたいへんお世話になり、心からの深謝を申し上げます。また、本書出版に携わってくださった勁草書房の皆様にも厚く感謝を申し上げます。

最後に、今年 10 月に銀婚式を迎える夫・毅に感謝を捧げます。

2021 年 8 月

著　　者

目　次

第Ⅰ部　米中関係を視る視座

第１章　米中競争関係を視る眼

第１節　本書の概要

本書のねらい

本書には２つのねらいがある。

一つ目は、大学生や社会人を対象とする読者が国際関係論の基礎的な概念や枠組みを勉強しながら、米中競争関係を事例に、現実の国際関係を理解するための入門テキストにすることである。

二つ目は、深刻さを増す米中対立について、経緯と主要イシューの両面から読者が理解できる概説書にすることである。米中対立の構図を基礎的なレベルから理解していきたいというニーズに応えるために、約30年間の米中関係を対象として、経緯とイシューの両面について重要なポイントを整理し、総合的に考察し、その方向性を示すことを試みた。

アメリカと中国は、経済においても安全保障においても、日本にとって最も重要な２大国である。２大国間の緊張が高まり対立や競争が激化していけば、日本に及ぶ影響はけっして小さくない。しかし、2018年からエスカレートした米中対立は、なかなか解決されそうにない。米中関係は1979年の米中国交樹立以来の大きな転換期にある。

米中対立関係が先鋭化する中で、アメリカが主導してきたリベラルな国際秩序が崩れ始めており、多くの多国間機関が米中競争の舞台となっている。米中の全面的な対立とディカップリング（切り離し）が進めば、アジア太平洋地域の国々は、米中どちらかにつかざるをえなくなってしまうかもしれない。たとえアジア諸国が望まなくとも米中双方がそれを求めてくるようになるかもしれない。現在の国際秩序は解体へ向かっていくことになってしまうのであろうか。

ローマ神話に登場する平和と秩序の女神をラテン語でPaxと呼ぶ。ローマ帝国の全盛期を指すパクス・ロマーナに由来し、超大国の覇権によって形成される平和を「**パクス**」と言う。世界秩序の再編は、**パクス・アメリカーナ**（アメリカによる平和）への回帰、もしくは、中国が主導するグローバル・スタンダードによる**パクス・シニカ**（中国による平和）の出現をもたらすことになるのであろうか。米中の先鋭化していく対立によって、世界は「新たな冷戦」へ向かうことになるのであろうか。

このような問題関心を持つ大学生や社会人の読者が、国際関係論の主要な理論や概念、米中関係の変遷、米中間の主な論争的イシューについて基礎から学び、日本を取り巻く厳しい国際関係の現状を体系的に理解していくことを目的に、入門レベルにおける基礎的な学びから専門科目における発展的な学びへと橋渡ししていくためのテキストとして、本書を企画している。

本書の構成

本書は3つのパートから構成されている。各パートで学んでいくのは以下の点である。

第Ⅰ部　［第1～2章］

複雑で流動的な世界の情勢をシンプルに説明したり要領よく整理したりするための「道具」「手段」としての国際関係論の理論を学ぶ。国際関係の複雑な事象を理解したり説明したりするためには、単純化するという作業が必要である。そこで、国際関係論の主要な3つの理論——リアリズム、リベラリズム、コンストラクティヴィズム——の基礎的な概念を第2章で学ぶ。

第Ⅱ部　［第3～6章］

複合的な相互依存関係を深めてきたアメリカと中国。なぜ、これら2つの大国はかくも対立や競争をエスカレートさせることになったのか？　この点を理解していくために、約30年間における米中関係の主な動向を学ぶ。

第Ⅲ部　［第7～11章］

米中の戦略的競争や対立を激化させた諸課題は「解決」できないとしても「管理／コントロール」することはできないものであろうか？　この点を考察するために、米中間の論争的主題としての、［第7章］経済、［第8章］国際機関における多国間外交、［第9章］サイバー、［第10章］宇宙、［第11章］海洋をめぐる諸課題についての基礎的な概念や対立枠組みを学ぶ。

［終章］

第Ⅰ～Ⅲ部を踏まえて日本の安全保障環境を分析するための視角について考える。

第2節　米中関係を視る眼：「パンダ・ハガー」でも「ドラゴン・スレイヤー」でもない視角

中国やアメリカについて独特な思い入れで論じる人は少なくない。しかし、本書は、「**パンダ・ハガー**（panda hugger）」でもなければ「**ドラゴン・スレイヤー**（dragon slayer）」でもない視角から米中関係について解説していく。本書では、アメリカと中国を対象として冷静に観察し、「独特な物差し」で論じないように、細心の注意を払っていく。

「パンダ・ハガー（パンダを抱っこする人）」という言葉は、「親中派」の同義語として目にしたり聞いたりする表現である。もともとはアメリカ国防総省において中国を軍事的脅威とみなさずに融和路線を唱える人々を揶揄して使われ始めたと言われている。経済発展の著しい中国を「脅威」ではなく「チャンス」と位置づけている人々を指す。ブッシュ政権で対中政策の調整を担っていたゼーリック（Robert B. Zoellick）国務副長官が2005年に「中国が**責任あるステークホルダー**（responsible stakeholder）になるように促す必要がある」と講演し、2006年1月に四川省成都でパンダを抱っこした写真を掲載した*Washington Post*紙（2006年1月26日）がゼーリック訪中を「**パンダ外交**（Panda Diplomacy）」と報じたことから、「パンダ・ハガー」という言葉が世界的に拡がった。

一方の「ドラゴン・スレイヤー（竜を退治する人）」という言葉は、軍事的膨張を続ける中国を「ドラゴン」＝「自由主義社会の敵」とみなし、「ドラゴンを退治しようとする人」、すなわち「対中強硬派」を意味する。しかし、中国経済が日本経済にとって重要な要素の一つであることは否定できない。中国という分析対象を、偏狭なナショナリズムに左右されないように、冷静に見極

図 1-1　日本の輸出に占めるアメリカと中国のシェア（2000 年→2017 年）

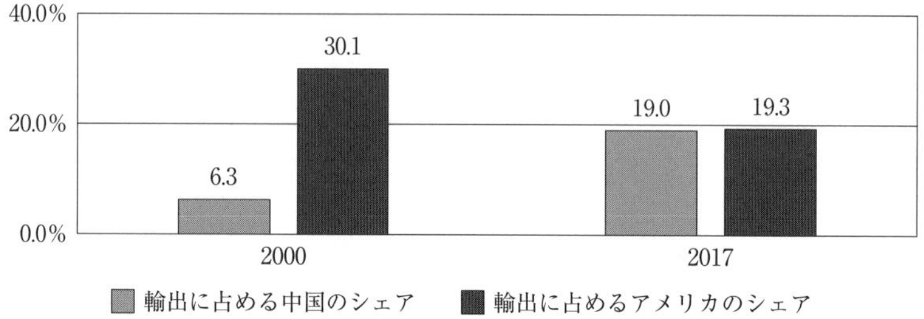

注：中国は 2001 年に WTO へ加盟した。米中関税合戦は 2018 年にスタートした。そこで、2000 年値と 2018 年値で示した。
出典：世界銀行のデータを基に著者作成。

めていく視角が肝要である。

第 3 節　独特なキーワードの事前の説明

米中関係を論じる時、中国の政治や外交に関わる重要語句の中には、普遍的な言葉の意味で解釈してしまうと正しく理解できない言葉がいくつもある。それらの独特な意味を理解して使わないと、話し手と聞き手、著者と読者が「同じ言葉」を使ってコミュニケーションをとっていないことになる。

本節では、そうした重要かつ独特な言葉の中でも特に本書における共通認識が必要な、〈1〉「中国の夢」と「偉大なる中華民族の復興」、〈2〉「一帯一路」、〈3〉「人類運命共同体」、〈4〉「中国製造 2025（中国制造 2025／メイド・イン・チャイナ 2025）」と「中国標準 2035」、〈5〉「公正合理な世界」と「国際関係の民主化」、〈6〉「法の支配」（rule of law）とは異なる「法治主義／依法治国（rule by law）」の概念、〈7〉「民主主義（democracy）」とは異なる「民主（minzhu）」の概念、について説明していく。

〈1〉「中国の夢」とは？――「偉大なる中華民族の復興」を実現すること

米中関係や習近平体制下の中国外交を聞いたり読んだりする際に、よく目にしたり耳にしたりする言葉、**「中国の夢」**（「習近平の夢」と揶揄されることもある）――この言葉は何を意味しているのであろうか？　どのような文脈で使われているのであろうか？

似たような言葉に「アメリカン・ドリーム」という言葉がある。「アメリカン・ドリーム」とは、アメリカにおいて機会の平等を活かして自らの力で経済的な成功や物質的な繁栄を勝ち取ることである。その根源はアメリカの独立宣言に記された幸福追求の権利や機会の均等による。しかし、「中国の夢＝チャイニーズ・ドリーム」は「アメリカン・ドリーム」のような使い方ができない独特の意味を持つ言葉である。

習近平は中共総書記就任直後の 2012 年 11 月、国家博物館の展覧会「復興の道」で「中国の夢」を語った。さらに、翌年３月に開催された第 12 期全国人民代表大会（全人代）第１回会議において、習近平は、「中国の夢」とは「**中華民族の偉大なる復興**」を実現することであり、そのためには、「**国家の富強**、民族の振興、人民の幸福」を実現しなければならない、と指摘した。また、2014 年 11 月に８年ぶりに開催された中国外交の方向性を示す「中央外事工作会議」において重要講話を行った習近平は、中国の外交活動の目標が「二つの百年」という奮闘目標と「中華民族の偉大なる復興」という「中国の夢」を実現するために強力な保障を提供することにある、と強調した。

「中国の夢」には、個人、社会、国家の３つのレベルにおける意味づけがあるとされている。個人レベルにおける「中国の夢」は、さらに高い収入、さらに安定した雇用、さらに公平な教育の獲得等である。社会レベルでは、民生面の改善によって幸せな社会を作ること等である。国家レベルでは、中国という国家が「本来あるべき姿」として強く豊かになり、政治力、外交力、資源力、経済力、国防力、技術力、教育力、文化力からなる「総合国力」を増強し、中華民族の復興と国家の富強を図ることである。つまり、アヘン戦争以来の「**屈辱の歴史**」から巻き返し、「中華民族の偉大なる復興」を遂げることこそが、「中国の夢」の歴史的任務であることを意味している。

中国の対外関係を理解したり分析したりする際に注意が必要な点は、中国の習近平が戦略目標に掲げた「中国の夢」という概念が、「1949 年 10 月１日に誕生した中華人民共和国の夢」ではなく、「アヘン戦争に遡る屈辱の中国近代史からの中華民族の復興の夢」として強調されていることである。また、中国が富強化へ向かうプロセスで、軍拡路線と領土拡張主義が富強大国化への夢に組み込まれていることを警戒しなければならない。中国はかつての「清朝中国の冊封・朝貢体制による版図（勢力範囲）」を「**力による現状変更**」によって「回復」しようとしている。冊封とは、中国の皇帝が周辺国の支配者へ「冊（みことのり）」によって爵位を与えることである。朝貢とは、冊封に対する返礼として、周辺国の支配者が中国の皇帝に使者団を送り、貢ぎ物を献上することである。冊封・朝貢体制による版図のイメージは、領土と辺境を含んだかつての勢力圏による領土観であり、国際法に遵った領土観ではない。中国の膨張主義は、日本を含む周辺諸国の安全保障上の脅威になっている。

〈2〉「一帯一路（BRI）」とは？——経済だけじゃない包括的な勢力圏拡大構想

「**一帯一路**」（Belt and Road Initiative：**BRI**；One Belt, One Road Initiative：OBOR）は、もともと「シルクロード経済ベルト」と「21世紀海上シルクロード」として提唱された。これらの２つの構想を合わせて、中国の国家戦略となったのが「一帯一路」である。一部のメディアは、「一帯一路」を広域経済圏構想として喧伝し続けているが、「一帯一路」は経済圏のみの構想ではない。

「シルクロード経済ベルト」構想は、2013年９月７日に習近平がカザフスタンのナザルバエフ大学における講演で、「五通＝五つの接続性（connectivity）」の強化を通じて「シルクロード経済ベルト」を形成しようと呼びかけた構想である。「五つのコネクティビティ」とは、(1) 政策面における意思疎通、(2) 交通輸送ネットワークの形成、(3) 貿易の円滑化の推進、(4) 各国の通貨流通の強化、(5) 相互理解の深化、の五つである。習近平は、まず経済的な繋がりの構築と相互協力を始め、「五つのコネクティビティ」からさらに発展領域を拡げていくという構想を打ち出した。シルクロード沿線の経済ベルト構想は、経済領域におけるコネクティビティから人文や安全保障といった包括的なコネクティビティの構築を目指した「朋友圏」（＝お友達圏＝ネットワーク）の拡大構想として提起されたのである。

習近平は、「シルクロード経済ベルト」の構築を中央アジア諸国へ呼びかけるのにあたり、中国の**独立自主の平和外交政策**、各国人民が自主的に選んだ発展の道（＝政治や経済の体制）とその内外政策を互いに尊重するという**内政不**

干渉、領土問題等の重要な**核心的利益**に関わる問題での相互支持、**上海協力機構**（SCO）の枠組み内での相互信頼の強化、「**三つの勢力**（テロリスト、分裂主義勢力、宗教過激派）」や国際的組織犯罪の取り締まり等の安全保障協力の推進を強調した。「シルクロード経済ベルト」という名称から経済面ばかりが注目されがちであるが、「シルクロード経済ベルト」は政治や信頼醸成や実務協力までを含む安全保障構想であり、かつ、包括的な勢力圏拡大構想でもある。

「21世紀海上シルクロード」構想は、2013年10月3日に習近平がインドネシア国会での演説において打ち出した戦略である。中国がASEANと築こうとしているシルクロード構想は、以下5点の協力を基軸にしている。(1) 社会制度と発展の道を自主的に選択するという互いの権利の尊重、(2) **アジアインフラ投資銀行**（AIIB）（注：実際の基軸は中国国家開発銀行や中国輸出入銀行等の政策銀行）によるインフラ相互アクセス体制の構築と「中国・ASEAN海上協力基金」の活用による「海洋協力パートナーシップ」の発展、(3) 新しい安全保障の理念形成と領土・海洋問題の二国間による解決、(4) 人的交流の拡大、(5)「**中国・ASEAN運命共同体**」の構築、の5点である。同構想は、経済面ばかりが注目されがちであるが、海洋安全保障や中国・ASEAN国防相会議の枠組みの強化から国家体制の相互支持等を含む包括的な構想である。

つまり、「一帯一路」は、単なる経済連携や経済圏の建設だけにとどまっていない。安全保障構想でもあり勢力圏の拡大構想でもあることに注目しなければ、アメリカ側の警戒感を理解することができなくなってしまう。2017年5月14日に北京で開催された「一帯一路国際協力サミット・フォーラム」の開会式において習近平が語ったように、「一帯一路」には、「**中国と同じ規格**」のインフラを拡げ、**複合型インフラネットワークを形成し管理すること**で、将来的に、デジタル経済、人工知能（AI）、ナノテクノロジー、量子コンピュータ等先端分野での協力を強化し、ビッグデータ、クラウドコンピューティング、スマートシティ建設を推進し、**デジタル・シルクロード**を築くことに繋がる。国境を跨ぐ光ケーブル網の構築を推進し、国際通信の接続性を高め、大陸間海底ケーブルの計画を策定し、衛星情報のネットワークを構築することで、安全保障領域で中国が有利に活用できることを目指している。また、同演説で習近平が語ったように、「一帯一路」によって**陸のみならず海、空、サイバー空間**

の「**四位一体の相互連結**」を推進し、陸上の道路鉄道網と海上の港湾網を連結し、「一帯一路」の経済回廊の枠組みを確立し、「**政策とルールと基準の三位一体のすり合わせ**」を促進し、相互連結を仕組みの面から保障していこうとしている。

さらに、それは、2016年の第13次5カ年にも示されたように、「**海洋強国**」「**宇宙強国**」「**ネット強国**」が緊密に連携した戦略となっている。

また、「一帯一路」という勢力圏構想は、途上国における中国の覇権を強化する政治手段にもなっている。中国は「一帯一路」によって、アジアや中東、アフリカの途上国に対して開発支援と称して過剰融資を実施し、巨額の債務を背負わせることで自国の影響下に置く「**債務の罠**」による外交を展開してきた。そうした中国による融資の対象国が戦略的要衝に位置していることから、将来的には中国の支援で開発されたこれらの国々の港湾や空港を中国軍が軍事的に使用する恐れが強いとアメリカは警戒を強めているのである。

〈3〉「人類運命共同体」とは？――「総体国家安全観」の目的、「一帯一路」はその手段

現代中国の外交を議論している時に論者間でなかなか嚙み合わない言葉の一つが、「**人類運命共同体**」という言葉である。中国が説く「人類運命共同体」という構想を、習近平や中共高官が意図している意味で論じていない人々が少なくないからである。日本語の「運命共同体」の一般的な意味は、所属する人が繁栄する時も衰亡する時も運命を共にする組織や団体、または、その関係のことである。しかし、この意味で中共が説く「人類運命共同体」を理解してはならない。議論している概念が異なるからである。

日本の大学生が「人類運命共同体」という言葉を耳にするとクスッと失笑してしまうことが多い。しかし、「人類運命共同体」は、中国の2つのconstitution、すなわち、2017年10月の第19回党大会で改正された党規約（Communist Party of China Constitution）と、2018年3月に全国人民代表大会で改正された憲法（Constitution of the People's Republic of China）に「**人類運命共同体構築を推進する**」と明記されたことによって、中国における対外戦略の指針として2つのconstitutionに位置づけられた言葉である（注：中共が国家の上位にあ

る中国においては、憲法よりも党規約が上位に位置づけられる)。

「運命共同体」とは、「共同発展」という言葉を重点に据え、多国間の国際システムや国際レジームを改革し、グローバル・ガバナンスに参与し、中国がそれを主導していく構想である。

2012年の第18回党大会で提唱された対外指針である「運命共同体」の言葉は、それ以降、重要な党の文献や高官の演説に登場してきた。2013年に習近平が2つのシルクロード構想を提唱した際には、SCOとASEANを念頭に「**周辺運命共同体**」の概念が打ち出され、同年11月の三中全会で中国共産党の戦略に位置づけられた。「運命共同体」の言葉が、上海において「**自由貿易試験区**」が設立された2013年9月から、自由貿易区設置と内陸部開放の加速方針が表明された2013年11月の中共三中全会にかけての時期に頻繁に提起されていたことから、経済構想として理解しようとする論者もいる。しかし、「人類運命共同体」構想は、2014年4月の**国家安全委員会**において、「**総体国家安全観**」の中で正式に位置づけられた。「総体国家安全観」は、「国家安全」を人民、政治、経済、軍事、文化、社会、科学技術、情報、生態系、資源、核の11項目で包括的に定義し、対内的には発展や安定を求めて平安な中国を建設し、対外的には平和、協力、win-winを求めて調和のとれた世界を建設し、自国の安全保障と他国の安全保障の共同安全保障、さらには人と自然、国家と国際の総合的安全保障を概念化したものである。2015年7月1日に全人代常務委員会第15回会議において成立した「**国家安全法**」は、この「総体国家安全観」を法律の形で確立した措置である。

2015年9月28日の第70回国連総会演説で、習近平は「手を携えて協力とwin-winの新たなパートナーシップを構築し、人類運命共同体を築こう」と呼びかけた。この頃には、中国外交部は「人類運命共同体」とアメリカを念頭に置いた「新型国際関係」を並列し、両者を中国外交理念の新しい発展と進化として位置づけていたのであった。これらのことが米中関係ならびにアメリカのアジア戦略と深く関わっていることは、第Ⅱ部第4章と第Ⅲ部でも確認していただきたい。

2017年12月1日には、「人類運命共同体の構築」と銘打った「中国共産党・世界政党ハイレベル対話会」が北京で開催された。120カ国の約300の政党・

政治組織の指導者が参加したこの対話会の基調講演で習近平は、「私（＝習近平）が『一帯一路』構想を提唱したのは、まさに『人類運命共同体』の理念を実践するため」と語った。つまり、「運命共同体」と「一帯一路」とは、「運命共同体」が習近平体制下の中国外交の目的であり、「一帯一路」がその手段という関係にある。

それでは、習近平が説く「人類運命共同体」とはいかなる構想であろうか。

それは、2017年1月18日の国連ジュネーヴ事務局での演説ならびに2017年12月1日の中共・世界政党ハイレベル対話会での基調講演から読み取れる。「人類運命共同体」は『礼記』礼運編の説く大同思想「天下一家」の世界観である。習近平は、人類運命共同体が「小異を残して大同に就くこと」であると説き、「新型国際関係を基礎に、求同存異、相互尊重、学び合いという新型政党関係の確立を模索し、多様で多層的な協力ネットワークを構築し、人類運命共同体を構築する強大な力を結集すべき」と呼びかけた。また、「中国は、外国のモデルを《輸入》しないし、中国のモデルを《輸出》したり《コピー》するように押しつけたりしない」とも強調した。これらの言葉を言い換えるならば、中共が説く「人類運命共同体」の世界観は非自由民主主義的な政治体制を欧米諸国にも尊重させる国際社会の構築、という主張である。

その核心は「主権平等」「国際関係の民主化」「新型国際関係」にある。これらは、1989年の天安門事件以降、中共高官と中国政府が主張し続けてきた常套句である。「国際関係の民主化」とは、名指しこそはしていないけれども、アメリカの単独覇権に対する批判が含まれている（ただし衝突は望んでいない)。「新型国際関係」とは、大国関係においては互いの核心的利益や重大関心事項を尊重し、矛盾や対立を管理・コントロールし、非衝突・非対立・相互尊重・協力・win-winの関係を築こうという中国の常套句である。これらの常套句を使いながら、習近平は「グローバル・ガバナンスの改善」を説き、深海・極地・宇宙・サイバー等の空間における新たな国際秩序の形成を説いている。

アメリカ海軍が主導した「有志連合」による海洋安全保障イニシアチブ「センティネル作戦」を牽制するように2019年12月に中国がロシアとイランとともに合同海上演習を行い、その目的が「海洋運命共同体」の積極的な構築であると中国国防部が公表したことにも、「運命共同体」構想に含まれている安全保障戦略の一面が示されていたと言えよう。

〈4〉「中国製造 2025」から「中国標準 2035」へ

トランプ政権期における米中対立の最大争点の一つであった「**中国製造 2025**（中国制造 2025／メイド・イン・チャイナ 2025）」とは、「世界の工場」として歩んできた中国が3ステップで「製造大国」から「製造強国」への転換を目指す産業発展の指標である。3ステップとは、2025年までの第1段階で「製造強国」入りをし、2035年までの第2段階で中国の技術規格を国際標準化させ、2049年の第3段階で「製造強国」のトップ・クラスに躍り出るという青写真である。

中国の「中国製造 2025」は、「**イノベーション力**」「**デジタル化**」「**国産化**」をキーワードに、以下10分野の重点産業での発展を提起している。〈1〉次世代IT、〈2〉産業用ロボット・次世代半導体、〈3〉航空・宇宙、〈4〉海洋エンジニアリング、〈5〉先進鉄道装置、〈6〉省エネ・新エネルギー自動車、〈7〉電力装置・設備、〈8〉農業機械・設備、〈9〉新材料、〈10〉バイオ医療・高性能医療機器である。

トランプ政権期にアメリカ政府が中国政府へ「中国製造 2025」の取り下げを強く要請するまでは、「中国製造 2025」をドイツが提唱する産業革新策「インダストリー 4.0」やアメリカが提唱する「インダストリアル・インターネット」と並び紹介していた無責任な論者もいた。しかし、「中国製造 2025」は、「中国版インダストリー 4.0」と呼べるものではない。

「中国製造 2025」の戦略の中核は、中国における**国産化率の引き上げ**と**中国規格の国際標準化**である。

「中国製造 2025」が内包する課題は、社会主義国家における製造業のイノベーション意識の欠如とシステム開発の不足である。それを手っ取り早く克服する方法として、近年、中国企業は先進諸国の先端技術企業のM&A（合併・買収）を積極的に行っている。中国は「10大重点分野」において、中国資本の割合を拡大させ、製品の国産化を進めようとしている。その国産化に日本をはじめとする国々の先進的な技術やノウハウやリソースが不可欠となっている。

しかし、トランプ政権期のアメリカが強く撤回を求めたのが「中国製造

2025」であったため、「中国製造 2025」という言葉はトランプ政権末期にはあまり聞かれなくなり、いまや中国の戦略は 2018 年から検討が始まった中国の技術規格を国際標準化させるための中期戦略「**中国標準 2035**」へ照準が移っている。

2017 年の党大会（2017 年 10 月 18〜24 日）において習近平は「中国標準 2035」を打ち出した。直後の 2017 年 11 月 4 日の全国人民代表大会常務委員会において、「**標準化法**」が 29 年ぶりに大幅に改正された。2018 年 1 月 1 日から施行されている。また、習近平による「中国標準 2035」の提起を受けて、あらゆるモノがネットにつながる **IoT（モノのインターネット）**を踏まえ、情報技術などで中国の技術標準を国際標準にする取り組みを強化するために、2017 年 11 月 4 日に改正された標準化法が 2018 年 1 月 1 日から施行されたのに続き、中国政府は 2018 年 3 月の国務院改革で**国家市場監督管理総局**を新設した。この下部機関の一つが中国の国家標準である GB 規格の認定を行う**国家標準化管理委員会**である。また、**国際電気通信連合**（ITU）や**国際標準化機構**（ISO）等への関与を通して、中国の国内標準を国際標準へ反映させる動きを強めている。

中国は 2001 年の WTO 加盟後、WTO 加盟国すべてに適用される一括協定の「貿易の技術障害に関する協定（**TBT 協定**）」によって定められる国際標準の遵守を義務づけられるようになった。TBT 協定とは、1979 年 4 月に国際協定として合意された GATT スタンダードコードが 1994 年 5 月に TBT 協定として改訂合意され、1995 年 1 月に WTO 協定に包含されたものである。TBT 協定は、工業製品等の各国の規格および規格への**適合性評価手続き（規格・基準認証制度）**が不必要な貿易障害とならないよう、国際規格を基礎とした国内規格策定の原則、規格作成の透明性の確保を規定している。これを受けて、中国は 2006 年 2 月に「国家中長期科学技術発展計画要綱」を打ち出し、2007 年 3 月の「第 11 次 5 カ年計画」で標準化活動の強化へ積極的に乗り出した。2014 年 9 月の中国品質大会で国務院総理の李克強が「国家規格の体系を整え、強制規格の改革を推進し、規格及び検査・測定の有効性、先進性、適応性を高める」との考えを表明し、2015 年 10 月には「標準連結一帯一路行動計画（2015-2017 年）」を発表した。また、「一帯一路」を通して、EU、ASEAN、中央アジア、モンゴル、ロシア、アラブ諸国などの沿線重点エリアで**多国間標準化協力チャネル**の構築に着手してきた。

〈5〉常套句としての「公正合理な世界」と「国際関係の民主化」

中国が国際関係について語る時、30年以上も言い続けてきた常套句がいくつもある。例えば「強権政治と覇権主義に反対」、「公正合理な世界秩序の推進」、「新しい国際関係の構築」といった言葉である。

米中国交正常化以降の中国がアメリカに対して「強権」や「覇権主義」と激しく批判するようになったのは、1989年の第2次天安門事件に対してアメリカをはじめとする西側諸国から経済制裁を受け、国際的孤立に追い込まれてからである。それ以来、中国はアメリカに対して、自国の社会制度や発展モデルや価値観を他国に押しつけている、と批判してきた。法の支配、民主主義、自由、人権の尊重といった「価値観の違い」によって中国を批判するアメリカの行為を、中国は「主権侵害や内政干渉」であり、アメリカが主導する国際秩序は「不公平かつ不合理」であり「強権主義」であると批判してきたのである。

また、中共中央はアメリカが圧倒的な軍事力によって台湾統一を阻んできたとみなしている。1996年の第三次台湾海峡危機の最中に開催された第8期全人代第4回会議で中共指導部は、将来的に「覇権主義と強権政治」の圧力に対抗していくという強い意思を表明した。台湾統一問題は中共からすれば国家主権、国家安全保障、中共による統治支配の正統性に関わる問題である。

このような台湾問題や人権問題などをめぐり、中共中央は、長期的に安定した「平和」な国際環境を創り出さねばならないと、主権平等と相互内政不干渉を核心とする新しい国際秩序の構築を強調してきたのである。習近平体制下の中国外交が謳う「win-winの新しい国際経済関係の樹立」とは、新しく提起された内容ではなく、すでに長い間にわたり唱え続けられてきた主張である

〈6〉「法の支配」（rule of law）とは異なる法治主義（rule by law）の概念

中国は2003年に「中国人民解放軍政治工作条例」を改正し、「**輿論戦**」「**心理戦**」「**法律戦**」のいわゆる「**三戦**」の実施を明確に規定した。中国の「法律戦」とは、中国に都合のよい法解釈を世界に向かって公表したり、中国に都合

のよい国内法を制定したりする行為である。「法律戦」と法律をめぐる観念は、中国国内の統制強化の問題だけでなく、中国の対外関係、諸外国の中国に対する政策を考える上でも注視すべき戦術である。

中国は長らく「人治の国」と批判されてきた。それに対して、中国は「法制建設が進んでいる」と反発してきた。2014 年 10 月 20〜23 日に北京で開催された中共第 18 期四中全会（中国共産党第 18 期中央委員会第 4 回全体会議）は、主要議題を「法による国家統治の全面的な推進における若干の重大問題に関する検討」に設定した。改革開放以来、中共の中央委員会全体会議で「法治」が主要テーマになったのは 18 期 4 中全会が初めてであった。同会議において、「中国の特色ある社会主義法治の道を堅持し、中国の特色ある社会主義法治体系を構築する」「“小康” 社会を全面的に完成させ、『中華民族の偉大なる復興』という『中国の夢』を実現し、改革を全面的に深化させ……（中略）……、必ずや法に基づく国家統治を全面的に推進しなければならない」と提起された。

ここで注目する点は、中国が打ち出しているのが「法の支配」ではなく「法による国家統治」を強化しているという点である。習近平体制下の中国は、社会統制を正当化する政治的な道具として「法治」を用いている。

「**法治主義**」（**rule by law**）と「**法の支配**」（**rule of law**）は非常によく似た響きである。しかし、米中関係において両国の政治体制を論じる際、「法の支配」と「法治主義」というこれらの概念を明確に区別する必要がある。

「**法の支配**」（rule of law）とは、政治が法に基づき法に従って行われるべきであるという原則のことである。法律が権力を制限する「法の支配」は、権力に対して個人の人権や自由を保障するために国家権力の恣意的支配を排除し、法に基づいた立法・司法・行政を為政者に要求する。「法の支配」は、為政者の上に法を位置づけて、為政者を法によって拘束しようとするもので、17 世紀以降イギリスの立憲政治の発展の中で、基本的人権を守るための重要な原理として発達した。「法の支配」は民主政治に不可欠な原則である。

一方、「**法治主義**」（rule by law）とは、法に基づいて政治が行われなくてはならないという原則である。中国が強化している「**依法治国**」（日本における報道や書籍等では多くの場合「依法治国」という言葉が使われているが、「以法管治」「以法制民」と表記されることもある）とは、統治の正統性のための

rule by law であって、rule of law ではない。

〈7〉「民主主義」(democracy) とは異なる民主 (minzu) の概念

2021年3月にアラスカで開催された米中高官会談において、中国の楊潔篪・中共中央政治局委員が、アメリカにはアメリカ式の**民主主義** (democracy) があり、中国には中国式の**民主** (minzu) があると訴えたように、デモクラシーと民主は全く異なる概念である。中国において、民主主義、自由主義、人権の尊重といった西欧の**普遍的価値**は受容されていない。発展の原動力を社会的生産とそれに応じる経済的構造にあるとする**マルクス主義の弁証法的唯物論**によれば、**国家資本主義**の中国における「**上部構造**」としての「民主」は、自由民主主義国家の「上部構造」としての「民主主義」とは、まったく異なる概念である。「民主主義 (democracy)」は個人の自由と平等を尊重する考え方である。しかし、「民主 (minzhu)」は集団主義を重視する考え方である。

図1-2　民主主義 (democracy) と民主 (minzu)

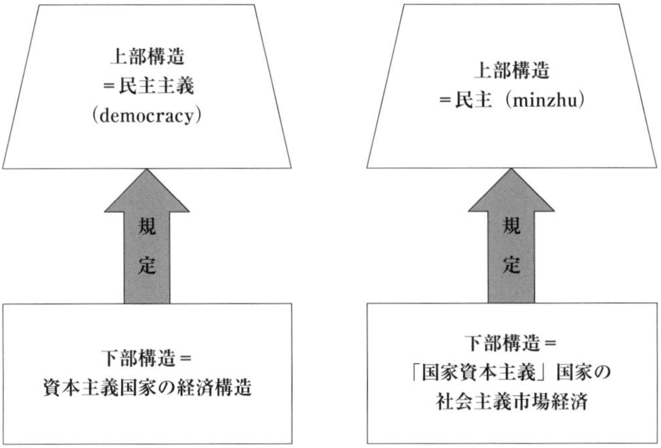

マルクス主義の弁証法的唯物論は、歴史の発展が社会的生産における物質的生産力と、それに照応する生産関係からなる社会の構造にあるとする考え方である。生産力と生産関係 (生産手段の所有関係) による経済構造からなる「**下**

部構造」の上に、政治や法律や宗教や哲学やイデオロギーなどからなる「上部構造」が形成される。「下部構造」が「上部構造」のあり方を決定する。「下部構造」と「上部構造」の生産関係が生産力の発展によって制約されると、近代資本主義が崩壊し、やがては、新しい生産関係に移行するという理論である。

国家資本主義の中国では、「社会主義」と「愛国主義」は同義とされている。1990年5月3日、江沢民は「世界には、具体的で相対的な民主だけが存在する。抽象的かつ絶対的な民主など存在しない。民主は上部構造である。どのような民主を実行するかは、国家と社会制度の性質によって決まる。社会主義の民主と資本主義の民主は根本的に区別される」と演説した。また、江沢民は「社会主義の民主」が中国共産党の指導下で人民が主人公になることであると説くと共に、「社会主義の民主」を擁護し発展させることが「愛国主義」の重要な体現であり、愛国主義は「社会主義の民主」に本質的に統一されている、とも説いた。つまり、「社会主義の民主」と「資本主義のデモクラシー」は根本的に違うものである。

個人の自由と平等を尊重する「民主主義（democracy）」と、集団主義を重視する「民主（minzhu）」、この全く異なる言葉を明確に区別し、それを踏まえてこれらの言葉を使わないと、中国が主張する「公正合理な世界秩序」や中国が推し進める「世界の多極化と国際関係の民主化」の意味する脅威を理解することはできないのである。

図1-3　社会主義の民主

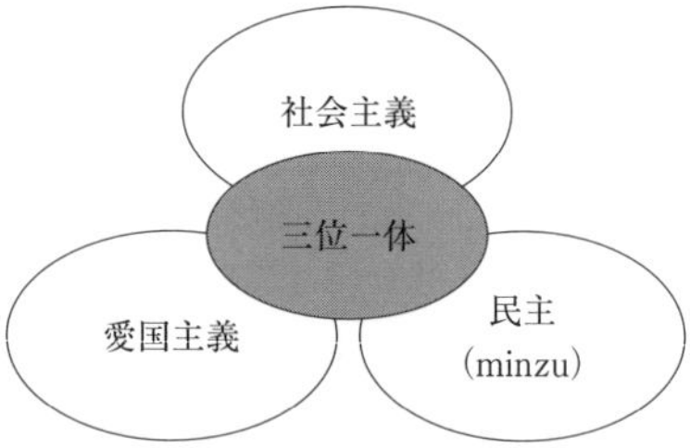

第2章　国際関係の理論

本章で学ぶこと

第2章には2つのねらいがある。

【1】複雑な世界を単純化する

第1のねらいは、第Ⅱ～Ⅲ部を読む前に国際関係の主要な理論の概念を学んでおくことで、どのような国際関係の理論が米中関係や米中日関係を理解するうえで説得力があるものなのかを理解することである。アメリカの影響力の後退、そして中国のグローバルな台頭という現在の国際秩序再編の中で、現在の日本を取り巻く安全保障環境、特に米中の対立関係をいかなる視角や理論で考察していくべきなのかを考えてみることである。

理論とは、個々の事実や認識を統一的に説明し、予測できる普遍性を持つ体系的な知識のことである。一言で言えば、「理論」とは現実の世界を単純化したものである。現実の国際情勢はとても複雑であるから、それをそのまま理解したり説明したりすること等不可能である。事象を単純化することで、理解したり説明したりすることが可能になる。つまり、国際関係論の理論は、複雑で流動的な世界の情勢を簡潔に説明したり要領よく整理したりするための「道具」「手段」として存在する。

そこで、読者が国際情勢を単純化して論じる時にどのような見方をすれば最も説得力のある説明ができるのかについて、考えてみることが必要になる。

【2】自分はどの立場に依拠して世界情勢を見ているのかを知る

第2のねらいは、国際関係論における独特な言葉を理解し、いかなるアプローチから世界情勢を判断するのが最適であるのかを学ぶことである。そのためには、国際関係論における独特な意味を持つ言葉を理解する必要がある。

例えば、一般的に「リアリズム／現実主義」と言えば、①現実の事態に即して物事を処理しようとする考え方、②現実をあるがままに再現しようとする芸術上の考え方、③哲学上の実在論を説く考え方、を意味している。しかし、「国際関係論におけるリアリズム」と言えば、国際関係の動向がパワーをめぐる不可避な闘争であるとみなし、国際システムに並存する主体間のパワーを均衡させることで国際社会の安定を保とうという視角から国際関係を捉えようとする考え方を意味している。通常の国語辞典に記載されている意味で「△△△国の□□□長官はリアリストだから……」等の言葉を聞いたり読んだりしても、正しい文脈で捉えていないことになる。

そのうえで、理論が用いられる方法も対象も異なることを認識しなければならない。例えば、コンストラクティヴィズムは、ヨーロッパの国際関係を分析する際には使えるアプローチではあるが、規範よりも国益を優先するアメリカと中国の対外関係を理解するには有効な手法ではない。リベラリズムでは、「一帯一路」で世界の地政学を再編し「人類運命共同体」の構築を目指す中国のビジョンを読み誤ることになる。リアリズムとひとことで言っても、「膨張する中国」の分析に「構造的リアリズム」では説明がつかない。「攻撃的リアリズム」では、アメリカの視点から用いるのであれば有効な手法となりえても、日本の視角からではそうとは言えない。そこで求められるのが、いかにアジアにおいて勢力均衡を形成し、国際秩序の正統性を維持し、それらを促進するための視角を提供できる理論はどれかと言うことになる。

第1節　リアリズム

〈1〉リアリズムの淵源

国際関係論におけるリアリズムの淵源とも言える代表的な論者として、トゥキディデス、マキアヴェッリ、ホッブズ等が挙げられる。

トゥキディデス：「攻めなければ攻められる」

ペロポネソス戦争（前 431～前 404 年）を『**戦史**』に記した**トゥキディデス**（Thucydides）は（トゥキディデスが完成前に他界したため、残りはクセノフォン等が加筆したと言われている)、人間の行動の源泉を利益やパワーという観点だけでなく、むしろ恐怖や不安や焦燥といった内面の弱さにあると見ており、シシリー遠征の要因はアテネの強さにではなく、攻めなければ攻められると考えた政策決定者の心理的な弱さにあったと論じた。

『戦史』から国際関係における**安全保障のジレンマ**を学ぶことができる。安全保障のジレンマとは、**ハーツ**（John Herz）が提起した概念で、アナーキーな国際社会においてA国が自国の安全保障を向上させようととる行動が、B国の安全保障を低下させるとB国に認識させ、B国が自国の安全保障を向上させるという合理的な行動によって、結局A国とB国の双方の安全が低下する状況に陥ってしまうというジレンマである。

マキアヴェッリ：「良き軍備」のないところに「良き法律」はありえない

フィレンツェの外交官であった**マキアヴェッリ**（Niccolò Machiavelli）が著した『**君主論**』は、彼の死後1532年に刊行された。マキアヴェッリは、君主がとるべき安全保障政策について、国内外の両側に対して事前に備えておくことであると説いた。マキアヴェッリは、「すべての国家の基本的な土台となるのは良き法律と良き軍備である。**良き軍備のないところに良き法律はありえない**」と、防衛と法律が車の両輪のように一対でなければ巧く機能しないと主張した。法が存在するだけでは人間がそれに従うとは限らない。法に従う人の行動にはそれを強制できるパワーや権威が必要となる。また、マキアヴェッリは、傭兵や派遣された外国軍は無用どころかむしろ危険であるとみなし、君主は自国民からなる自国軍の武力がなければ破滅の危険にさらされるばかりか、自力で事態を動かせなくなると周囲の情勢に左右されるだけの存在となってしまうと注意を促している。

ホッブズ：「万人の万人に対する闘争」

イギリスの哲学者である**ホッブズ**（Thomas Hobbes）は、1651年に『**リヴァイアサン**（*Leviathan*）』を著した。リヴァイアサンとは、旧約聖書ヨブ記に登場する怪物の名で、「教会から解き放たれた国家」のことである。「相互不信のなかでは自分が相手にやられてしまわないように何らかのパワーや策略によって相手を制圧するしかない」と説いたホッブズは、自然状態を「**万人の万人に対する闘争**」であると説いた。また、ホッブズは、人間の本性に内在する3つの主要な争いの原因として**競争・不信・誇り**の3要素を指摘し、「すべてを威圧しうる共通の権力」がないところでは利益・安全・評判を求めるために、「万人の万人に対する闘争」の状態が生まれると説いた。ただし、国際関係では、個人レベルとは異なり、**勢力均衡**がある程度の秩序をもたらすとも論じた。

クラウゼヴィッツ：「戦争とは異なる手段をもって継続される政治にほかならない」

プロイセンの軍人で戦略家であった**クラウゼヴィッツ**（Karl von Clausewitz）は『**戦争論**』を執筆中の1831年に急逝した。その翌年の1832〜1834年にかけて、『戦争論』は分冊刊行された。クラウゼヴィッツは『戦争論』において、「戦争とは異なる手段をもってする政治の継続にほかならない」「戦争とは異なる手段を交えた政治的交渉の継続にほかならない」と指摘し、「政治の手段としての戦争」、「政治交渉の一部としての戦争」を論じた。クラウゼヴィッツは、戦争の究極の目標が「自国の安全と敵国の完全なる打倒」であると記す一方で、実際の戦争が敵の殲滅にまで至らないのは、戦争というものが常に政治的動機から勃発するものであり、戦争は政治的意図を達成するための「あくまでも手段」にしかすぎないことを論じている。

戦争における「目標（戦争で獲得するもの）」と「目的（戦争で達成するもの）」は同じではない。敵の戦闘力の壊滅は全軍事行動の「目標」であるが、それは戦争の「政治的目的」ではない。敵の殲滅という究極目標に近づけば近づくほど、政治的要求の大きさへの配慮は失われ、「戦争という手段」と「戦争による目的」の乖離が拡大し、政治的配慮への努力は、自国軍の内部の抵抗にあえばもろくも挫折させられるかもしれない。そこで、「戦争は必然的に政治の性格を担わなければならず、その規模は政治の尺度で測られねばならない」。

〈2〉ネオ・クラシカル・リアリズム

現代の国際関係論におけるネオ・クラシカルなリアリズムの代表的な論者と

して、E・H・カーとハンス・モーゲンソー等が挙げられる。

E・H・カーの理想と現実の融合

イギリスの外交官から学者へ転じた**E・H・カー**（Edward H. Carr）は、現代国際政治学の先駆者の一人である。カーは主著『**危機の20年**』を1939年に著し、国際政治における**パワーと道義の両義性**を説いた。

カーは1930年代当時の諸国家からなる共同体全体の利益と共同体構成国それぞれの利益とを同一視するという利益調和説を土台にした国際的道義を否定した。しかし、カーは政治における道義性をまったく否定したわけではない。むしろ、国際秩序が権力だけに基づいて築かれることはありえず、それを受け入れる被支配者の同意という道義的な基盤をも必要とすると説いたのである。カーは、道義的要素を排除するリアリズムの限界を指摘し、すべての政治的思考というものがユートピアとリアリティの2つの要素から成り立っていると説き、ユートピアニズムとリアリズムの相克と融合を論じた。

また、**政治とは常に権力政治**であると説いたE・H・カーは、国際分野における政治パワーを、**軍事力、経済力、意見を支配する力**の3つに分類し、これらが密接に絡み合っていることを指摘した。

ハンス・モーゲンソーの人間性リアリズム

ナチス政権下のドイツからアメリカへ渡り、国際政治におけるクラシカル・リアリズムを築いたのは**ハンス・モーゲンソー**（Hans J. Morgenthau）である。モーゲンソーは、国際政治における本質を権力闘争とみなし、国際政治における単一のアクターとして合理的に行動する国家の行動原理はパワー＝国益の追求であり、国家の生存に関わる安全保障こそが国際政治における第一義的問題であると論じた。また、モーゲンソーは1946年に刊行した『**国際政治**』において、「パワーとして定義される利益」が対外政策に合理的な基準を与えると説き、国益の観点からアメリカのベトナム戦争介入を批判した。

モーゲンソーは、トゥキディデスやマキアヴェッリの伝統的リアリズムを継承し、人間の倫理性を考慮した。政治パワーというものを、①利益への期待、②不利益への恐れ、③人や制度への敬愛の3つの要素に由来する心理的な関係であると説いた。つまり、これらの３要素に由来する政治パワーへの欲求が人間の本質であり、国際政治の本質であり、それらをめぐる闘争が国際政治の本質と説いたのである。そのうえで、モーゲンソーはすべての国際政治の現象が①力を維持する「現状維持政策」、②力を増大する「帝国主義政策」、③力を誇示する「威信政策」の３つの基本的なパターンに還元するものであると説いた。

また、モーゲンソーは、アナーキーな国際社会において**勢力均衡**を不可避で安定的な要素であると説いた。国際社会の基礎は多様性と各国の対立の２つの要因からなるため、国際政治の闘争は、①直接的対抗か、②競争の２つのパターンで営まれる。そこで均衡には、①**分割支配**、②**同盟**、③**バランサー**の３つのいずれかの方法がとられることになる。しかし、勢力均衡には、①不確実性、②非現実性、③不十分性という３つの弱点があるため、必ずしも機能しうるわけではない。また、勢力均衡そのものの構造が変化（二極化、植民地フロンティアの消滅、バランサーの消滅）したことから、勢力均衡の作用が著しく失われてしまった。そこで、政治的対立を緩和し極小化させる手段は「調和による平和」、すなわち外交であるとモーゲンソーは説いたのである。

〈3〉 ネオ・リアリズム

覇権安定論

「**覇権**（hegemony）」は単なる「**大国**（great power）」とは異なる概念である。覇権とは、国際システムにおいて、他国を支配できるほどの圧倒するパワーを持つ強国である。大国は、安定した国際秩序を前提に、もっぱら自国の発展のためにパワーを行使する。価値観や宗教の多様性やパワープロジェクションから考えれば、地球上の全ての国を支配するグローバルな覇権は不可能である。大国が目指すのは「地域覇権」である。

そこで、「覇権」という概念は、国際関係秩序において２つのイメージに大別される。一つには、覇権国が自国の圧倒的なパワーを行使して覇権国の国益を他国に押し付けるか収奪するかの行動をとる帝国主義的なイメージである。もう一つは、自由貿易や国際安全保障や人権等の国際公共財を提供するリーダーとして覇権国を捉え、覇権の存在が国際社会に平和や安定をもたらすという覇権安定論によるイメージである。

覇権理論は、国際経済学者である**キンドルバーガー**（Charles P. Kindleberger）によって提唱されたのが嚆矢《こうし》である。キンドルバーガーは、第1次世界大戦前はイギリスが、第2次世界大戦以降1971年（金ドル交換停止）まではアメリカが、国際経済の安定にそれぞれ役割を果たしたが、覇権の空位が世界恐慌の原因であったと論じ、単一の覇権国が果たす役割が国際システムの安定に重要であることを指摘した。

国際経済学における覇権安定論を国際関係論に援用し敷衍《ふえん》させたのが、リアリストの**クラズナー**（Stephen N. Krasner）やリベラリストの**コヘイン**（Robert O. Keohane）である。クラズナーは国益とパワーが国家目標を最大化させ、国際貿易の構造を決定する重要な役割を果たすと強調した。また、国際経済の開放性は覇権国がそのパワーを拡大しつつある時に最も達成され、覇権国のパワーが相対的に低下する時に世界経済が閉鎖的になり不安定化すると指摘した。クラズナーは、一つの覇権国と多数の小国からなる覇権国家システムでは開放的な貿易体制が築かれやすいのに対して、覇権国が衰退期に入ると貿易体制は急速に閉鎖的になるとの仮説を立て、19〜20世紀の貿易通史に照らして検証した。

ギルピン（Robert Gilpin）は、国際システムの安定には覇権の存在が不可欠であると説いた。国際システムが国家間の力の配分状況としての構造によって特徴づけられると説いたギルピンは、国家の行動がその時々の国際システムにおける自国の利得と損失に対する「経済的・合理的な計算」に基づくものと論じた。また、覇権国が存在する時、非覇権国は覇権国の提供する**国際公共財**の利得の方を損失よりも大きいと計算する限り、覇権国が作るルールに従い国際システムは安定するものの、ある非覇権国がその能力を覇権国の能力以上に増大させようとする時、構造変化つまりシステム内に変化が始まり、非覇権国の従来の利得と損失の計算が合理性を失う時にシステムに覇権戦争が起こると論じた。そのような覇権戦争の結果、新しい国際システムが形成されるのである。

ギルピンの覇権安定論と経済学の「**コンドラチェフの波（長波理論）**」を基に覇権循環論を提起したのが、**モデルスキー**（George Modelski）である。モデルスキーは、近代以降、世界政治には約100〜120年を周期とする長期循環があったことを指摘し、一つの大国が世界的な戦争によって覇権を確立した後、自らのリーダーシップで世界規模での経済発展をもたらすものの、やがて覇権のパワーが衰え、覇権国に対抗する挑戦国が台頭し、国際秩序が崩壊して、次の新たなサイクルへと移行すると論じた（**覇権循環論**）。

シェリングの戦略的リアリズム

戦略的リアリズム（strategic realism）を論じたのは、アメリカの経済学者の**トーマス・シェリング**（Thomas C. Schelling）である。『**紛争の戦略**』を1960年に著したシェリングの紛争と協調についての戦略研究は、ゲーム理論を政治学に応用した貢献が認められて、2005年にノーベル経済学賞を受賞した。

外交政策の戦略的意思決定に焦点を当てる戦略的リアリズムは、交渉における「**脅し**（threat）」による**抑止力**を中心概念とする。また、シェリングは、国際関係のプレイヤーの行動というものが利益の意識的な計算に基づいていることを前提とし、「相手がいかに予想するのかという自分の予測を相手がいかに予測するのか」という**フォーカル・ポイント**の概念を提起した。戦略的リアリズムの見方は、国家が常に合理的に行動を選択し、相手の選択に影響を及ぼすと予想することによって、「脅し」を機能させようとするものである。外交における戦略的な脅しの目的は、事前に相手の行動を**抑止**することで事後に報復することではない。そこで、外交における脅しには、信憑性を付与するために「脅しを実行する能力の保持」を証明しなければならない。そうすることで、全面戦争に陥らない限定戦争をフォーカル・ポイントに到達する暗黙の調整に見いだそうとした。

ケネス・ウォルツの構造的リアリズム

ネオリアリズム（新現実主義）の代表的論者である**ケネス・ウォルツ**（Kenneth N. Waltz）は、政治家の人間性や外交における道義から国際政治を説明することを否定し、合理的なアクターとしての国家の行動が国際システムの構造によって規定されると論じた。

ウォルツは博士論文を基に1959年に刊行した『**人間・国家・戦争**』において、戦争の原因を人間（**第1イメージ**）、国内体制（**第2イメージ**）、国際システム（**第3イメージ**）の3つのイメージから分析し、国際システムが構造的にアナーキーな状態であることに起因があると論じた。ウォルツは、アナーキーな秩序原理が支配する国際政治において、国家は常に戦争によって問題を解決するわけではないものの、戦争をとどまらせるパワーが存在しないため、アナーキーな国際システムの構造が戦争の原因となっていると考えた。

また、ウォルツは主著『**国際政治の理論**』で、国際システムの構造的制約から国際政治における集合行為の理論を構築した。ウォルツは、政治構造を、①秩序原理、②機能の特定化、③能力分布の３つから定義した。国際政治の秩序原理はアナーキーであり、アナーキーな政治システムに国家が共存していることから国際システムの構造が生まれる。アナーキーな国際政治システムのユニットである諸国家は類似のユニットのままであるから、遂行する機能によって形式的に差別化されない。しかし、機能上は差別化されない国家は、その能力では区別される。そこで、国際システムの構造はシステムのユニット間の能力分布が変わることで変化すると、ウォルツは国際政治システムの構造を定義した。

ウォルツは、アナーキーな秩序原理が支配する国際システムでは、それを構成する諸国家間のパワー配分が重要となり、パワーを増大させつつある国家に対しては**勢力均衡**の法則が働くため、その結果、国際システムの安定が生まれること、もしくは、何らかの理由で勢力均衡に失敗すると戦争が生じること等を指摘した。ウォルツは、国家の主要な関心はあくまでも自らの安全保障であって、パワーは自らの安全保障を達成するための一つの手段にすぎないとみなした。ウォルツの理論は、「アナーキー」と「**自助**」によって特徴づけられた国際システムを、**勢力均衡**によって現状維持・安定化しようとすることを前提にしており、不用意なパワーの伸張は**安全保障のジレンマ**を引き起こすことになり、かえって自らの安全保障を損なうことになるので、自らの安全保障が確立できればパワーの伸張の必要はないと論じている。

ジョン・ミアシャイマーの攻撃的リアリズム

『**大国政治の悲劇**』において、**ジョン・ミアシャイマー**（John J. Mearsheimer）は**攻撃的リアリズム**（Offensive Realism）を提唱した。攻撃的リアリズムは、アナーキーな国際社会の構造を対立の原因とみなし、自国の生存を目指す大国が現状に満足できずに唯一の覇権国になろうと、覇権の最大化を目指そうとするために、国際社会が相互に攻撃的なものとなってしまう、という考え方である。ミアシャイマーは同書で、多極構造の国際システムにおける最も強力な２つの大国のパワーの比率が国際システムを不安定化させる重要な要因であると論じた。また、ミアシャイマーは同書で、中国が地域覇権をねらう「侵略的な国」になることを懸念しつつ、アメリカの対中国「関与」政策の間違いを批判した。

国家にパワーを求めさせる要因について、モーゲンソーが国家に備わっているパワーへの欲望であると説いたのに対して、ミアシャイマーは構造的リアリズムと攻撃的リアリズムが国際システムの構造であると説いた。ミアシャイマーが国家にパワーを追求させる源泉をアナーキーな国際システムの構造として捉えているのに対し、ウォルツはアナーキーな国際システムの構造が国家を勢力均衡の転覆ではなく、むしろ秩序の調整と現状維持を目指す方向に向かわせると論じた。また、ウォルツは大国が過度なパワーを求めると他の国々を同盟で結束しやすくさせ、パワーの増大を抑えていた以前の状態よりも安全保障の状況を悪化させると説いたのに対して、ミアシャイマーは、現状維持を偏重しすぎる構造的リアリズムを**防御的リアリズム**（defensive realism）と批判し、安全保障を確保する最善の方策は国家が相対的な国力を最大化する方向に向かうことであると説いた。

攻撃的リアリズムの基盤となる考えは、**安全保障のジレンマ**である。安全保障のジレンマが攻撃的リアリズムの核心である。他国の影響から逃れるため、国家はより多くのパワーを獲得しようとし、国家はパワーを最大化させようと努める。攻撃的リアリズムは、国家が元々競争的な存在であるというわけでなく、以下５点の前提が組み合わさると、互いにライバル視するようになると考える。①アナーキーな国際システム、②大国として必然的に保持している程度の攻撃的軍事能力、③他国への不信から生じる安全保障の不確実性、④国家にとっての最重要目標としての安全保障、⑤合理的な行為者としての大国の行動、の５点である。これらの前提が組み合わさると、大国は相互に侵略的な存在とみなし、①恐怖、②自助、③パワーの最大化という３つのパターンに集約される攻撃的な行動をとるようになる、と攻撃的リアリズムは考えるのである。

攻撃的リアリズムにおけるパワー獲得のための戦略は、「戦争」「脅迫」「誘導出血」「瀉血」である。「脅迫」とは、実際に軍事力を行使するのでなく強制的な脅しと威嚇によってライバル国に譲歩を強要する戦略である。「誘導出血」とは、誘導する側が直接参戦せずに他の複数のライバル国を長期的に戦わせて国力を浪費させ、誘導国は軍事力を温存させている戦略である。「瀉血」とは、ライバル国同士が勝手に開戦した後に、自国は参戦せずライバル国同士が徹底的に戦争するように仕向ける戦略である。

また、攻撃的リアリズムにおける有効な抑止戦略は「**バランシング（均衡）**」と「**バック・パッシング（責任転嫁）**」である。「バック・パッシング」とは、自国が傍観している間に、自国同様に脅威を受けている他国を使ってライバルを抑止させるか直接対決させるという肩代わり戦略である。一方、攻撃的リアリズムが有効ではない戦略として「**宥和**」と「**バンドワゴン**」を挙げている。

第2節　リベラリズム

国際関係論におけるリベラリズム

リベラリズムはとても多くの意味を持つ言葉である。

政治理念におけるリベラリズムについて語る時、ヨーロッパでは社会民主主義的な立場を意味し、アメリカでは政府による再配分や福祉施策を支持する立場を意味する。また、経済におけるリベラリズムは、市場での競争を重視し、国家による独占や保護主義を批判する立場である。同じリベラリズムという言葉でも、その意味がいつも同じというわけではない。経済における**ネオリベラリズム**（neo-liberalism）と**ニュー・リベラリズム**（new liberalism）という非常に似た言葉もまったく異なる概念である。ニュー・リベラリズムは、個人の自由のために自由競争を制限して、新しい自由を得ようとする概念である。しかし、ネオリベラリズムは、古典的な自由主義に基づき自由な市場での競争原理を尊重する概念である。

一方、**国際関係論におけるリベラリズム**は、リアリズムが説くような国際関係が対立や競争をまねくだけではなく、協力関係を築くことができるという考え方である。ただし、国際関係論におけるリベラリズムは、アナーキーな国際社会において自然発生的に協力関係を形成できると楽観的に考えるわけではない。「協力を可能とするための何らかのメカニズム」を作ることで国際社会における協力関係を築くことができると説くのである。そのメカニズムとして「何」に注目するのかによって、分析アプローチが異なってくる。

国際関係論におけるリベラリズムの基本的な見方は、①**社会学的リベラリズム**（sociological liberalism）、②**相互依存リベラリズム**（interdependence liberalism）、③**制度的リベラリズム**（institutional liberalism）、④**共和制リベラリズム**（republican liberalism）、の４つのタイプのアプローチに大別される。**ボールドウィン**（David Baldwin）をはじめ論者によっては「相互依存リベラリズム」の代わりに「市場リベラリズム（market liberalism）／商業的リベラリズム（commercial liberalism）」として４タイプに大別する場合もある。

また、国際関係論におけるネオリベラリズムは、一般的に、経済領域におけるネオリベラリズムと異なり、アナーキーな国際関係において国家が自国の利益追求のための合理的な選択を行うアクターであるというネオリアリズムと同じ前提に立ちながら、ネオリアリズムが国際制度をアナーキーな国際関係におけるパワーの分布によって説明しようとすることへ批判的な立場をとり、ネオリベラリズムはアナーキーな国際関係における制度の構築が諸国の共通利益を作り出すことができると「制度の役割」を重視する。例えば、現代の新自由主義の代表的論者の一人である、**マクドナルド理論（黄金のＭ字型アーチ理論）**で著名な**トーマス・フリードマン**（Thomas Friedman）は、古典的な新自由主義の立場から、個人の自由を守るために私的所有・自由市場・自由貿易といった経済的自由が必要であり、そのような自由に支えられた社会はより豊かで革新的で寛容な世界をもたらすと主張している。フリードマンは『**レクサスとオリーブの木**』において、マクドナルドのチェーン店が進出できるくらいに国民が豊かになり、意識がグローバル化すると、マクドナルドが出店している国同士では戦争の遂行が困難になる、という仮説を論じたことで話題になった（ただし、イスラエルとレバノンにも、NATO 諸国にもコソボにも、マクドナルドのチェーン店はあるので、この理論は現実世界では実証できていない）。

リベラル思想の源流

リアリズムが国家を一元的に捉えるのに対して、リベラリズムでは国家を一元的には捉えない。個人の自律性を重視する個人主義に基づき、絶対的な権威や権力を否定するという点があらゆるリベラリズムの考え方に共通している。国際関係論における主要なリベラリストを確認する前に、ロック、ベンサム、カントの３人について、確認しておこう。

リベラリズムの淵源は、**ロック**（John Locke、1632～1704 年）にあるとされている。ロックが説く**自然状態**においては、各人は自由で平等で相互に独立しており、**自然法**以外の何ものにも服することがない。ロックは、政治社会成立以前の市民の権利を、**社会契約**によって成立する国家に先立つ自然権として捉え、たとえ政府であっても自然権を侵すことはできない、と主張した。

このようにロックが自然権の保障に個人主義の原理を求めたのに対して、功利に個人主義の原理を求めたのが、**ジェレミー・ベンサム**（Jeremy Bentham、1748～1832 年）である。ベンサムは、「**最大多数の最大幸福**」を社会の最大目的とする功利主義の立場から、国際法や国際組織等のルールを諸国家が共有し、利害を調整することで、国際社会の利害が調整できると説いた。

一方、**イマヌエル・カント**（Immanuel Kant、1724～1804 年）は、『**永遠平和のために**』において、国際社会の永遠平和のための確定条項として、①**共和制**による統治、②**平和連合**の設立、③平和維持だけを意図した**制限的な国際法**の３点を挙げた。第１の統治形態については、平等で自由な共和制の社会では戦争のコストに対して慎重になるのに対して、代議制ではない統治形態では、戦争の決定が私的な意思決定により行われる。第２の平和連合は、平和と自由の状態を永続的な義務とすることが問われる。第３の国際法については、カントは補説で、世界市民法としての国際法の概念だけでは諸国家は暴力や戦争に対して安全を保障しないとも説いた。そこで、戦争と両立できない**商業精神**が戦争を防止し、高貴な平和を促進する強制力として作用してきた、とカントは説いた。

社会学的リベラリズム

社会学は個人の有機的連帯として社会を捉える学問である。社会学的リベラリズムは、国際関係を国家間の関係だけでなく、脱国家関係としても捉える。

社会学的リベラリズムは、「共同体」や「相互依存のプロセス」を重要な概念として考える。脱国家的な行動が増大すれば、異国の市民が繋がり相互に依存することとなる。その結果、隣国との協力を避けて単独主義でいることが難しくなり、平和的で国際的な共同体を構築していく、と社会学的リベラリズムはグローバリゼーションの文脈から論考する。

社会学的リベラリズムの嚆矢は、1957年に政治学者の**カール・ドイチュ**（Karl Deutsch）による「**多元的安全保障共同体**（Security community）」である。

ドイチュが説いた「安全保障共同体」とは、社会におけるコミュニケーションや交流が拡大することによって、政治や経済における「統合＝共同体」としての認識が自覚されると、ハイレベルな脱国家関係が平和な関係を築き、それが戦争の起こりにくい状況をもたらし、その状況を「統合された共同体」と認識する人々によって「不戦共同体」が構築され、「安全保障共同体」が構想されるという議論である。ドイチュは、「“我々（we)” 意識」＝共同体の認識が生じると、国家間に「共通の価値観」が生まれ、国家間に問題が生じても、それを武力で解決しようとしなくなると説いた。すなわち、「多元的安全保障共同体」とは国際統合／地域統合としての共同体の構成国家間において武力行使の可能性を制度的にも政策的にも排除することで成立する不戦共同体のことである。

相互依存リベラリズム

国際相互依存関係の深化について、ウォルツやギルピン等のリアリストは、貿易不均衡による通商摩擦や貿易依存度の高さにともなう政治的なリスク拡大等、通商関係の深化がもたらす政治的緊張を論じてきた。一方、リベラリストは、自由貿易や市場の発展に伴う協力関係の推進が平和を促すと論じてきた。

ルーマニア出身の政治学者である**デイヴィッド・ミトラニー**（David Mitrany）は、機能（function）が組織（organs）を決定すると論じ、第2次世界大戦中、「**統合の機能主義**（functionalism of integration)」を唱えた。ミトラニーは、協調関係を比較的築きやすい技術や経済等の非政治的な領域における相互依存関係の深化が、平和な国際関係を築き、やがては隣接領域における協力に向かえると説いた。

国際関係論における「機能主義」は、一般的な機能主義と区別しなければならない。国際関係論における機能主義は、世界平和へのアプローチとして、また**「世界連邦主義」への批判的な理論**として、国家主権を廃棄することなく、国際協力を推進するために設立する国際機構による機能的な協力を通じて国際秩序の基盤を築き平和の実現を図ろうとする考え方である。特定の問題領域において国家間協力を推進していくことで国際平和を築けるという理論である。「統合の機能主義」の理論は、国連の専門機関の設立において採用されている。

ミトラニーの機能主義をベースに、アメリカの政治学者である**エルンスト・ハース**（Ernst Bernard Haas）は、1950年代から始まった西欧における国際統合の動きを理論化して、「**国際統合の新機能主義**（neo-functionalism of international integration）」を唱えた。ハースは、ある領域における協調が始まれば隣接領域にも**波及／スピルオーバー**していく「**自動的政治化**」をともない、主権国家間に法律や制度を構築していくことで「人類の共同体」構築へと向かうと説いた。新機能主義は機能主義の理論を敷衍させているものの、主権国家間の協力を基本とする機能主義とは異なり、国家主権の制約を併う地域統合を論じた。ハースの理論は、協力の行く手に「政治統合」を据えていた。ハースは「政治統合」を、複数の国家の政治アクター達が国家へ管轄権を要求するような《新しい中心》に対して忠誠心と期待と政治活動を委譲させること、と定義した。ミトラニーの機能主義が「世界連邦主義」への批判から生まれたのに対して、ハースの新機能主義はある種の連邦制に向かう考え方であった。そのため、ハースの新機能主義は「**機能的連邦主義**」と呼ばれることもある。主権制約を説く新機能主義に対して、リアリズムに批判的な論者でさえ懐疑的になり、新機能主義は1970年代に衰退した。国家主権を強調したド・ゴール時代が終わり西欧の国際統合は1980年代以降新たな段階に進んだが、新機能主義の再評価には至らなかった。

機能主義や新機能主義といったリベラリズムは、制度が主権国家のアイデンティティや利益の概念を変えることができるという考えである。これらの構想は、政治制度や経済レベル、宗教・文化も近似の西欧社会で始まった国際統合であるから可能な構想であった。しかし、機構の拡大にともないEUは綻びを見せ始めている。すでにイギリスは2020年1月31日にEUを離脱した（Brexit）。政治制度や経済状況や人権・民主主義・法の支配等の価値観が多様な東アジアやユーラシアで国際統合論の採用が可能になるのか検討してみるならば、現在の中国の独善的な対外姿勢や近海における膨張政策から考えると、「東アジア共同体構想」（多くの論者は共同市場以上のレベルで論じているが、論者によって構想の範囲やレベルも多様である）も習近平の説く「人類運命共同体」の構想も、実現には大きな課題がありすぎる。EUに新規加盟するための「コペンハーゲン基準（1993年）」と「新規加盟国統合能力（2006年）」に基づく審査基準に相当するクライテリアを東アジアやユーラシアで創設することは極めて困難である。

★「**コペンハーゲン基準**（1993年）」

①政治的基準：民主主義・法の支配・人権およびマイノリティの尊重と保護を保証する安定した諸制度を有していなければならない。

②経済的基準：市場経済が機能しておりEU域内での競争力と市場力に対応するだけの能力を有していなければならない。

③EU法の総体の受容：EU加盟国が基本条約に基づいて積み上げてきた法体系の総体「**アキ・コミュノテール**（acquis communautaire）」を受け入れなければならない。国内法に置き換えられるEU法が行政・司法機構によって適正に施行されるよう、行政改革を通じて統合に必要な条件を整えなければならない。「アキ・コミュノテール」は35章（約2万6千の法規、約8万頁）からなるEUの法体系である。

★「**新規加盟国統合能力**（2006年）」

①新規加盟国が加盟国としての義務を完全に履行する能力

②EUが効率的に機能し発展できる能力

1977年には、**ロバート・コヘイン**（Robert O. Keohane）と**ジョセフ・ナイ**（Joseph S. Nye, Jr.）が『パワーと相互依存』で「**複合的相互依存論**（complex interdependence）」を説いた。リベラリストの描く世界像は、国家が唯一の主要なアクターであり、軍事力が利用可能で効果的な手段であり、世界政治におけるイシューは軍事・安全保障という**ハイ・ポリティックス**（high politics：高次元の政治）を頂点として経済問題や社会問題という**ロー・ポリティックス**（low politics：低次元の政治）がその下位に位置づけられるという階層性を前提としている。しかし、このようなリアリズムに対して、コヘインとナイは、国家以外の主要アクター（国境を越えた脱国家的主体等）、安全保障やパワー以外の支配的目標や手段（福祉問題の重要性が高まっている）というものを前提とする反リアリスト的な仮想世界を複合的相互依存の状況と特徴づけたのである。

コヘインとナイが説いた複合的相互依存論は、以下の3点において、リアリストの説く相互依存論とは大きく異なっている。第1に、国家は一義的なアクターではなく、国際社会は多様なアクターによる多様なチャンネルによるトランスナショナルな関係から成り立っている。第2に、国際関係のアジェンダは多様なイシューから成り立っており、各イシューが首尾一貫した階層性によっては序列化されていない。第3に、複合的相互依存関係が成り立つ場合、軍事力の役割が相対的に低下した（注：ナイとコヘインは軍事力の有効性が低下したと言っているが、その有効性がなくなったと言っているわけではない）。

リアリストとは異なる世界観を示唆したコヘインとナイは、相互依存関係におけるパワーを理解するための「**敏感性**（sensitivity）」と「**脆弱性**（vulnerability）」という概念を提示した。敏感性とは状況の変化によるものであり、脆弱性とは枠組み構造の変化によるものである。敏感性とは、国家間関係を規定する枠組みそのものは変化しない状況で、一方の国家の政策や状況が変化する場合に、それが他方の国家に及ぼす影響の程度のことである。脆弱性は、政治経済関係のみならず、政治社会関係にも影響を及ぼす。

ナイは、著書『国際紛争：理論と現実』において、アメリカの対中関係を**複合的相互依存**とリアリズムが交錯する典型的な事例として挙げている。しかし、その第7章で、「国家の枠組みの上に中国共産党が君臨する中国」の台頭と「ツキディディスの陥穽《かんせい》」に対して楽観的すぎる認識を示している。

国境を越える相互作用は、常にコストを伴い、その相互作用によって自律性を制約される。相互依存関係の深化が必ずしも自由民主主義国家にとっての平和な国際関係をもたらすわけではないことを、現在の米中関係は示している。

制度的リベラリズム

国際関係における「**制度**（institution）」とは国際機構、条約や協定等のルール、規範等のことである。「制度」は「組織」とは異なる概念である。「特定の問題領域における制度」のことを「**レジーム**（regime)」とも呼ぶ。リアリストの**スティーヴン・クラズナー**（Stephen D. Krasner）の定義によれば、**国際レジーム**とは、「国際関係のある特定の領域においてアクターが収斂する一連の暗黙的・明示的な原則・規範・ルールおよび政策決定手続きの集合」のことである。例えば、WTO に基づく国際貿易レジーム、NPT に基づく核不拡散レジーム、国連気候変動枠組条約に基づく地球環境レジーム等が挙げられる。

リアリズムは、アナーキーな国際社会における対立関係を前提に、国際レジームを覇権の価値や利害を反映したもの、あるいは覇権によるガヴァナンスのための制度的枠組みと考える。しかし、リベラリズムは、国際関係の基本構造がアナーキーであっても、国際レジームを発展させれば、国際協力を実現するための制度的枠組みとなると考える。

リベラリストの**ロバート・コヘイン**は、アナーキーな国際社会における不確実性を軽減させ、交渉の枠組みと情報を提供する国際制度が安全保障のジレンマを低減するとして、国際制度を重視する。**安全保障のジレンマ**に至らないように、信用を醸成し不確実性を低下させるメカニズムを提供するのが国際制度であるとリベラリストは考えるのである。

1990 年代以降、「**グローバル・ガバナンス**（global governance)」という言葉が頻繁に使われ出した。グローバル・ガバナンスとは、地球規模での国際社会の構成員の行動を管理（ガヴァナンス）する秩序メカニズムのことである。レジームは特定の問題領域における制度であるから、グローバル・ガバナンスは国際レジームよりも包括的で大きな概念と言える。グローバル・ガバナンスについて、リアリストとリベラリストの認識は対立する。クラズナーや**イアン・ブレマー**（Ian Bremmer）はグローバル・ガバナンスに懐疑的である。クラズナーは、国家を超越するグローバル・ガバナンス論に対して、グローバル化が主権国家システムの本質を変容しているわけではないと論じた。また、ブレマーは、地球的規模の課題をめぐる問題解決策を他国に強いるほどの影響力を持つ単独の国家や国家群が存在しておらず、犠牲を強いられても解決に取り組もうとする十分な共通基盤が存在していないと論じる。ブレマーは国際的に強力なリーダーシップが欠如する時代のグローバル・ガバナンスの有効性に否定的な見解を持っている。

共和制リベラリズム

民主的平和論（Democratic Peace Theory）／**デモクラティック・ピース論**は、民主主義国家が平和的とは限らないけれども、民主主義国家同士の間では戦争はほとんど行われることはない、民主主義国家同士の組み合わせではそれ以外の組み合わせ（民主主義国家と非民主主義国家、または非民主主義国家同士）に比較して戦争の頻度が低い、という国際関係論上での仮説である（デモクラティック・ピース論は、「民主主義国家同士の間」では戦争に向かいにくいと説いているのであって、片方が独裁国家・専制国家であれば、デモクラティック・ピース論は採用されない）。

デモクラティック・ピース論の嚆矢の一人は**イマヌエル・カント**であるとされている（カント嚆矢説には異議もある）。カントは『**永遠平和のために**』において、永遠平和のための３つの確定条項として、真っ先に「各国における市民的体制は共和的でなければならない」と共和制を挙げた。共和制とは主権が国民にあり、直接もしくは間接の選挙で選ばれた複数の代表者による統治形態のことである。共和制は、その社会の成員が人間として自由であり、社会のすべての成員が共同の法に従い、社会のすべての成員が国民として平等であるという体制である。

> 共和制リベラリズム：リベラルデモクラシーにおける３要素
> - ●紛争の平和的解決を求める民主主義的な規範
> - ●普遍的な道義的価値を形成しようとする民主主義国家間の平和的な関係
> - ●経済協力を通して関係を強化しようとする民主主義国家間の相互依存関係

アメリカの**マイケル・ドイル**（Michael W. Doyle）は、1983年発表の論文において、過去200年の検証から、「自由民主主義国家間では戦争の起こる可能性が低い、非自由主義国家に対しては自由民主主義国家が戦争する可能性は高い」と説いた。ドイルが民主的平和論／デモクラティック・ピース論を主張する根拠としているのは、以下の３点である。第１に、民主主義的な国家は、他の民主主義的な国家との戦争に賛同しない市民を基盤としており、対立を平和的な手段によって解決しようとする政治文化や規範があるからである。第2に、民主主義的な国はカントが「平和連合」と呼んだ普遍的な道義的価値を形成しようとするからである。第3に、民主主義的な国は、経済協力や相互依存を通して協調関係を強化するからである。また「平和連合」においてカントが「商業精神」と呼んだものが平和を促進するように強いるからである。

ブルース・ラセット（Bruce Martin Russett）は1993年の『**パクス・デモクラティア**』において、民主的国家の間の関係がなぜ平和なのかを、「民主的な規範や文化」と「構造／制度的な拘束」の2つの視角から比較考察した。「文化／規範的なモデル」については、その政治文化が紛争の平和的解決を好むために、また、民主的な決定過程が戦争のコストを支払う一般大衆から制約されるために、国際関係において平和的な行動をとると考えた。「構造／制度的なモデル」については、権力分立やチェック・アンド・バランス、広範な支持を得るための公開された議論の必要性等の拘束があり、民主的な国々の間の紛争は死者を伴う武力行使にまでエスカレートすることが稀であると考えた。その一方で、平和な紛争解決の規範を持つはずの民主的な国家がなぜ非民主的な国家に対して大規模な武力行使を自ら始めようとするのかを、ラセットは十分に説明していない。

第3節　社会構成主義（コンストラクティヴィズム）

国際関係論における間主観的な要素

社会構成主義（Social Constructivism）は、略して**コンストラクティヴィズム／構成主義**と呼ばれている。本書では、以下、「コンストラクティヴィズム」と記す。名前が似ている「構造主義（structuralism）」とは異なる概念である。

コンストラクティヴィズムは、**行為主体**（**エージェント**）と国際関係の構造の相互作用から国際社会が構築される、と考える。合理主義は行為主体をactorと呼ぶが、行為主体と構造の相互作用を説くコンストラクティヴィズムは、国家をactorではなく、目的をもった行為主体としてagentと位置づける。

国際関係論におけるコンストラクティヴィズムは、アイディアと人間の意識を中心に据えるアプローチとして登場した。コンストラクティヴィズムを国際関係論に導入した**ニコラス・オナフ**（Nicholas Greenwood Onuf）は *World of Our Making*（1989年）において、コンストラクティヴィズムは理論ではなく社会関係の研究手法の一つであると説いた。その後、**アレクサンダー・ウェント**（Alexander Wendt）の *Social Theory of International Politics*（1999年）がコンストラクティヴィズムの理論を組み立てた。

コンストラクティヴィズムの第1の特徴は、「**観念論**」と「**全体論**」にある。「観念論」は、物質的な実体というものが規範や文化等の間主観的なアイディアによって決定される、とみなす考え方である。「全体論」とは還元主義に対峙する考え方で、全体を各部分の総和とみなさず、各部分だけを理解してもシステム全体を理解することにはならない、という考え方である。コンストラクティヴィズムが説く「全体論」は、社会的構造と行為主体（エージェント）が循環的・相補的に作用し、構造を構成し、再生し、変化し、自己認識＝アイデンティティまでをも変えていくとする考え方である。

コンストラクティヴィズムの第2の特徴は、行為主体（エージェント）と国際関係の構造の相互作用から国際社会が構築されると考える点である。コンストラクティヴィズムは、アイデンティティと利益から行為主体（エージェント）の行動が作られ、社会を形成するルールや規範が行為主体（エージェント）との相互作用の結果として変化していくと考える。

コンストラクティヴィズムの第3の特徴は、規範による「**制度的同型化**（institutional isomorphism）」である。制度的同型化とは、行為主体（エージェント）間の相互作用により全体として制度的な営み（institutional life）が構築されることである。コンストラクティヴィズムにおいて、規範は最も重要な分析対象の一つであり、行為主体（エージェント）がある政治行動をすることに「意義」を与えたり、国際社会における「役割」を果たしたりする。行為主体（エージェント）のアイデンティティに基づき規範に従うことで、国際規範が各国政府の政治的決定に影響を与えるのである。

規範が国際的に「制度的同型化」されるプロセスについて、**マーサ・フィネモア**（Martha Finnemore）と**キャスリン・シッキンク**（Kathryn Sikkink）は、1998年に *International Organization* に掲載した論文“International Norm Dynamics and Political Change”において、「規範のライフ・サイクル」を提示した。フィネモアとシッキンクは、規範の変動を、①規範の出現、②規範のカスケード（cascade＝情報の段階的伝達）、③規範の内在化、という3つの段階を経るサイクルによって導き出されると論じた。

コンストラクティヴィズムが、国際関係の理論があまり注目してこなかった間主観的な諸課題に焦点を当てたこと、また、構造と主体の相互作用という双方向のメカニズムの解明に着目したことは、国際関係論に新たな分析枠組みを提供することとなった。しかし、その一方で、米中関係の分析枠組みとしては、コンストラクティヴィズムには限界もある。第1に、コンストラクティヴィズムの全体論は、国際構造を一つのユニットとして分析するため、常に国際要因が国内要因に優先され、外交政策を決定する国内政治が国際関係に影響を及ぼすという極めて重要な要因を軽視することとなる。第2に、規範を過大評価することで、諸国家間のパワーの分布によって規定されている側面を見失いがちになり、分析者の主観による解釈に左右されることになってしまう。第3に、規範やアイデンティティという非物質的な要因が対外政策の変更に及ぼす影響の大きさは、国家によって相当違う。コンストラクティヴィズムの論者は国際規範が国内規範に優先されると説くが、アメリカや中国は国際規範よりも国益の方が優先している。

既存の国際秩序の再編を分析していく眼

以上、主要な理論を概観してきたが、現在の米中関係を分析するには、どの手法によればいいのであろうか。

「アメリカの建国の父たち」はジョン・ロックの思想を信じて国家を建設した。第2次世界大戦後には、アメリカは安全保障を含む国際公共財、グローバルコモンズへの自由なアクセス、リベラルな貿易システムを提供してきた。グローバリゼーションが発展する世界の国際関係は、もはや「完全な競争」ではなく、「複合的相互依存」の関係で構築されている。そのような世界では、各国は協力して関係やネットワークを形成していかねばならない。

近年までは、リベラルな覇権国であったアメリカが提供してきた穏やかな外部環境と開放的な貿易システムを、中国は上手に利用し台頭してきた。しかし、いまやグローバル・プレイヤーとなった中国が、その地位にふさわしい「責任ある利害共有者」の役目を果たすようになるという期待は裏切られ続けている。また、中国は「アメリカが支えてきた世界秩序」に代替する非自由主義的な国際秩序・地域秩序を形成しようとしている。中国が周辺地域を支配下に組み込んでいけば、米中の勢力圏が対立する時代へ回帰していくかもしれない。

こうした状況を、リベラリズムやコンストラクティヴィズムで考えるべきなのか、それともリアリズムで考えるべきなのか。リアリズムであるならば、勢力均衡論か覇権安定論か、防御的リアリズムか攻撃的リアリズムか、いずれを用いるべきか、こうした問題意識を持ちながら、以下、第Ⅱ部で米中関係の変遷を、第Ⅲ部で主な論争的イシューを学んでいこう。

第Ⅱ部　米中関係の動向

第3章　《9・11》以降のアメリカと中国
——2001〜2008年

第Ⅱ部のねらい

第Ⅱ部（第3〜6章）では、ポスト冷戦から2021年4月までの米中関係の変遷を学んでいく。

【第3章】　2001年9月のアメリカにおける同時多発テロ（いわゆる《9・11》）以後のテロ戦争への対応、ならびに2001年末のWTO加盟による中国経済の劇的な飛躍、これらの2つを契機とする2001〜2008年における米中関係の変化について確認していく。また、21世紀の米中関係変化を考察する前提として、第3章では、ポスト冷戦下でのクリントン政権期の米中関係を概説してから、ブッシュ政権期の米中関係を理解していく。

【第4章】　2008年の世界経済危機を契機に、グローバルな経済大国として国際的な地位を急激に高めた中国と、景気回復と財政赤字に苦しみながら内政重視に傾いていったアメリカ。これら2つの大国間でパワーシフトが起こっていった。アメリカのオバマ政権はアジア政策で舵を切ろうとしたものの、外交努力だけでは「富強大国化した中国」の対外姿勢を変えることがもはやできないとアメリカが思い知らされていく2008〜2016年の米中関係の変化について考察していく。

【第5章】　「アメリカばかりが損をしている」「相互に公正な貿易でなければならない」という経済観に基づき外交を展開したトランプ政権が中国を「戦略的競争相手」に位置づけ、2018年以降は国交樹立以来最悪の大きな転換期に入っていった2017〜2020年における米中関係の変化について検討していく。

【第6章】　政権交代直前までのトランプ政権期とバイデン政権発足から100日間の米中関係について整理する。バイデン政権の対中国外交についての評価には時期尚早であることから、第5章とは切り離して論じる。

本章のねらい

21世紀の中国の対米政策は、中国の国際戦略の最も重要なものであり、それを具体的に体現したものである。中国が米中関係の見通しを判断するには、アメリカの対中戦略および政策の変化を見なければならない。また、アメリカの対中戦略は世界戦略や国家安全保障戦略の影響を受けるため、中国が米中関係を考えるには、まず、アメリカの国家安全保障戦略の調整について考えなければならない。

クリントンとブッシュの両政権の対中安全保障戦略は、アジア太平洋地域における将来のアメリカのプレゼンスへ挑戦する可能性を潜めた国として中国を捉え、中国パワーの台頭に備えるものであった。しかし、テロ戦争が泥沼化していく中で、中国に対して貿易不均衡、為替問題、知財侵害、台湾問題、人権問題、環境問題等をめぐり多くの課題を抱えながらも、中国パワーのグローバルな台頭が既成事実であることを認め、米中がグローバルな課題への対応で協力し関係を築いていこうとするものとなっていった。

本章では、まず第1節で、クリントン政権期からブッシュ政権期の《9・11》までの米中関係を整理する。次に第2節で、テロ戦争への対応でアメリカが対中強硬策から協調策へ転じていった《9・11》から2005年までを論じる。第3節では、経済的に躍進した中国が野心的な強硬政策へ転じていった一方で、単極覇権の影響力に陰りが見え始めたアメリカが中国を「責任あるステークホルダー（利害関係者）」と公式文書で位置づけながら軍事的にも経済的にも中国への警戒心を強めていった2006年～2008年秋までの米中関係を論じる。

第1節　前史：《9・11》前の米中関係

まず第1節では、クリントン政権期からブッシュ政権期の《9・11》前までの米中関係を確認しておこう。

クリントン政権と中国の経済的な台頭

アメリカの外交戦略の中で中国経済のグローバルな台頭が認識され始めたのは、クリントン（William J. Clinton）政権期に入ってからのことであった。1992年のアメリカ大領選挙で、大統領に求められるものは外交手腕ではなく国内経済の手腕であると主張し当選したクリントンは、政権発足当初、中国をアメリカの主要な戦略相手として位置づけていなかった。中東とヨーロッパに外交戦略で重点を置いた政権発足当初のクリントン政権は、ブッシュ（George H. W. Bush）前政権の対中国政策が甘いと批判し、中国の人権状況が改善しなければ最恵国待遇の更新をしないという立場をとっていた。

それを転じさせた一因は、中国経済の成長と北朝鮮問題であった。

鄧小平の**南巡講話**の翌年、1993年3月の第8期全人代第1回会議で「**社会主義市場経済**」路線を国家路線に決定した中国では、1990年に4%であった経済の年間成長が1992年には12%、1993年前半には14%に押し上げられた。1993年に国際通貨基金（IMF）が中国の経済市場が公表されている規模よりも数倍大きいものであるという調査を公表し、世界中が中国投資へ関心を高めた。また、アメリカの国防総省と国務省も、中国へ強硬策をとらないようにホワイトハウスに求めた。国防総省は北朝鮮問題で中国からの協力を必要とし、また、中国との軍事交流を通じて中国から懸念される国々への武器移転に歯止めをかけたいと考えていた。冷戦終焉直後の中国の経済的・外交的なプレゼンスの台頭と武器移転への懸念は、アメリカ国内の政府機関や財界をクリントン政権に対して中国への柔軟な対応を迫らせることになった。

中国「銀河号事件」の屈辱

しかし、1993年7月から8月、中国からパキスタンへのM-11ミサイル移転や、イランへのミサイル移転をめぐる「**銀河号事件**」等によって、米中関係は悪化した。

「銀河号事件」とは、1993年7月に天津を出航した中国の貨物船「銀河号」がイランへ密売する化学兵器の原料を積んでいるというアメリカ中央情報局（CIA）の情報を基に、アメリカ側が中国側を批判して臨検した事件である。アメリカが全地球測位システム（GPS）を無効化し、銀河号は航行することができなくなってしまった。公海上に停止するしかなくなった「銀河号」は、インド洋の公海上でアメリカ海軍の2隻の軍艦と5機の垂直ヘリに包囲されて拘束された後、サウジアラビア政府代表と中国政府代表の立ち会いのもとで、サウジアラビアのダンマム港において、「銀河号」に積み込んでいた貨物を検査されることとなった。結局、不審物は何も見つからなかったが、アメリカ側は中国側への謝罪と賠償を拒否した。

この事件をめぐって、中国は大きな屈辱感を与えられることになった。中国が独自の**衛星測位システム「北斗**（BeiDou）」プロジェクトを開始し、全世界で測位できる能力を獲得したのは、この「銀河号事件」が大きく影響していると言われている。2018年5月3〜4日の北京における米中協議で劉鶴副総理が「銀河号の屈辱を忘れるな」と檄を飛ばすほど中国側に「しこり」が残った事件であった。

中国の「韜光養晦」の外交方針

一方、1990年代の中国の外交戦略は、鄧小平の「24文字指示」を反映していた（のちに「有所作為〔=できることをする〕」が加えられ「28文字方針」となった）。24文字指示とは「冷静観察、站穏脚跟、沈着應付、韜光養晦、善於守拙、絶不當頭（冷静に観察し、足下を固め、沈着に対応し、能力を示さず、欠点を隠し、決して先頭に立たない）」である。また、1993年には江沢民が「16文字指示」を決定しアメリカに示していた。16文字指示とは「増加信任、減少麻煩、発展合作、搞不敵対（信任を増やし、トラブルを減らし、協力を発展させ、敵対しない）」である。

「**韜光養晦**（とうこうようかい）」の外交方針とは、国力が整わないうちは、国際社会で目立つことをせず、じっくりとパワーを蓄えておくという外交戦略のことである。

とは言え、この時期の中国の動向はすでにアジアの不安定要素として懸念されていた。中国は1993年に新しい『作戦綱領』を制定し、防衛空間を従来の「本土」から「空・地上・海・宇宙空間」に拡大していたのである。また、南沙諸島問題をめぐる中国の海軍力整備と海南島基地の空軍力強化が関係諸国を刺激したことで、東南アジア諸国が急速に軍拡し、当時の東南アジア諸国による通常兵器の輸入量は10年間で2倍以上になった。さらに、1994年にフィリピンが領有権を主張するミスチーフ礁に中国が施設を建設したことで、翌年、ASEANは南シナ海の平和と安全保障に脅威を与える行動を関係国が停止するように外相声明を出すほどであった。

このような中国脅威論が高まった中で、1990年代半ば、アメリカの民主党政権が選んだ対中国政策は、冷戦期の「封じ込め政策」から民主主義や市場経済等の諸価値を国際社会へ広げる「拡大と関与政策」への転換であった。

アメリカは「封じ込め政策」から「拡大と関与政策」へ転換、中国は「新安全観」を提起

ブッシュ（George H. W. Bush）政権は、国連におけるアメリカを中心とする多国間協力によって自由と民主主義に基づく国際秩序の構築を目指した構想、いわゆる「**新世界秩序**」を掲げながらも、冷戦思考から抜け出すことがなかった。そのブッシュ政権後のクリントン政権にとって、新たな国際秩序とアメリカの外交指針を模索することが任務となっていた。政権1期目は「**デモクラティック・ピース論（民主主義平和論）**」や「積極的多国間主義」等のウィルソニアン的理念の影響を強く受けていた。そこで、クリントン政権の外交指針としてレーク（Anthony Lake）国家安全保障問題担当大統領補佐官によって示されたのが、1993年9月に公表された「関与と拡大」政策であった。「**関与と拡大」政策**とは、市場経済と民主主義の拡大を外交政策の目標とする対外方針で、それこそがアメリカと世界の安定および繁栄をもたらすという考えに基づいている。レークは、中国が経済開放を進め中国国民の人権と中国の武器売買について国際社会の基準を尊重することが米中両国の利益になると述べ、米中の関係強化が地域の安全保障や経済発展のために欠かせないとの認識を示した。

経済や人間の安全保障等外交指針が多様化し、ソ連の脅威が消滅したものの、米ソ対立を前提としてきたヨーロッパやアジアにおける同盟の見直しや、武器・軍事技術の移転防止の制度化等、新たな軍事秩序の再構築がクリントン政権に求められていた。

1995年2月、アメリカ国防総省は冷戦終結後のアジア太平洋地域における安全保障指針を示した「**東アジア戦略報告**」いわゆる「ナイ・レポート」を公

表し、「中国の安定と近隣諸国との友好関係は、アジア太平洋地域の平和・安定・経済成長に不可欠」と説く一方で、中国の軍事力増強や北朝鮮の脅威を指摘し、冷戦後の日米同盟の新たな役割を「ソ連の封じ込め」から「地域の安定確保」へ置き換えた。翌年4月の「**日米安全保障共同宣言**」でも、日米は「アジア太平洋地域の安定と繁栄にとり、中国が肯定的かつ建設的な役割を果たすことが極めて重要である」と強調する一方で、日米安保体制を「アジア太平洋地域の安定的で繁栄した情勢を維持するための基礎」と位置づけ、日米同盟を強化する方針を示した。

中国では「日米安全保障共同宣言」が中国に対するものとの批判もあった。「日米安全保障共同宣言」は、本来、太平洋戦争終結50周年にあたる1995年に予定されていた。しかし、アメリカ連邦議会で予算案をめぐる民主党と共和党の対立が深刻化し、大阪におけるアジア太平洋経済協力（APEC）出席にともなうクリントン訪日がキャンセルされ、翌年の日米首脳会談で宣言されることになった。アメリカは、1995年にAPECで安全保障協議を提起したのに続き、「日米安全保障共同宣言」でASEAN地域フォーラム（ARF）や北東アジア安全保障に関する多国間対話と協力の枠組みを発展させることを再確認した。中国にとって、台湾が加盟しているAPECでの両岸問題をめぐる安全保障協議も、中国封じ込めの多国間枠組の形成も、望ましくなかった。

「日米安全保障共同宣言」が公表されてから1週間後、中国は「**新安全観**」を提起した。「新安全観」は相互信頼・互恵・平等・協力を基軸とする近年における中国の「外交の要素」であり、「国防戦略の基本方針」でもある。同盟に基づく冷戦型思考ではなく、対話と協力によって国家間の対立を解決しようとする協調的安全保障観である。中国では、日米同盟の再定義と強化を、北大西洋条約機構（NATO）拡大のアジア版と見なす考えもある。中国の著名な学者である閻学通は、「日米安全保障共同宣言」が暗に対ソ連戦略協力から対中国戦略協力に転向したものであったため、同年に中国とロシアは戦略協力パートナーシップ関係を確立したと論じた。中国は日米同盟の再定義と強化が「中国封じ込め」であると警戒し、冷戦型軍事同盟を否定して協調的枠組みの形成を骨子とする「新安全観」を唱え、アメリカに対する牽制手段としての多国間外交と善隣外交を強化していった。

クリントン政権第2期目は、朝鮮半島情勢をめぐりアメリカが中国の協力を期待する一方で、アメリカのヨーロッパにおける安全保障政策が中国に多国間外交の展開を促すこととなった。国連安保理の承認を得ずにセルビアに対してNATO軍が空爆を行ったからである。中国とロシアの反対でNATO空爆は安保理の事前合意が得られなかった。しかし、NATOの空爆後に、国連安保理は全会一致でミロシェビッチが空爆前に受託を拒否していた和平案と同一の内容を決議した。中国は、国連のセルビア問題への人道的介入について、原則的には理解を示した。しかし、これを認めてしまうと、台湾問題等の「中国の内政」についても、国連が介入してきてしまうおそれもあった。ヨーロッパの出来事は、中国に対米抑止力となる多国間外交の重要性を痛感させることとなった。

《9・11》前のアメリカにとっての中国の位置づけ

2001年1月のブッシュ（George W. Bush）政権発足当時、アメリカ政府の対中国認識は脅威論に立脚しており、敵対的な対立関係ではなかったものの対抗的な関係であった。ブッシュの大統領選挙チームは、クリントン政権下における「中国へ傾いた政策」を見直し、中国を「戦略的パートナー」ではなく、「ライバル」として位置づけた。また、クリントン政権のウィリアム・コーエン（William S. Cohen）国防長官は、新政権発足直前の1月10日、「核と脅威の対応」を公表し、東アジアにおいて中国と北朝鮮が最大の懸念であると指摘し、**ミサイル防衛**（Missile Defense：MD）の必要性を唱えた。

MD配備を掲げたブッシュ政権にとって、中国への脅威は、MD推進の根拠の一つとなった。政権発足当初、ブッシュ政権が掲げた三大脅威は、**ビン・ラーディン**（Osama bin Laden）と**大量破壊兵器**（WMD）、そして中国であった。

中国脅威論の核心は台湾問題や東南アジアにおける領有権問題といった東アジアから東南アジアにおける脅威、そして中国から第三国への兵器移転の懸念であった。当時のアメリカの対中国戦略を示すものとして、2001年9月に国防総省が連邦議会へ提出した「**4年ごとの国防計画見直し**」（Quadrennial Defense Review：**QDR**）の草案がある。これはラムズフェルド（Donald H. Rumsfeld）国防長官が伝説的な戦略家のマーシャル（Andrew W. Marshall）に抜本的な戦略の再考を命じていたもので、中国の台頭とロシアの衰退に伴い、アメリカの軍事戦略の主要舞台をヨーロッパから太平洋に移し、従来の軍事ドクトリンを放棄するという QDR の草案の内容をラムズフェルドがブッシュに直接説明したことが、2001 年 3 月 23 日付の *Washington Post* 紙で報道された。

中国が支援したイラクの防空システムを米英軍が空爆

対イラク経済制裁を定めた国連決議に違反して、中国企業 3 社がイラクの新たな地中防空システムに光ファイバー通信技術を移転していたことを、2001 年 2 月、アメリカ政府とイギリス政府は「深刻な事態」であると判断した。アメリカ国防総省は光ファイバー網が完成した段階では、場所を特定したりそれを破壊したりするのは困難になると判断し、それに対する方策としての電撃作戦をブッシュ大統領に進言した。そこで、それらの新たな防空通信システムが完成間近となった 2 月、その最新通信網構築を防ぐ目的で、アメリカとイギリスの両軍は、アメリカ東部時間で 2001 年 2 月 16 日、24 機の爆撃機でイラクの首都バグダッド近郊の対空レーダー基地等 5 カ所の司令・防空施設を空爆した。アメリカが飛行禁止区域以外のイラク領内を攻撃したのは、1998 年 12 月の「砂漠のキツネ」作戦以来約 2 年ぶりのことであり、ブッシュ政権として初の本格的な対外軍事行動となった。2 月 21 日、アメリカ国務省の報道官は記者会見で、「イラクでの光ファイバーケーブルと通信プロジェクトについて中国に『特別の懸念』を伝えた」と公表した。ライス大統領補佐官（国家安全保障問題担当）も同日付の *Washington Post* 紙で「中国による明白な関与」について懸念を表明した。

一方、中国政府は、中国時間で爆撃当日、新華社を通じてイラク空爆を非難する談話を発表し、軍事行動を即時に停止するよう求めた。また、「米英軍機の爆撃はイラク問題解決への国際社会の努力を損なうもの」と主張した。とは言え、中国外交部は中国による通信網建設への関与を公式に否定していたが、3 月 18 日からの銭其琛副首相の訪米をにらみ、中国政府は 3 月 8 日には「イラクにおける光ファイバー網の建設で関与していた中国企業」に対してイラクからの撤退を指示した、と外交ルートでアメリカ側に伝えた。このことはパウエル（Colin L. Powell）国務長官が同日の議会証言で明らかにした。

《9・11》前の中国にとってのアメリカへの疑念

中国の譲歩をよそに、3月22日に中国外交部長の銭其琛と会談したブッシュは、台湾へのイージス艦売却等の台湾問題について、中国と安易な妥協には応じない考えを強調した。銭其琛はアメリカに「歩み寄り」を求めたが、ブッシュは拒絶した。ブッシュの強硬な姿勢の背景には、台湾海峡における中国軍増強の動きがあった。中国側からすれば、アメリカのミサイル防衛に台湾が組み込まれるかもしれないという危機感があった。そのため、2001年春、アメリカの台湾への武器売却は中国の最大関心事の一つとなっていた。

そのような中、4月1日、沖縄県の嘉手納基地から飛び立ち福建省、広東省、海南省の中国海岸線沿いの公海上を飛行しながら中国軍が発する電波情報を収集するという「通常任務」を行っていた米海軍電子偵察機EP3が、中国軍のF8戦闘機と海南島から南東約130キロの公海上空で接触する事件が起きた。EP3の「通常任務」による収集情報は、衛星情報と複合利用されて、台湾に向けられたミサイル配備状況等の中国軍の動向を探るものであった。衝突されて墜落した中国戦闘機のパイロットは、行方不明になった。EP3電子偵察機は損傷し海南島に不時着して、米兵は中国側に身柄を拘束された。航行速度が最大時速480キロのEP3機と1,000キロの機動力があるF8の衝突事故で、どちらに原因があったかは明白であった。しかし、両国ともにこの事件を「事故」として処理した。

米中関係が緊迫化していく中で、4月20日の連邦議会下院が台湾へのイージス艦売却を認めるようにブッシュ政権へ求める決議案を提出した。しかし、ブッシュは緊迫した米中関係のいっそうの悪化を回避するため、4月23日、台湾への武器供与問題で焦点となっていたイージス艦売却を見送った。また、キッド級駆逐艦、P3C対潜哨戒機、ディーゼル潜水艦等高性能兵器を一括供与すると明らかにし、翌日、台湾へ正式に通達した。

東アジア情勢の緊張が続く一方で、中国の江沢民はロシアや中央アジアのカザフスタン、キルギス、タジキスタンとの「上海ファイブ」にウズベキスタンを加えた6カ国サミットを6月14～15日に上海で開催した。6月15日には、中国が立ち上げた初めての国際機構「**上海協力機構**」(SCO) の発足をこれら6カ国が正式に決定した。江沢民は「SCOが国際政治の多極化と、民主的で公正で合理的な新たな国際政治経済秩序樹立に繋がる」と語り、「中国が進める多極化外交の成果である」と強調した。6カ国首脳は、中央アジアにおける国際テロ問題やイスラーム過激勢力に対する共同対処を協議し、「反テロ・反分離主義・反過激主義に関する上海条約」にも調印した。

第2節　《9・11》後の米中関係

《9・11》後のアメリカにとっての中国の位置づけ

2001年9月11日にアメリカで起きた同時多発テロ、いわゆる**《9・11》事件**によって、国際情勢は大きく変貌していった。ブッシュ政権は一転して、中国とロシアを含む世界各国との協調体制を築いていった。

国連安保理の常任理事国として「拒否権を持つ中国」との協力は、テロとの戦いに突入していくブッシュ政権にとって絶対に必要であった。そのため、実際に報告されたQDRでは中国への脅威は削除され、アジア太平洋地域での米軍強化が謳われるにとどまった。ただし、QDRは、中国を名指しこそしていないものの、「資源を豊富に有するライバル」と記したため、中国の論壇では対中国脅威論を示すものとしてQDRへの懸念を示す論文が多数公表された。

アメリカも中国もこの《9・11》を「米中関係の改善の好機」と捉えた。米中両国政府は関係修復を目指し、人権問題や兵器拡散問題やMDでは対立しながらも、「テロとの闘い」と貿易における共通した利益を強調し、新たな関係の前進を目指した。2002年2月のブッシュのアジア歴訪における米中首脳会談で、ブッシュは、中国の台湾政策をめぐり懸念を示す一方で、「中国は潜在的な大国である。中国はアメリカの敵ではない」と強調し、「アメリカは中国との建設的な協力関係を望む」と記者会見で明言した。焦眉の脅威の対象が東アジア・東南アジアから南アジア・中央アジアに移ったことにともない、アメリカは中国へ潜在的脅威を感じながらも米中関係を改善し、協調外交を展開したのである。

この段階で興味深いのは、「核態勢の見直し」（NPR）でアメリカの核攻撃の潜在的対象とされた国のうち、《9・11》で劇的な関係改善がなされた中国とロシア以外はすべて「**悪の枢軸**」と名指しされた点である。NPRは2002年1月にアメリカ連邦議会へ提出され、その一部が国防総省から公表されたが、NPRの機密版は、ロシア・中国・北朝鮮、イラク・イラン・シリア・リビアの生物化学兵器の貯蔵施設を標的にした核攻撃のシナリオを策定するように求めていた。これら7カ国を「悪の枢軸」発言に照らしてみると、ブッシュが2002年の一般教書演説でイラク・イラン・北朝鮮を「悪の枢軸」であると指摘し、次いで2002年5月6日に国防次官のボルトン（John R. Bolton）がブッシュの指摘した3カ国に加えてリビア・シリア・キューバを追加し、中国とロシアを除き、アメリカの潜在的核攻撃の相手をすべて「悪の枢軸」として名指ししたのである。

また、NPRが提出された同日、国家情報会議（NIC）が報告書『海外のミサイル開発と2015年までの弾道ミサイルの脅威』を公表し、「中国は1980年代半ばから長距離戦略ミサイルの現代化を図っており、アメリカを射程に入れた中国の弾道ミサイルの多くは移動式になるであろう」と予想した。

さらに、イラク戦争を視野に入れた2002年9月の『国家安全保障戦略』いわゆるブッシュ・ドクトリンでは、第Ⅷ章で「米中関係はアジア太平洋において戦略上、重要である」「アメリカは変わりつつある中国との建設的な関係を模索している」「台湾、人権、兵器拡散問題等、依然として矛盾があるものの、米中間の協力を妨げるものではない」と、中国の戦略的な位置づけを見直した。その一方で、中国を名指しにしなかったものの、第Ⅸ章で「アメリカや同盟国に対するいかなる国の企ても倒す能力を維持する。アメリカの圧倒的な優位にいかなる国も対抗することは許さない。アメリカを凌ぐ、あるいはアメリカと対等になるために軍事力を増強しようとする潜在的な敵を思いとどまらせる」とも明記していた。《9・11》を契機に関係改善を図りながらも、ブッシュ政権の対中国不信感が強かったことが示されていた。

「特定の分野では最善の状況」

そのような米中関係に変化が見られ始めたのは、アメリカが2003年のイラク戦争を前に準備にとりかかっていた2002年秋頃であった。中国の国家主席であった江沢民は2002年10月に訪米し、3度目の江沢民とブッシュによる首脳会談を行った。江沢民の訪米中、北朝鮮の非核化に中国が影響力を行使する旨が約束され、10月25日、共同記者会見の席で、ブッシュは「アメリカと中国はグローバルなテロとの闘いにおける同盟であり、両国は経済関係を深めている」と、米中関係を「同盟」とまで言ったのである。アメリカの対中認識は、従来の「東アジアの潜在的な脅威としての中国」から、「アメリカの利益に適う、世界秩序の調整を図るうえでの重要なプレイヤー、もしくはアメリカの外交ルートとしての中国」へと、その存在感が高まったのである。2002年後半から2003年にかけて、米中両国は台湾、北朝鮮、イラク戦争等をめぐる諸問題で関係を発展させていった。

台湾問題をめぐっては、「アメリカが中国を制止する関係」から「アメリカが台湾を制止する関係」へと変わった。2003年12月に訪米した中国国務院総理の温家宝は、ブッシュとの会談で、中国としては台湾に武力攻撃しなくて済むように、アメリカが台湾独立を制御するように求めた。当時の台湾総統の陳水扁が2004年3月の総統選挙の日に住民投票を強行しようとしたため、ブッシュ政権が国家安全保障会議の高官等を台湾へ派遣して、陳水扁を説得した。しかし、陳水扁は聞き入れなかった。台湾独立へ向かおうとした陳水扁のスタンドプレーは、ブッシュ政権を台湾に対して苛立たせていくことになった。

北朝鮮問題をめぐっては、ブッシュ政権は中国からの連携を得た。2003年4月の米中朝3カ国協議で、中国は北朝鮮を説得して協議の席に着かせた。これを受けたブッシュは、「中国がはじめてアメリカのパートナーになった」とテレビのインタビューでコメントした。また、父ブッシュ政権の国家安全保障担当補佐官であったスコウクロフト（Brent Scowcroft）は*New York Times*紙へ寄稿して、「3カ国会談は北東アジアの安定に向けて重要な前進であった。これを茶番や失敗と退けてしまうのは間違いである。論争的な国際的安全保障の問題に傍観的姿勢をとってきた中国を、積極的かつ建設的な役割に転じさせたことは、アメリカの外交の成功である」と、中国が積極的に北朝鮮問題でイニシアティヴをとったことを評価した。また、北朝鮮問題をめぐる6カ国協議で、中国は積極的に北朝鮮とアメリカの仲介に尽力し、3日間の石油停止を行い北朝鮮へ圧力をかけて、北朝鮮を交渉のテーブルに着かせた。このような北朝鮮をめぐる中国のアメリカとの協同は、2003年9月11日のアメリカ上院外交委員会が開催した米中関係に関する公聴会において、東アジア太平洋担当国務次官補のケリー（James Kelly）に、「今や、米中関係は特定の領域においては最善の状態にある」と証言させるまでになったのであった。

「対米闘争において、多国間主義には、『真綿に針を包む』という巧妙さがある」

中国における2002年の最重要イベントは、第16回中国共産党全国大会であった（16回党大会）。16回党大会において、江沢民は次のように政治報告を行った。「対外活動には新しい局面が切り開かれた。国際情勢の発展、変化をふまえて、正しい対外方針と政策を堅持し、二国間、多国間の外交を広く展開し、国際交流と協力に積極的に参加したため、わが国の国際的地位はさらに向上した」、「我々は引き続き善隣友好を強化し、善意をもって隣国に対処し、隣国を仲間と見なすことを堅持し、地域間の協力を強化し、周辺諸国との交流と協力を新たなレベルへと推し進める」。

5年に1度開催される中国共産党全国大会（＝党大会）の政治報告において、多国間外交に関する段落が設けられるようになったのは、1997年の第15回党大会からである。しかし、第15回党大会の政治報告では、「善隣友好を堅持しなければならない。これはわが国の一貫した主張であり、決して改変してはならない。わが国と隣国の間に存在する争議問題について、平和で安定した大局を維持し、友好的な協議を行い解決しなければならない」、「多国間外交活動に積極的に参加し、国連およびその他の国際機関で我が国の影響を十分に発揮しなければならない」と、多国間外交の対象は、あくまでも国連や国際機関であって、周辺との多国間外交は言及されていなかった。また、善隣外交については、2002年の第16回大会が「友好を前提とした善隣外交」を説いていたのに対して、1997年の第15回大会では「対立を前提とした善隣外交」が説かれていた。20世紀から21世紀への移行期に、中国は周辺との新しい協調外交を展開し始めたのである。

中国共産党の対外関係機関である中共対外連絡部の機関誌『当代世界』に掲載された論文（王立勇「中国外交」中共対外連絡部『当代世界』2003年第4期）は、次のように論じている。「中国が隣国と友好的に周辺を安定にさせ、周辺地域の協力を推進すれば、強力な後ろ盾を持つことになる。……（中略）……多国間主義は国際協力の強化を要求し、アメリカを含む世界各国の利益を代表することに議論の余地はない。アメリカの覇権主義への反対闘争において、多国間主義には、『真綿に針を包む』という巧妙さがある。……（中略）……グローバリゼーションの発展にともない、多国間主義の擁護者は日増しに増えており、歴史発展の大勢の赴くところである。したがって、多国間外交を強化すれば、必ずやアメリカの一国主義に対する強力な牽制となるであろう」。

「責任あるステークホルダー」

2004年には、4月にチェイニー（Richard B. Cheney）副大統領、7月にライス（Condoleezza Rice）大統領補佐官、10月にはパウエル国務長官が訪中し、米中両国政府は米中関係が「**建設的な協力関係**」であることを確認した。

2004年頃になると、台頭する中国の存在感はアジア太平洋のみならずグローバルなものと認識されるようになっていた。特に中国経済の台頭で、従来の主要7カ国（Group of Seven: G7）の調整能力の限界が指摘されるようになり、関係国から中国を主要国首脳会議（G8サミット）の正式メンバーにすべきであるとの声が高まっていった。10月1日にワシントンD.C.において開催されたG7財務相・中央銀行総裁会議には、11月の大統領選挙を控えたホスト国のアメリカ政府からの強い要請によって、中国の金人慶財政部長と周小川中央銀行総裁が初めてゲストとして招かれて参加した。

2004年11月のチリにおけるAPECにおいて、米中が両国関係ならびに国際問題を協議する次官級高官協議の定期開催を胡錦濤がブッシュに提案し、ライス国務長官の2005年3月の訪中で両国は合意した。これを受けて、翌月の4月8日、両国政府は米中関係ならびに国際問題を包括的に協議する次官級の定例協議の枠組みを創設することで正式に合意した。対話開催に動いた背景には、2006年のアメリカにおける中間選挙をにらみ、急激に膨らんだ対中貿易赤字に対する批判が連邦議会や国内世論で高まったからであった。ブッシュ政権はこれを外交交渉で打開しようとした。

ブッシュ政権2期目になると、イラク問題が泥沼化する中で、大量破壊兵器問題を抱えるイランと北朝鮮への対応を重視し、アメリカの対中国政策は、「大国としての中国」に責任を分担してもらおうとする「**責任あるステークホルダー（利害関係者）**」論へ転じていった。その転換点とされているのが、

2005年9月21日の米中関係全国委員会でのゼーリック国務副長官の演説である。過去30年におけるアメリカの対中政策が中国を「開かれた、ルールに基づく国際経済システム」に加えることであったと語ったゼーリックは、中国のWTO加盟や武器交渉における中国の役割を評価し、米中協力によって中国を「国際システムの単なるメンバー」から「責任あるステークホルダー」となるようにアメリカが促す必要がある、と主張した。中国による知財侵害、貿易不均衡、為替政策に関しては「責任あるステークホルダー」として「ふさわしくない」と指摘しながらも、ゼーリックは、従来の米中関係からの転換の必要性を強調したのであった。

「和諧社会」を提唱した中国

中国側からすれば、貿易不均衡と為替政策に関して対米協調に動けない国内事情があった。過熱した対中投資 → 過剰生産 → 国内市場が小さいために輸出による在庫調整 → 輸出は拡大するも貿易収支は赤字 → 外貨準備の増大 → 中央銀行が外貨を市場に放出 → 過剰流動性の発生、という負のサイクルが発生していたため、人民元の切り上げ幅をできるだけ小さくしなければならないという国内政治の要請があったからである。中国政府としては過熱投資の抑制を柱とする経済のマクロコントロール政策を強化していた。しかし、中国には「上に政策あれば下に対策あり」ということわざがあるように、中央政府が「政策」を強化しても、地方政府や民間はさまざまな「対策」で抵抗した。

とは言え、WTO加盟後の急速な経済発展によって、中国内では社会的格差が急速に拡大していた。そこで、2004年9月の第16期党中央委員会第4回全体会議（四中全会）のコミュニケにおいて、胡錦濤は「全面的な**小康社会**の建設を目指す」と明記し、「**和諧社会**（調和のとれた社会）」をスローガンに掲げ、成長と公平な分配、人間と自然との調和等を重視する方針を打ち出した。中共は四中全会終了後に発表したコミュニケで、「時代と人民の要求」として「執政能力の強化の重要性」を強調し、過剰投資抑制のためのマクロ経済調整の強化や、格差の拡大抑制、汚職対策等を通じ「和諧社会」への意欲を示した。

国内の繁栄と安定のための周辺環境

胡錦濤政権期における中国の周辺外交・安全保障を規定した主な要因として、以下3点が挙げられる。第1に、中国外交の主要な任務が中国国内の経済発展と社会の安定のために国際環境を形成することにあった点である。第2に、中華人民共和国建国百周年に当たる今世紀半ばまでに「中華民族の偉大なる復興を実現する」という国家目標の下、中国が富強大国化への道を歩んだ点である。第3に、大国の外交・安全保障政策が中国をいかに位置づけているのかへの対応であった。冷戦期における中国の国防の主軸は、ソ連、インド、ベトナム等の南北軸であった。しかし、ソ連の解体とかつての敵対国との関係改善は、南北軸の陸上戦争の可能性を後退させ、国防の戦略的重点と主要な任務を東アジアに移した。また、日米同盟の強化、NATOの東方拡大、2001年の《9・11》以降の南アジア・中央アジアでの米軍プレゼンス拡大等の要因も加わり、国防の主軸は東西軸へ移った。ソ連消滅と中露善隣友好関係の発展による地政学の転換は、中国の国防を国土防衛から主権防衛へ転換させ、アメリカを中国の周辺外交と大国外交の最も根本的な規定要因に位置づけた。

中国の外交・安全保障政策は、改革開放政策のもと、中国国内の経済発展と社会の安定を実現するために、平和で安定した国際環境の形成を任務としている。そこで、2005年12月に国務院新聞弁公室が公表した『中国的和平発展道路』は、「平和的な国際環境を利用して自国を発展させ、自身の発展で世界平和を促進する」、「中国の発展は平和な国際環境を必要とする」と説いた。そこには、「中国の発展が世界から離れられないと同様に、世界の繁栄は中国を必要とする」という自信が示されていた。

中国の目覚ましい経済成長は、改革開放による対外貿易の拡大に大きく依存していた。その中でも、米中経済関係の拡大が、中国の経済成長ならびに中国人民の生活向上に大きく寄与していた。「世界の工場」と呼ばれる当時の中国の輸出は、約5割が加工貿易による。そのうちアメリカは、消費財の輸出先の約3割を、部品の2割を占めていた。中国からの部品輸出先の5割をアジア地域の諸国が占めていたが、アジア地域からの輸出の約3割がアメリカを最終目的地としていた。

第 3 節 胡錦濤政権期の中国外交と米中関係

中国は「アメリカの経済的ライバル。ただし、保護主義には頼ってはいけない」

中国が「責任あるステークホルダー」となるようにアメリカ政府は期待していた。とは言え、中国が不公正な貿易慣行を続ける一方で、アメリカの対中貿易赤字が過去最大に膨らみ、2006 年 11 月に中間選挙を控える連邦議会は、超党派の議員らが中国市場の閉鎖性等を理由に恒久的な最恵国待遇（MFN）の打ち切り等の制裁法案を提出した。アメリカ国内では、製造業を中心に雇用を中国に奪われるという危機感が高まり、中国に対する期待よりも不満のほうが大きくなっていた。中国への苛立ちを高める議会において、ブッシュは 2006 年 1 月 31 日に一般教書演説を行い、経済成長著しい中国とインドを名指しして「アメリカの経済的ライバル」と位置づけ、中国やインドの台頭に対抗していく考えを示した。ただし、ブッシュは「保護主義には頼ってはいけない」と釘もさした。

アメリカ国防総省は 2 月 3 日に発表した「4 年ごとの国防計画の見直し (QDR)」で、インドを「主要な戦略的パートナー」と呼ぶ一方、「中国はアメリカにとっての最大の潜在的競争国」と指摘し、中国がアジア太平洋で建設的、平和的役割を果たすように求めた。

3 月には、3 年半ぶりに発表した「国家安全保障戦略」で中国に「責任あるステークホルダー」として行動するよう求めた。しかし、そこにあったのは中国に対する期待ばかりではなかった。「不透明な軍事拡大等で冷戦時代のような“古い時代の思考と行動”がみられる」と指摘し、「資源の豊富な国家をその悪政にもかかわらず支援している」と批判した。また、4 月には胡錦濤が訪米することを踏まえ、アメリカ政府は「市場に基づいた柔軟な為替制度の採用を中国へ働きかける」と繰り返していた。

4 月 20 日に行われた米中首脳会談で、米中は「国際システムにおけるステークホルダーとして多くの戦略的利益を共有する」との認識で合意した。また、台湾での陳水扁政権の支持率が低下する中で、台湾独立を支持しないというアメリカの立場に変更がないことを改めて米中政府は確認した。しかし、貿易不均衡と人民元引き上げ問題について、胡錦濤は人民元改革と市場開放についての努力を語るだけで、譲歩の姿勢は見せなかった。

アメリカはユニラテラリズムからマルチラテラリズムの重視へ

イラク問題をはじめ中東問題や南アジア問題で行き詰まり、国民の支持を失っていく中で、ブッシュ政権は「単独行動主義（ユニラテラリズム）」から「多国間主義（マルチラテラリズム）」へ政策転換していった。ブッシュ政権は、2006年2月のQDRと3月の「国家安全保障戦略」において、ユニラテラリズムの姿勢を改め、アメリカ主導下での同盟国や友好国との連携や協調を重視していくことを謳った。

2006年夏の**WTO多角的通商交渉（ドーハ・ラウンド）**は、農産品の関税や補助金削減で折り合わず頓挫し中断した。WTOは加盟国・地域の全会一致で運営するのが原則で、1カ国でも反対すれば身動きがとれなくなってしまう。7月のG7サミットで膠着状態となったWTO再開について協議されたものの、打開策が見出せないまま閉会となった。WTOドーハ・ラウンドの中断によって、当面は二国間での**自由貿易協定**（FTA）や**経済連携協定**（EPA）の重要性がいっそう増していくことになるとFTAやEPAが注目されることになった。2006年当時149カ国になっていたWTO加盟国・地域のすべてからの賛同を必要とする多国間交渉の枠組みはもはや時代に合わなくなっていた。

訪中したシュワブ（Susan C. Schwab）USTR代表は、薄熙来商務部部長と8月28日に北京で会談し、前月に中断したままとなっているドーハ・ラウンド再開に向けて努力することで一致した。薄熙来は「発展の問題を第一に考えるべき。先進国の貢献を期待する」と表明し、「世界第2位の経済大国である中国」が途上国の立場からアメリカへ要求した。一方のシュワブは「中国は多国間貿易体制の最大の受益者」と指摘し、中国へ積極的な役割を果たすように求めた。

WTOが機能不全に陥る中、**アジア太平洋経済協力**（APEC）**首脳会議**が2006年11月18〜19日にベトナムのハノイで開催された。APECに併せて行われた各国首脳との会談で「アメリカはアジアに積極的に関与していく」と繰り返したブッシュは、APEC全域をカバーする自由貿易協定（FTA）として、

「アジア太平洋自由貿易圏（FTAAP）」の構築を検討すべきであると提案した。APECの21のエコノミーをカバーする巨大枠組みが構築されることになれば、全世界のGDPの約6割、人口の約4割を占めることになる。APECは、頓挫してしまったWTOの自由化交渉を推進していく決意を示す一方で、FTAAP構想について「長期的な目標」としての検討を始めることで一致し、首脳宣言を採択した。

その翌年の2007年9月7日にシドニーで開催されたAPECにおいて、ブッシュは「民主的価値の拡大やテロとの闘いに対応するために、また、同盟国・友好国とのネットワークの一層の強化を図るため」として「アジア太平洋民主国家パートナーシップ」の形成を提唱した。また、9月10日の首脳宣言には、「実践的な段階を踏まえてFTAAPの展望を検証する」と盛り込んだ。

WTOが新たな貿易ルール改正へと進まない中、2008年11月20日、ブッシュ政権下のアメリカは、シンガポール、ニュージーランド、チリ、ブルネイの環太平洋4カ国が2015年までに各国間貿易の全品目についての関税撤廃を目指して交渉を進めていた自由貿易協定（FTA）「環太平洋戦略的経済パートナーシップ」（P4）の交渉に全分野で参加する方針を固めた。2008年2月にアメリカは金融サービスと投資ルールの分野別交渉での参加を表明していたが、2008年秋以降は全分野を対象にする全体交渉へ参加することにした。これにより、オーストラリアとペルーも交渉に加わり、「P4」は「P7」へと枠組みを拡大した。カナダとメキシコもP7への加盟について検討を始めていった。

中国はFTA交渉を加速、関係深化を進めた中南米との関係

2000年代半ばから、中国は諸外国とのFTA交渉を加速させていった。

中国がFTAを結んだのは、2002年調印のASEANとの自由貿易協定が最初であった。2003年には香港（2003年10月18日締結）とマカオ（2003年6月29日締結）と**経済貿易緊密化協定**（CEPA）を締結する。CEPAとは、中国と2つの特別行政区との間で締結された包括的な自由貿易協定のことである。国家と国家の間のFTAの国内ヴァージョンにあたる。その後、2005年11月にチリとのFTA、2006年にパキスタンとの**「アーリー・ハーベスト」**を実施、2007年7月にパキスタンとのFTAが発効した。「アーリー・ハーベスト」と

は、一部の実施しやすい分野を選んでゼロ関税や貿易の自由化措置を前倒しで実施する制度のことである。

2008年の中国は、さらにFTA交渉を進めた。2008年4月7日、中国は経済協力開発機構（OECD）加盟先進国としては初のケースとなるニュージーランドとのFTAに調印した。10月24日には、アジアで初のケースとなるシンガポールとのFTAを締結した。また、2008年11月19日には、APECが開催されるペルーの首都リマにおいて、胡錦濤は、FTA締結交渉を妥結したほか技術や投資等10件の協力協定に署名した（2006年11月にFTA交渉開始に合意していた中国とペルーは、2007年9月に両国首脳が交渉開始を宣言し、2008年11月に両国首脳が交渉妥結してから2009年4月28日に北京で調印、実際にFTAが発効したのは、2010年3月になってからであった）。さらに、胡錦濤はAPEC加盟の中南米各国首脳とリマで相次ぎ会談し、2007年6月に台湾と断交して中国と国交樹立したばかりのコスタリカとは、年明けにFTA交渉を開始することで合意した。

2000年代半ば、アメリカのお膝元であったニカラグア、ボリビア、エクアドルで反米左派政権が次々と誕生したのに続き、世界最大の確定石油埋蔵量を誇るベネズエラにおける2006年12月3日の大統領選で、反米左派のチャベス（Hugo Chavez Signature）が本来は憲法違反となるはずの「3選」を果たした。チャベス政権は中国との関係を急速に深化させていき、2007年から原油価格が急落する2014年までの間に中国の政策銀行が行った中南米地域向け融資の半分以上がベネズエラ向けの融資となるほどであった。中国とベネズエラは融資返済をベネズエラの原油で行う「原油と融資の交換」で契約した。ベネズエラは2008年10月30日には、初の通信衛星「シモン・ボリバル（Simon Bolivar）」を中国の全面的な技術支援の下で中国四川省の西昌衛星発射センターから打ち上げた（ベネズエラの宇宙衛星を中国で打ち上げる計画は、2005年11月1日の契約成立から始められていた）。

こうして、2008年は、中国がアメリカのお膝元の中南米に対して外交を強化した年となった。

2008年10月には、ラテンアメリカ・カリブ（LAC）加盟諸国の経済・社会発展に貢献することを目的とする「米州開発銀行（IDB）」への中国の加盟を発表し、2009年1月12日付けで正式にIDBの48番目の加盟国となった。また、2008年11月5日には、FTA締結やエネルギー分野での協力強化等の対中南米連携策を盛り込んだ初の政策文書「中国の対ラテンアメリカ・LAC文書」が発表された。この方針を受けて、胡錦濤のキューバ訪問時に、中国がキューバの港湾整備に資金を提供し、キューバが中国にニッケルを提供すること等を盛り込んだ経済協力協定が両国で締結された。

中国による衛星破壊実験の衝撃

アメリカは湾岸戦争、コソボ戦争、アフガン戦争、イラク戦争等において、軍事における情報化時代の戦術として、「**ネットワーク中心の戦い**（Network Centric Warfare：NCW）」を世界に見せつけてきた。「ネットワーク中心の戦争」とは、戦闘力を構成するセンサーや武器や意思決定者をネットワークで一体化することにより、情報優位を創り出し、最終的に戦闘の優位を獲得しようとする戦術である。「ネットワーク中心の戦争」は偵察衛星や通信衛星等の軍事衛星システムに依存しているため、米軍の対抗勢力によって「**キラー衛星**」で破壊されれば、米軍の作戦能力に大きな打撃が与えられることになる。

中国がアメリカに対抗しようとする明確な意思を示したのが、2007年1月11日に行った、地上発射の弾道ミサイルで**人工衛星を破壊する実験**の成功であった。まさに、米軍の「ネットワーク中心の戦争」を脅かす能力を中国が示したものであり、中国による「宇宙での軍拡」の布告とも言えた。

中国の兵器開発に対して警鐘を鳴らすアメリカに対して、中国外交部は1月19日に「中国は過去も現在も将来も、いかなる形式の宇宙空間での軍拡競争に加わるつもりはない」と強調した。1月21日に訪中したアメリカのヒル（Christopher R. Hill）国務次官補（東アジア・太平洋担当）は、中国政府に対して「宇宙政策の透明性」を高めるよう求めたが、中国政府が衛星破壊実験を認めたのは、1月23日になってからのことであった。

国防総省が2007年5月25日に公表した「2007年版中国の軍事力に関する年次報告書」は、1月の衛星破壊実験と新型の大陸間弾道ミサイル（ICBM）の実戦配備等が米軍の兵器システムを大幅に弱体化させ、米軍の作戦行動を制限できるものであることから、「戦略的攻撃能力の拡大」であると強い警戒感を示した。この中国による衛星破壊実験は、翌年2008年3月3日に公表された「2008年版中国の軍事力に関する年次報告書」でも「潜在敵国の宇宙利用を制限・妨害するプログラムを開発している」と再度指摘され、宇宙空間をめぐる中国の動向にアメリカは強い警戒を再び示した。また同報告書は、アメリカ政府機関を含む世界中のコンピューターネットワークが「中国が発信源とみられるコンピューター」から不正侵入を受けたと指摘した。

しかし、政権2期後半（2007〜2008年）、ブッシュ政権は、泥沼化した中東情勢ならびに中央アジア情勢に解決策が見出せず、レイムダック化が指摘されるようになっていった。手詰まりとなったホワイトハウスは「政治的遺産（レガシー）」を残すことを重視していき、台頭する中国への戦略や政策は後回しになっていった。アメリカがさらに内向きになる次章で描くオバマ時代には、IoT（モノのインターネット）時代の宇宙空間とサイバー空間における中国のアメリカに対する挑戦と米中対立がさらに顕在化していくことになる。

USTRが中国を知財侵害で初のWTO提訴

2007年4月10日、アメリカ政府は中国の知的財産権の保護対策が不十分であるとして、中国に是正を求めるためにWTOの紛糾処理委員会へ提訴した。中国が知財侵害でWTOに提訴される初のケースとなった。その前日に記者会見をしたUSTRのシュワブ代表は「中国による著作権侵害や偽造は受け入れがたいほど高水準」と声明を出した。これに対して、中国商務部は、「遺憾であり、深く失望している。両国が重ねてきた協力関係を大きく損ない、両国の通商関係にも悪影響を及ぼすだろう」と警告した。

USTRは2008年4月25日、知財侵害国や行為を特定して改善を迫る年次報告書を発表し、特に中国とロシアの知財侵害に強い懸念を公表した。USTRは、中国を「優先監視国」に指定し、二国間協議で改善されない場合にはWTOへ提訴する方針も示した。

外交理念としての「平和的な発展」と「中華民族の偉大な復興」

2007年10月の第17回党大会で胡錦濤は「**和諧世界**（世界との調和）」を打ち出した。胡錦濤政権期の中国外交の理念は、「**平和的な発展**」と「和諧世界」

である。

「和諧世界」が初めて胡錦濤によって語られたのは、2005年4月のアジア・アフリカ首脳会議であった。その後、2005年7月の「21世紀の国際秩序に関する中ロ共同声明」に「和諧世界」の言葉が明記された。続いて2005年9月の国連創立60周年の首脳会議の演説で、胡錦濤が「長期に平和で共に繁栄する和諧世界の建設に努力する」という重要講話を発表した。2006年8月には、中共中央の外事工作会議が、「和諧世界の建設の推進を堅持する」ことを強調し、「和諧世界論」は、胡錦濤政権期における中国外交の理念の一つとなった。

中国の平和的発展の道が目指すものは、「**中華民族の偉大な復興**」である。

鄧小平やその後の指導者達が「中華民族の偉大な復興」として提起してきた主な内容は、以下の点である。第1に、経済成長を持続し「**富強大国**」を実現すること。第2に、「民主文明を持った**政治大国**」になること。第3に、「**祖国の統一**」を実現すること。第4に、国際社会において「誇りを持てる大国」、「**責任ある大国**」として振る舞うことである。

中国と世界との関係から見ると、いわゆる平和的発展とは、文明大国というイメージによって世界の多くの民族の中で独自の地位を確立することである。中国自身の歴史的発展からみて、中国の平和的発展もしくは**平和的崛起**とは、中国の百余年来の強国への夢を実現することであり、中華文明の復興を実現することである（鄭必堅「中国和平崛起進程中面臨着3大挑戦」）。すなわち、「和諧世界」ならびに「平和発展論」とは、富強大国化をめざす国家戦略の手段として、提起されたのである。

それでは、中国は平和的に国際社会と協調していこうとしていたのであろうか。必ずしもそうとは言えない。『2008年中国的国防』は、「中国は**科学的発展観**を国防と軍隊建設の重要な指導方針とすることを堅持し、進んで世界の軍事発展の新しい趨勢に適応し、国の主権や安全、発展の利益の確保を根本的な出発点とし、改革革新を根本的原動力とし、よりいっそう高い起点に立って国防と軍隊の現代化を推し進める」と説いた。国家主権の擁護と持続可能な発展の出発点として、軍隊の現代化を推進している。それは、中国側が主張する主権の擁護やエネルギー資源の獲得のために、軍が利用されていくことを意味し、南シナ海や東シナ海における中国の脅威が懸念される。

中国の海上への出口を封鎖する「**第1列島線**」に加え、アメリカは2003年以降、グアム基地群を含む「**第2列島線**」の軍事配備を大幅に強化し始めた。これに対して、中国は同2003年、国家海洋局・民政部・人民解放軍参謀本部が合同で「無人島保護・利用管理規定」を交付し、島嶼の管理制度を開始した。翌2004年には、中国船がアメリカ海軍に対して挑発的な行動を繰り返した。島嶼の生態保護を名目に、南シナ海や東シナ海におけるエネルギー資源や海底鉱物等の権益と絡んだ領有権問題に対して、中国が軍事活動を本格化させるのではないかという懸念が、胡錦濤政権期にすでにアメリカの議会や軍では高まっていたのである。

次章と第11章で述べているように、中国は、2009年12月16日の全国人民代表大会常務委員会において、「**島嶼（海島）保護法**」を採択・公布し、2010年3月1日から施行した。

「G2論」と「米中共同管理論」

世界政治が多極化する中で、世界の世論が「**G2論**」や「**チャイメリカ**（Chimerika)」等の米中共同管理論について議論した。

2002年の第16回党大会で、江沢民は「**公正で合理的な国際政治・経済の新秩序の構築**を推進する」と、アメリカ一極の国際秩序へ対抗して、新たな国際秩序を打ち立てようと報告していた。この江沢民報告のとおりに、中国外交部のwebsiteは2006年8月まで「公正で合理的な新しい国際秩序の確立を推進する」と掲載していた。しかし、外交部のwebsiteは2006年8月以降、「多国間主義を積極的に唱導し、相互信頼、相互利益、平等、協力によって新安全観を樹立し、覇権主義と強権政治に反対し、すべてのテロリズムに反対し、国際秩序がさらに公正合理な方向に発展することを推進する」と書き換えられた。多極化が進行しているという世界認識が、2006年夏には中国で定着していたと言える。

アメリカ単極体制に対する中国の批判のレトリックがトーンダウンした頃と前後して、アメリカでは「G2論」や「チャイメリカ」といった米中共同管理論が唱えられた。

G2論とは、ピーターソン国際経済研究所のC・F・バーグステン（C. Fred

Bergsten）所長が2004年に表明したもので、米中が対等な立場で連携する体制を形成し、両国がグローバル・ガヴァナンスの主導役を担うというものである。バーグステンは、2008年夏に掲載した論文で、G2論を再提起した。バーグステンは、他の主要国の立場に配慮すれば、米中両政府が公式に「G2」という言葉を使うのは無神経ではあるが、現在の国際経済の課題に効果的、組織的に対応していくためには、アメリカは世界経済を管理する主要パートナーとして中国を優先的に扱う必要があり、中国の協力とアメリカの関与を十分に引き出し、世界が切実に必要としている本当のリーダーシップをつくりだすには、G2の形成以外に方法はない、と説いた。バーグステンが2004年後半にG2のアイデアを表明し始めて以降、ゼーリックが中国政府高官との対話を開始し、ポールソン（Henry M. Paulson）が中国との対話路線を拡大させ、両国から十数の省庁の高官が参加する米中戦略経済対話をスタートさせたことで、G2に向けた制度枠組みがすでに誕生しており、環境や国際金融等の課題に関する両国間の協力パターンもすでに形成されつつある、とバーグステンは説いた。さらに、中国にとって「責任あるステークホルダー」として認識されるだけでは不十分であり、すべての権利を備えた真のリーダーシップを共有するパートナーとして認められなければ意味がない、と主張した。

また、ハーバード大学の経済学者ファーガーソン（Niall Ferguson）は、2007年3月4日付の英紙*Sunday Telegram*に、「チャイメリカ」の概念を提起した。ファーガーソンによれば、チャイメリカとは、世界最大の消費国であるアメリカと最大の貯蓄国である中国で構成されるシンボリックな利益共同体で、この利益共同体が全世界の経済に影響を及ぼすというものである。

G2論にせよチャイメリカにせよ、これらの概念がメディアで紹介された過程で、これらの概念を提起した学者の学術的な定義を超え、言葉だけが一人歩きしてしまった。バーグステンは、G2が経済分野のみに有効であり、その他の分野でのG2は必ずしも有効ではないことを唱えていた。また、アメリカがリードする国際経済秩序下でアメリカの国益が直面している為替レートや貿易の諸問題について中国を巻き込むことによって、アメリカが効果的なリーダーになることを説いていた。

G2構想もチャイメリカも、学術的に提起された時点では注目されることはなかった。それが一躍世界的に注目されるようになったのは、2009年1月12日に北京の人民大会堂で開催された米中国交樹立30周年を記念する晩餐会で、カーター政権期の国家安全保障担当の大統領補佐官であったブレジンスキー（Zbigniew K. Brzezinski）が、「米中によるG2サミットを開催すべきだ」と、米中首脳の定期会談を提唱してからである。ブレジンスキーは、アメリカ政権の戦略家であった経験を持ち、2008年のアメリカ大統領選挙でオバマの外交顧問であったことから、単なる提起にとどまらないと考えられた。さらに、3月にブッシュ政権の国務副長官であったゼーリック世界銀行総裁が、米中両国がG20の牽引役となり、G2の力強い発展がなければG20は失望されるであろうと指摘したことで、G2構想はさらに注目されていくことになった。

これに対して、中国では社会科学院アメリカ研究所の黄平所長等、G2構想が非現実的であると批判する声が少なくなかった。ブッシュ政権で国家安全保障上級部長を務めたワイルダー（Dennis Wilder）のように、日本やインド等他のアジアの同盟国や友好国との関係を損なうとの批判もあった。外交評議会のE・エコノミー（Elizabeth Economy）やA・シーガル（Adam Segal）等も、G2論を非現実的な蜃気楼と批判した。

G2構想の賛否両論が渦巻く中、米中による太平洋分割論に対する懸念が高まっていった。キーティング（Admiral T. J. Keating）米太平洋軍司令官は、2008年3月11日の上院軍事委員会の公聴会において、2007年5月の訪中時、中国海軍幹部から、面白半分の冗談と断りつつも、ハワイを基点とする「**太平洋の分割管理**」を提案されたと証言した。このキーティング証言については、2007年8月、*Washington Times* 紙等が、米軍関係者の話として報じていた。キーティング司令官はこの提案を拒絶したが、情報機関を含むアメリカ政府内の一部はこの提案に前向きな姿勢を示した、とアメリカで報道された。米中分割案を中国の野心として懸念する声も出た。

2008年には非現実的な話と一笑に付されていたが、アメリカの政権交代後、G2論が再び注目されると、2009年5月19日、クリントン国務長官は、アメリカが太平洋をどこかに譲り渡すことはありえないと一蹴した。

第4章　内政重視に傾くアメリカと「膨張する中国」
——2008〜2016年

本章で学ぶこと

2008年の世界経済危機を契機に、グローバルな経済大国として国際的な地位を急激に高めた中国。一方、景気回復と財政赤字に苦しみながら内政重視に傾いていったアメリカ。世界金融危機とアメリカ経済再建への対応にともなう米中協調関係を前提に、当初、オバマ政権は深刻化する中国からのサイバー攻撃、海洋や宇宙での軍事的な中国プレゼンスの増大などの問題解決に際し、対話や協力を重視した。しかし、外交努力だけでは中国の対外姿勢を変えることができないと思い知らされていき、アジア政策で舵を切ろうとしたが、「富強大国化した中国」はもはやオバマ政権からの要請に聞く耳を持つことはなかった。オバマ政権期の中国に対する楽観的すぎた対応により、米中パワー・シフトが大きく進むことになった。

本章では2008年秋から2016年の米中関係を学ぶ。この時期を（1）リーマン・ショックから2011年秋まで、（2）2011年秋のオバマ政権による「戦略的方向転換」の表明から2014年まで、（3）AIIBドミノ倒しが起きた2015年から2016年まで、の3つの時期に分けて、米中関係の変化を理解していく。

第1節　2008〜2011年　「新たな大国間関係」

リーマン・ショックと米中協調

2008年、中国の国際的なプレゼンスが劇的に増大した。

8月に開催された北京五輪には、史上最多の204の国と地域から1万人以上の選手が参加した。同年3月のチベット騒乱の後、欧米諸国から北京五輪開会式のボイコットを求める声が世界中で高まっていた。しかし、多くの国が中国との安定した経済関係を優先し、80人以上の元首や首脳が参列した。北京五輪の成功は、中国の発展を国内外に強く印象づけ、国際社会における存在感を高めた。

さらに、翌月のリーマン・ブラザーズ・ホールディングスの経営破綻に端を発して瞬く間に連鎖的な世界規模の金融危機が発生し、世界経済が低迷を続ける中で、中国はそのプレゼンスと発言権を高めていった。

胡錦濤国家主席とブッシュ大統領の間で9月22日に電話会談が行われ、中国がアメリカの市場救済策を積極的に支援する、と胡はブッシュに伝えた。9月29日に米連邦議会下院が金融安定化法案を否決するとダウ平均が史上最大の下げ幅を記録した。税制優遇策や預金保護策を追加した修正案を上院が10月1日に可決し、下院が10月3日に同案を採決すると、その2日後には、市場救済の公的資金7,000億ドルのうち2,000億ドルを中国が国債購入という形で引き受けると香港紙『明報』が報じた。さらに10月8日には、金融・資本市場の混乱を抑えるために、中国人民銀行と香港金融管理局が米連邦準備制度理事会（FRB）と欧州中央銀行（ECB）とともに、10カ国・地域による異例の世界同時利下げを同時間に発表した（他にはイングランド銀行、スイス国立銀行、カナダ中央銀行、スウェーデン中央銀行、UAE中央銀行も実施）。米欧協調利下げは2001年9月の《9・11》後に行われたことがあるが、2008年には中国と香港もアメリカと協調政策を実施したのである。

この頃、中国内では世界第1位の外貨準備高を活用してアメリカを救済すべきか否かの論争が起きた。しかし、金融危機後の国際金融秩序再編における中国の発言権を強化し、ルールの制定のパワーを獲得すべきであるとの主張が優勢となっていった。また、アメリカの金融市場が回復しなければ中国にも損害が生じること、また、アメリカが中国の主要な輸出市場であること等から、結局、中国はアメリカ支援策に乗り出した。

にもかかわらず、ブッシュ政権はアメリカの対台湾政策が変化すると中国に「誤解」を与えないために、米中が協調していた最中の10月3日、地対空誘導弾「パトリオット3（PAC3）」システムや対戦車ヘリ「アパッチ」等の総額64億6,300万ドル相当の武器を台湾向けに売却することが決定した旨を連邦議会へ通告した。翌日、中国外交副部長の何亜非が中国駐在アメリカ臨時代理大使を呼び強く抗議し、中国国防部報道官も強い不満と断固反対を表明した。中国は、10 月 6 日、抗議のために米中軍事交流の一部を中断したと公表した。

とは言え、同日 6 日に世界銀行のゼーリック（Robert B. Zoellick）総裁が「G7 財務相・中央銀行総裁会議は機能していない」と G7 を批判し、中国からの協力をアメリカは必要とした。それを示すかのように、10 月 8 日、アメリカのポールソン（Henry M. Paulson）財務長官が、中国も加えた 20 カ国（G20）財務相・中央銀行総裁会議の緊急開催を呼び掛けた。G20 は 1997 年のアジア通貨危機後に「G20 財務大臣・中央銀行総裁会議」として創設されたが、2008 年 11 月 15 日にワシントン D.C. で開催される「金融サミット」からは、G20 の枠組みをそのまま大統領・首脳級に格上げする形で開催されることになった。

G20 財務相・中央銀行総裁会議が開催される直前の 11 月 7 日、ブラジル、ロシア、インド、中国の新興 4 カ国（BRICs）は、金融規制の強化等を柱とする共同声明を発表するとともに、国際金融改革における G20 の役割拡大を主張し、新興国の存在をアピールした。その 2 日後には、中国政府は実施期間を 2010 年末までとする総額 4 兆元もの中国の景気刺激策を公表した。

11 月 14～15 日に金融・世界経済に関する第 1 回首脳会合（G20 サミット）が開催され、中国等新興国の協力なしには国際金融秩序を再建できない現実が浮き彫りにされた。

このような国際経済の状況下に、“Change. Yes We Can!” のスローガンを掲げたオバマ（Barack H. Obama）が第 44 代合衆国大統領に当選した。オバマ時代の米中関係は、世界金融危機とアメリカ経済再建への対応にともなう米中協調関係を前提にスタートした。

クリントン「米中の新時代が始まった」

2009 年 1 月 20 日に発足したオバマ政権は、巨額な財政赤字を前に、また、国際金融枠組みが G7 から G20 へ比重が移ったことから、対外行動では多国間協調を重視する穏健な政策へ転換した。対アジア政策では中国重視の姿勢を鮮明にし、戦略的関係へ発展させる方向性を強く打ち出していった。「アメリカ国債の最大保有国となった中国」が「景気低迷にあえぐアメリカ経済」を下支えする中で、人権問題や台湾問題等をめぐり「現状追認外交」に陥っていった。

2月20〜22日に訪中したクリントン（Hillary D. R. Clinton）国務長官は、楊潔篪外交部長、温家宝国務院総理、胡錦濤国家主席と相次いで会談し、胡錦濤との会談で、「米中の新時代が始まった」と表明するほどであった。クリントン国務長官は、上院議員時代に2007年大統領選の民主党候補指名を目指す中で、2007年10月の*Foreign Affairs*誌に「21世紀における最も重要な二国間関係は米中関係である」と主張していたことでも知られている。両国は、ブッシュ政権期に始まった「米中戦略経済対話」に、政治・安全保障問題を扱う閣僚級の戦略対話の枠組みを設置して、「**米中戦略・経済対話**」へ拡大することで合意した。

とは言え、中国側はアメリカに対して挑発的な行動を繰り返した。同年3月、南シナ海の公海上で、中国海軍の情報収集艦と政府の漁業取締船、海洋パトロール船、中国国旗を掲げた小型トロール漁船の計5隻の中国艦船が、米海軍の非武装の海中音響データ収集調査船である「インペッカブル」に対して曳航《えいこう》ソナーアレイを狙う等の危険な妨害行為を行った。また、3月と4月には、米海軍の音響測定艦の「ヴィクトリアス」が黄海沖の公海上を航行中に中国の漁業監視船から高輝度の照射等の進路妨害を受けた。6月には、米海軍ミサイル駆逐艦の「ジョン・S・マケイン」が監視中の中国海軍潜水艦から曳航ソナーに接触され損傷する事件が起きた。中国は、「中国の排他的経済水域内」における米軍の違法活動であると非難した。これに対してアメリカ政府は、米海軍は正当な権利の範囲内で公海上において展開していたと主張した。

11月にアジア歴訪を行ったオバマは、14日、東京のサントリー・ホールで、以後のアメリカのアジア政策の鳥瞰図を示し、「アメリカは太平洋国家」であると演説した。また、経済成長を続けるアジアでの多国間枠組みの形成に積極的に関与する姿勢を訴えるとともに、「台頭する中国」を「脅威ではなく、地域の強さの源になりえる」と位置づけ、中国とは封じ込めではなく現実的な協力を追求することが大切であるとの認識を示した。

その2日後に訪れた上海における学生との交流会では、オバマは中国の独自性を尊重する考えを表明し、表現の自由や人権擁護について「普遍的な価値」を説いたものの、チベット問題やウイグル問題については言及しなかった。17日に訪れた北京では、オバマ政権が文書化を希望し、12年ぶりに米中共同声明が出された。共同声明には、「戦略・経済対話」の重要な役割の評価、お互いの発展モデルを尊重すべきという確認、人権について見解の違いがあるという認識、新時代の米中関係に不可欠な要素としての相互戦略的信頼の醸成と深化、保護主義との闘い、開かれた地域協力の枠組みの発展と改善の支持、12月開催の国連気候変動枠組み条約締約国会議（COP15）の成功に向けた努力、等が盛り込まれた。オバマは中国に対して「すべての国民の宗教や文化の尊重」を呼びかけたものの、チベットや新疆における弾圧については、中国へ配慮して言及しなかった。香港の人権団体「中国人権民主化運動ニュースセンター」によれば、オバマの訪中時に、1,000人以上の人権改善を求める活動家や宗教関係者等を拘束する大規模な作戦が展開された。ブッシュ前政権期までは、アメリカ国務省が作成したリストを基に、拘束されたり収監されたりしている中国の人権活動家達について、アメリカ側が中国側に問い糾す作業が行われていた。しかし、オバマ政権はそうした作業を放棄したのであった。

「オーロラ作戦」等、深刻化したサイバーの脅威

2010年2月に公表されたアメリカの『**4年ごとの国防計画見直し**（QDR)』に**サイバーセキュリティ**に関する独立した項目が作られたことからも、「米中の戦場」としてサイバー空間の位置づけがいかに高まったのかがうかがえた。

2010年2月12日、アメリカ検索エンジン大手のGoogleは、「中国からと思われる洗練されたサイバー攻撃」を受けたことを発表した。Google Chinaは、2006年に中国市場に参入した際、民主化や少数民族問題等の「中国政府にとって好ましくない情報」を表示しないという自主検閲に従ったため、アメリカ連邦議会の公聴会で批判されたこともあった。自主検閲に従っていたGoogle Chinaは、当時、中国企業のBaidu（百度）が検索市場の大部分を占める中で、約3割のシェアを占めていた。しかし、Googleは、中国内のインターネットをグレートファイアウォールで囲んで中国当局にとって不都合な情報を表示しないようにするという当局による検閲を中止することが認められなければ、中国からGoogleが撤退する、と中国政府と交渉していた。そこで、中国の人権活動家のGmailアカウントにアクセスすることを目的とした大規模なサイバー攻撃「**オーロラ作戦**」を受けると、Googleは検索検閲を回避するために中

国本土を離れ香港に移行すると3月22日に表明した。

Google撤退表明前の3月16日には、中国商務部が「Googleは中国市場に参入した際、中国の法律を尊重すると明言していた」と批判し、国務院新聞弁公室は3月23日に「Googleが中国市場に進出した際の約束を破って管理を放棄し、中国政府を非難したことは、完全な誤りである」と非難した。その一方、同日、中国外交部は、Google撤退は一企業の行為であり米中関係と関連づけるべきではない、との見解を示し、アメリカへの配慮も見せた。

オーロラ作戦等の中国によるサイバー攻撃への危機認識が高まったものの、オバマ政権が具体的な対策を見せ始めるのは、翌年以降になってからであった。

中国が南シナ海を「内海化」へ

中国は『2010年海洋発展報告書』において「『**海洋強国**』の建設は21世紀の偉大な歴史的任務である」と明記した。8月に刊行された『中国外交2010年版』においても、「中国外交のなかの国境と海洋工作」という章が新設された。2009～2010年頃の中国は、海洋における野心を剝き出しにしていった。

中国は2009年12月16日の全人代常務委員会において「**島嶼（海島）保護法**」を採択・公布し、2010年3月1日から施行した。「1980年代以降の経済活動のために破壊された島嶼の生態系の保護」を目的に掲げている一方で、「領海基点のある島嶼」について、「県級以上の人民政府の海洋主管部門」が国の規定に従い、監視・観測を行うことを規定した（島嶼〔海島〕保護法36～37条）。

また、2010年2月26日の全国人民代表大会常務委員会は、「**国防動員法**」を採択・公布し、同年7月1日に施行した。2001年1月に起草が始まった国防動員法草案は、2005年に国務院と中央軍事委員会に提出され、2008年7月に中央事委員会が、同年12月に国務院常務会議が、それぞれ草案を可決し、2009年1月に全人代常務委員会に提出された。インペッカブル事件やヴィクトリアス事件の直後の2009年4月20日の全人代常務委員会では、梁光烈国防部長が国防動員法制定の必要性を強く訴えていた。

国防動員法は、第1条で「国防建設を強化し、国防動員制度を完全なものにし、国防動員業務の順調な進行を保障し、国家の主権、統一、領土の完全性及び安全を守るために、憲法に基づいて同法を制定する」と規定した。南シナ海や東シナ海を中国の内海化するための制度化の一環であることが明らかである。また、「第8章国防動員及び戦争状態」の第44条には「中華人民共和国の主権、統一、領土の完全性及び安全が脅威を受けた場合、国家は憲法及び法律の規定により、全国総動員又は部分動員を行う」と規定された。中国の「国防法」第22条では、「中国の武装力量は、中国人民解放軍現役部隊及び予備役部隊、人民武装警察部隊、民兵組織からなる」と規定されている。すなわち「海上民兵」等と呼ばれている民兵組織は「武装力量（armed forces）」と言える。

このように法律戦を展開しながら、「海洋強国」を目指す中国は、2010年4月、南シナ海で操業する中国船を「保護」し、他国の「違法操業を取り締まる」ためだとして、漁船監視団「漁政311号」を投入して、「**漁業保護艦隊**」を発足させた。漁船団による操業で他国の漁業関係者を拘束したり漁船を拿捕したりする等、南シナ海における「中国の内海化」を進めた。中国が対外的に強硬な姿勢を顕在化させたことで、アジアでは中国脅威論がさらに高まった。

「南シナ海は中国の核心的利益」と通告

2010年3月2〜4日に訪中したアメリカのスタインバーグ（James Steinberg）国務長官とベーダー（Jeffrey A. Bader）国家安全保障会議アジア上級部長に対して、中国は南シナ海が中国の「**核心的利益**」であることを通告した、と4月23日の*New York Times*紙が報道した。「核心的利益」とは、中共や中国政府にとって妥協する余地のない利益を言う。国務院新聞弁公室は2011年9月6日に白書『中国の平和的発展（中国的和平発展）』を公表し、その中で中国の「核心的利益」を定義している。中国の核心的利益は、国家主権、国家安全保障、領土保全、国家統一、中国憲法に定められた国家の政治制度と社会の大局の安定、経済社会の持続可能な発展の基本的保障」とされている。

この頃、中国は東シナ海でも行動を活発化させた。4月7〜9日に東シナ海中部海域で艦載ヘリの飛行訓練等を行い、4月10日には潜水艦2隻、フリゲート艦3隻、駆逐艦2隻、補給艦、救難艦、曳船の計10隻の中国艦隊が沖縄本島と宮古島の間の公海を南下した。東シナ海から太平洋にかけて艦隊合同の遠洋訓練を実施した際、中国艦艇の艦載ヘリコプターが監視中の日本の海上自衛隊護衛艦に異常接近した（日本政府は4日後に抗議したが、程永華駐日中国大使は同月27日の記者会見で「日本側がずっとつきまとったから」と述べ、謝罪すらしなかった)。また、7月3日には、中国海軍のミサイル駆逐艦とフリゲート艦の2隻が沖縄本島と宮古島の間の公海を東シナ海から太平洋に向けて通過した。

日本に対して中国が威圧的な行動を繰り返していた頃、アメリカは5月24～25日に北京で第2回米中戦略・経済対話を開き、韓国哨戒艦沈没事件をめぐり緊密な米中協議を継続することや、中国の天然ガス開発でアメリカが中国へ協力することに合意した。7月にベトナムのハノイで開催された東南アジア諸国連合（ASEAN）外相会において、アメリカとロシアの東アジア首脳会議（EAS）参加が正式に合意され、同年10月のEASサミットにおいて2001年以降のアメリカとロシアのEAS加盟が正式に合意された。中国の台頭をにらみ、オバマ政権はアジアへのコミットで積極的な姿勢を見せようとした。

一方、アメリカ国防総省は、8月16日に連邦議会へ提出した年次報告書で、中国指導部が東シナ海や南シナ海での国益確保を「新たな歴史的使命」に据えたと指摘し、中国軍の外洋展開能力の増強が外交的利益の獲得や紛争を有利に解決するための「軍事的威圧」に使われる可能性があるとの懸念を示した。同報告書は、「中国軍が東シナ海や南シナ海における懸念へ対処するための新たな能力を獲得しようとしている」「南シナ海では、原子力潜水艦の母港となるとみられる海南島の新基地の建設をほぼ終えた」とも言及した。

その翌月7日には、日本の沖縄県尖閣諸島周辺の領海内で、違法に操業していた中国のトロール船が立ち入り検査を妨害するために哨戒中の海上保安庁の巡視船2隻に衝突するという事件が起き、日本の第11管区海上保安本部が中国船長を公務執行妨害容疑で逮捕した。尖閣沖における中国船による海上保安庁巡視船への衝突事件は、中国が海洋での膨張を活発化させる一連の動きの中で捉えなければなるまい。

習近平の中央軍事委員会副主席選出とアメリカ中間選挙での共和党の大勝利

2010年秋には、2012年に開催される第18回党大会にむけて、中国では人事をめぐる動きが活発になっていた。2010年10月15～18日に開催された中共第17期中央委員会第5回全体会議（いわゆる「5中全会」）において、国家副主席の習近平が中共中央軍事委員会副主席に選出された。また、同月に開催された全人代常務委員会において、国家中央軍事委員会副主席に選出された。これによって、習近平が第 18 回党大会で中共総書記に選出されることがほぼ確実となった。五中全会開催期間に合わせたかのように 10 月後半には、中国内陸部の四川省成都や陝西省西安等をはじめ 20 以上の都市で、党の指導下にある学生会等が参加した数千人から 1 万人を超える大規模の激しい反日デモが繰り広げられた。暴徒化したデモ隊は、日本企業を襲撃した。反日デモの参加者は前月の尖閣沖での海上保安庁巡視船と中国船の衝突事件を受けた日中摩擦に影響を受けたとしていたが、時期的に見れば、中国内の権力闘争との絡みで引き起こされたものと推察できるであろう。

一方アメリカでは、オバマ政権に対するアメリカ国民の支持率が低下していった。4 月に公表した「**核戦略見直し**（NPR）」では核テロ対策と核不拡散を最優先課題と指摘していたが、秋にはアメリカの最大の国家安全保障課題は財政赤字と債務問題とみなされていた。経済不振と雇用の悪化から、11 月 2 日の中間選挙で民主党は敗北し、共和党が大勝利を収めた。民主党は上院では多数派となったものの、中道派や穏健派の多くの民主党議員が落選し、下院では共和党が多数派となった。そのため、オバマ政権の政策は共和党への譲歩を迫られ、路線転換を余儀なくされていった。

2011 年 1 月　オバマ政権は中国との「協力的パートナーシップ」に合意

2011 年 1 月 20 日、中国政府は 2010 年の国内総生産（GDP）成長率が前年比で実質 10.3% 増となり、名目金額で日本を追い抜き、世界第 2 位になることがほぼ確実となった。この発表日を跨ぎ、2011 年 1 月 18～21 日、中国国家主席の胡錦濤が国賓として訪米した。

中国の台頭が脅威ではなくチャンスであると繰り返してきたオバマ政権は、中国との共同声明で、2009 年のオバマ訪中時の「21 世紀の前向きで協力的、包括的な米中関係」を発展させる「相互尊重と互恵に基づく協力的パートナーシップ」の樹立に向けて努力することを胡錦濤とともに謳った。2009 年のオバマ訪中の際の共同声明にはあった「互いの核心的利益を尊重する」という文言は、アメリカ側の反対で共同声明には含まれなくなった。「3 つのコミュニケ」に続く「共同コミュニケ」に格上げするように中国側が求めたものの、アメリカ側が拒否したため、4つめの共同コミュニケにはならなかった。

第2節　国際情勢は戦略的方向転換へ

中国「島嶼の管理体制を完全にする」

2011年3月に中国で採択された「第12次5カ年計画（2011～2015年）」においては、「第14章海洋経済発展の推進」が海洋の章として初めて単独で盛り込まれ、海洋総合管理の強化が打ち出された。「島嶼の管理体制を完全にする」と謳った同計画は「海洋での法執行を強化し、海洋資源開発秩序を守る」と強調した。これにより海洋権益確保への動きをますます強化していった中国は、周辺国との摩擦や軋轢を高めていった。2011年に中国の海洋への野望が新たなステージに移ったことで、南シナ海問題が国際問題化していき、アメリカの対中国政策は新たな方向に動き出していった。

5月9～10日、第3回米中戦略・経済対話がワシントンで開催され、アジア・太平洋地域の「平和、安定と繁栄」に向けた新たな協議の枠組みの設置で合意した。しかし、中国がこの枠組みを通じて米中主導の地域新秩序作りを目指そうとしたのに対して、アメリカは同盟国の日本と韓国を考慮し、米中双方の思惑に乖離が見られた。

同月19日にジャカルタで開催されたASEAN国防相会議で、南シナ海問題で法的拘束力を持つ「行動規範」の採択に向けて動くと初めて共同宣言に盛り込まれたものの、中国はかまわず「海洋での膨張」を続けた。5月下旬以降、ベトナム資源探査船や漁船が中国国家海洋局の監視船によって調査用ケーブルを切断されたり威嚇射撃を受けたりする事件が相次いだ。また、フィリピン周辺海域では中国海軍が新たな建造物を構築し始めた。

そうした中で開催されたアジア太平洋諸国の国防相や軍事専門家が参加する「**アジア安全保障会議（シャングリラ・ダイアローグ）**」に出席したアメリカのゲーツ（Robert M. Gates）国防長官は、中国の梁光烈国防部長と会談し、航行の自由を訴えた。これに対して、中国は「アメリカの介入」を拒絶した。

東南アジア諸国連合（ASEAN）の2011年議長国のインドネシアとしては、

「南シナ海における関係国の行動宣言」について、「拘束力を持つ行動規範」を採択しようと、アメリカの関与を模索した。同年10月開催の東アジア首脳会議（EAS）サミットから米露も参加することを念頭に、米露の南シナ海問題への関与と役割を文書化することで、2005年のEAS首脳会議設立時に原参加国16カ国が採択した「クアラルンプール宣言」に代わるものにしようと努力した。しかし、アメリカの介入を恐れた中国は、7月に入ると、行動指針策定に向けた高級事務レベル会合の開催をASEANに打診した。中国とASEANは21日の外相会議で、「中国に妥協した行動指針」に正式に合意すると、アメリカはこの合意に歓迎を表明する一方で、クリントン国務長官が23日の**ASEAN地域フォーラム**（ARF）閣僚会議において、南シナ海問題をめぐり当事国が国連海洋法条約等の国際法上の根拠を示したうえで主張を明確化すべきと主張した。しかし、中国の楊潔篪外交部長は当事国の話し合いを通じて解決すべきである、とアメリカの介入を拒絶する姿勢を示し続けた。

アメリカは同21日にワシントンで開催された「日米安全保障協議委員会」（2プラス2）で「共通戦略目標」を盛り込んだ共同文書を日本とともに発表したが、共同文書の序文において、「宇宙、公海及びサイバー空間等に対するその他の変化する脅威」を明記した。中国を名指しこそしないものの、中国を念頭にした共通戦略目標であることは明白であった。

オバマ政権は、「民主主義・人権・自由貿易」に従わない中国に国際ルールを遵守させていくために、**環太平洋パートナシップ**（TPP）を基軸にアメリカ主導の**アジア太平洋自由貿易圏**（FTAAP）を確立していこうと、アジア政策の転換を図っていった。

サイバーや宇宙をめぐる危機認識

アメリカの中国に対する危機認識は、アメリカの同盟国や友好国の周辺海域における膨張や自由貿易体制への挑戦についてだけではなかった。

2011年秋、企業の知的財産から軍事機密まで多岐にわたるアメリカへのサイバー攻撃において中国が関与を示す事例が相次いで公表された。アメリカ連邦議会の超党派諮問機関である「**米中経済安全保障検討委員会**（USCC）」は、2008年6月と10月に中国が発信元とされるサイバー攻撃によって早期警戒システムや**全地球測位システム**（GPS）が危機にさらされていたことを公表した。また、情報セキュリティ会社シマンテックは、化学企業等48社が電子メールによる「**標的型攻撃**」にあっていたことを公表した。こうした事件を受けて、米下院情報特別委員会は、中国によるアメリカにおける情報収集に関わっている疑いがあるとして、中国の大手通信機器メーカーである**華為技術**（HUAWAY）や**中興通訊**（ZTE）等を調査することを発表した。これに対して、中国外交部は、「中国はハッカー攻撃に反対している。中国がハッカー攻撃を仕掛ける拠点との見解は根拠がない」と関与を否定した。

アメリカの戦略的方向転換：アジア太平洋へのリバランスを発表

2011年後半、アメリカは中国に対する警戒を急速に高め、リバランス政策へとアジア戦略を転換させた。そうした情勢を受けて、中国外交部長であった楊潔篪は、2011年12月19日、2011年の国際情勢と中国外交における重要な変化について、「今年（＝2011年）、極めて深刻で複雑な変化が生じた。全体的な平和・安定は保たれたものの、計り知れない影響を及ぼす重大な事態、難しい事態、緊急事態が次々に発生し、不穏な側面が比較的に目立ち、国際関係、国際秩序の調整や変革が加速した」と語っている。

2011年11月初旬、クリントン国務長官は、外交評論誌*Foreign Policy*に寄稿した“America's Pacific Century”において、オバマ政権の新たな外交方針を示した。クリントンは、イラクとアフガニスタンからの撤退によって、アメリカは「リーダーシップの維持、国益の確保、アメリカの価値観の推進のため最も有利なポジションに立てるように、時間とエネルギーの投資先を賢明かつ体系的に判断する必要がある」「アメリカにとって最も重要なことの一つは外交、経済、戦略等でアジア太平洋地域への投資の大幅な増加を確実にすること」であると、戦略的な重点をアジア太平洋地域に転換すると発表した。新たな地域戦略の実施にあたり前方展開外交を継続し、その行動指針として同盟関係の強化、中国を含む新興国家との実務的関係の深化、地域の多国間機構への関与、貿易と投資の拡大、軍事的プレゼンスの実現、民主主義と人権の推進を挙げた。

11月にホノルルで開催されたAPECでは、18年ぶりにアメリカがAPEC

議長国を務めた。アメリカは「APEC 地域経済の統合構想としての FTAAP」に向けて、TPP を FTAAP の核の一つとして位置づけていた。そこで、アメリカは APEC 開催に併せて 11 月 12 日にホノルルで TPP 交渉 9 カ国の閣僚会議を開き、交渉の大枠合意を発表した。

APEC サミットが終了した 11 月 14 日に「アメリカは中国の平和的な台頭を歓迎する」と語ったオバマは　翌日からオーストラリアを訪問した。16 日には、米豪同盟の緊密化を確認するとともに、オーストラリアを「アメリカの最強の同盟国」と称え、両国首脳は「**太平洋安全保障条約（ANZUS 条約）**」に基づいて、ダーウィンにおける米海兵隊駐留に両国が合意した。インド洋に面するダーウィンは南シナ海やマラッカ海峡に展開できる地政学的に重要な位置にある。この米豪合意により、ダーウィン基地に将来的には常駐規模 2,500 人とする米海兵隊の空陸任務部隊が 6 カ月交代で駐留し、米空軍機が豪北部の基地を利用する回数と規模を拡大させ、米海兵隊とオーストラリア軍との「有事の際の連携体制」を向上させること等が合意された。その会見の席でオバマは中国について「国際ルールを尊重し、責任ある行動を取るべき」と訴え、米豪同盟の強化の一因が中国であることを示してみせた。

とは言え、11 月 19 日に中国の温家宝首相と会談したオーストラリアのギラード（Julia E. Gillard）首相は、ダーウィンでの米軍駐留計画を説明して中国の懸念払拭に努め、中豪間の経済交流拡大を目指す意向を示した。

11 月 17 日、オバマは、アメリカを「**太平洋国家（Pacific nation）**」と位置づけて、中東や南アジア・中央アジアに偏重していた軍事的な軸足をアジア太平洋にも均衡させることを謳った。さらには、翌年 1 月 5 日には、アメリカの国防総省が新たな国防戦略指針を公表し、アジア重視の戦略を明確に打ち出した。アメリカの新たな国防戦略指針は、中国の台頭がアメリカの経済・安全保障に長期的かつ多様に影響するという認識を示し、東アジアの平和と安定のために中国との協力の重要性を指摘しつつも、地域における紛争回避のために、中国が軍事力増強の戦略的意図を明確にすべきであるとの認識を示した。このアメリカの「**リバランス政策（「アジア回帰政策」、「Pivot、ピボット」）**」が 2012 年に本格的に動き出すと、中国の海洋権益の獲得を強化する動きが一層活発化し、アジア太平洋地域における米中間のパワー・ゲームが鮮明になっていった。

内向きになるアメリカと習近平による「太平洋分割論」の提起

2011年8月のバイデン副大統領訪中の答礼として、2012年2月13〜17日、習近平は国家副主席として初めて公式訪米した。習近平は歴代政権の高官らと相次ぎ会談し、厚遇を受けた。その際、習近平は「**広く大きな太平洋にはアメリカと中国の両大国を受け入れる十分な空間がある**」と語った。

中国高官によって「太平洋分割論」が語られたのは初めてのことではなかった。2008年3月11日の上院軍事委員会公聴会におけるアメリカ太平洋軍海軍大将のキーティング司令官（Admiral T. J. Keating）の証言によれば、キーティングが2007年5月に訪中し中国海軍高官と会談した際、米中で太平洋を分割し、アメリカがハワイ以東を、中国がハワイ以西の海域を管理してはどうかと提案されたという。公聴会証言では　キーティングが「面白半分の冗談」と断ってはいたものの、太平洋分割論構想は、中国の影響力が及ぶ範囲を拡大したいと考えている中共や解放軍の「野望」の一端を示していたと言えよう。

このような野望を果たそうと「膨張する中国」が南シナ海で軍事力によって現状変更を続け、アメリカへのサイバー攻撃を深刻化させ、安全保障問題をめぐるアメリカ側の懸念は大きくなる一方であった。とは言え、2012年はオバマにとって、秋の大統領選挙を控え、外交や安全保障よりも経済改革や財政再建の方が優先事項であった。アメリカで高い失業率が続く中、中国企業による投資は2012年に65億ドルに上り、過去最高を記録した。また、内政における民主党と共和党の亀裂が一段と深まり政局が混乱する中、オバマは国際問題よりも内政の方を重視する姿勢を示した。そのため、アジアへのリバランス政策も停滞気味となっていった。

習近平政権の発足と「中国の夢」

2012年11月の第18回党大会において中共総書記に、また第18期中央委員会第1回全体会議において中共中央軍事委員会主席にそれぞれ選出された習近平は、同月29日、北京にある中国国家博物館の展覧会「復興の道」を視察し、「**中国の夢**」の概念を提起した。翌年3月に開催された第12期全国人民代表大会第1回会議において、国家主席に就いた習近平は、「中国の夢」が「**中華民族の偉大なる復興**」を実現することであり、そのためには、「国家の富強、民族の振興、人民の幸福」を実現しなければならない、と指摘した。こうして、「中国の夢」「中華民族の偉大なる復興」の大キャンペーンが開始された。

「中国の夢」とは、アヘン戦争以来の「屈辱の歴史」からの巻き返し＝「中華民族の偉大なる復興」を遂げることであり、富強大国化への国家建設プロジェクトである。アヘン戦争以降の近代史の屈辱から「復興」し、かつての大国へ復活しよう、かつての大国としての姿を取り戻せ、と「中国の夢」を謳うのである。「中国の夢」とは、近代以降の屈辱からの雪辱を遂げるという挑戦である。

リバランスに関心の薄い２期目の外交チーム

オバマは2012年秋の大統領選で再選を果たしたものの、連邦議会選挙において民主党は下院の多数派を奪い返すことができなかった。アメリカの国内は、保守とリベラル、富裕層と貧困層、人種や社会のマジョリティとマイノリティの亀裂がますます深まっていた。アメリカ連邦議会では、税制と財政をめぐり与野党の対立が激しくなり、9月に暫定予算が下院で可決されず、政府機関の一部が閉鎖されてしまった。そのため、10月に予定されていたオバマのアジア歴訪は直前にキャンセルされる事態となった。2013年のアメリカでは、連邦議会が機能不全になり、アメリカ政界の関心は、外交どころではなくなり、最大関心事が2014年の中間選挙と2016年大統領選挙に移ってしまった。

また、オバマは2期目に外交・安全保障チームの顔ぶれを刷新した。2013年1月24日の上院外交委員会での指名承認公聴会において、「現時点で軍事的増強が死活的に重要とは考えていない」と証言したケリー上院議員は中国との協力を強調し、アメリカがアジアへの関与を拡大しても中国へ配慮する必要があると主張した。

アメリカが国際問題よりも内政に専心する中で、中共機関誌や機関紙は、2013年の世界情勢について、「大国外交は安定的に進展した」と高評価した。

習近平「新型大国関係」の提起とスノーデン事件

中国は2012年12月頃から習・オバマ会談を強く要望していた。これを受けたオバマ政権は、2013年3月に国家主席に就いたばかりの習近平との会談を異例の早さで行った。6月7〜8日、習近平とオバマは、カリフォルニア州サニーランドにある故ウォルター・アネンバーグ夫妻の旧邸宅で非公式会談を行った。オバマ政権は、2日間の「shirtsleeves（上着なしで行う実務的な）サミット」でオバマと習近平の個人的な関係を構築し、米中間の論争的な主題、とりわけサイバー・セキュリティ問題、北朝鮮問題、アジアにおける領海権問題について、公式訪問のような外交儀礼なしに詳細に話し合えることを期待した。

ヘーゲル（Charles T. Hagel）国防長官が「サイバーが最も脅威」と指摘していたように、アメリカの安全保障にとっての最大関心事の一つが、中国からのサイバー攻撃であった。軍事施設のみならず各種産業から個人の生活に至るまで、アメリカにおいてはサイバーに依拠しない社会環境などは考えられなくなっている。そのサイバー空間を脅かすのが中国であることが問題となっていた。2013年2月18日にアメリカのセキュリティ企業のマンディアントが、「数多くの証拠」を示した上で、サイバー攻撃の実行部隊が中国人民解放軍総参謀部（当時）の61398部隊（第9章参照）であると指摘する調査報告書を公表していた。また、習訪米直前の6月1日、ヘーゲルはシンガポールで開かれたアジア安全保障会議で演説を行い、アジアへのリバランス政策の継続方針を強調するとともに、「中国政府や人民解放軍と思われるサイバー攻撃」を受けているとの懸念を表明し、サイバー空間における国際規範の策定へ向けて作業部会設置などについての中国との対話を呼びかけていた。しかし、サニーランド会談直前の6月5日に**スノーデン事件**（第9章参照）が幕を開けたことによって、サニーランド会談においてサイバーをめぐる米中対立が突出することはなかった。
エドワード・スノーデン（Edward J. Snowden）は、アメリカの国家安全保障局（NSA）や中央情報局（CIA）の元局員としてNSAによる国際的監視網（PRISM）の実在を香港で告発した人物である。

2日間のサニーランド会談で、習近平は、「中国の夢」について説明し、「太平洋には米中双方を受け入れるのに十分な広さがある」と言及した。また、米中双方が政治的体制の相違を超えて協力し、国際的な諸課題の解決に向けて協力し合える「**新型国際関係**」の構築をアメリカ側へ呼びかけた。当初、オバマ政権内には「新型大国関係」という言葉が中国周辺にアメリカを介入させないという含意があるとの懸念もあった。しかし、共同記者会見でオバマは、中国の繁栄はアメリカの利益でもある、共通の利益と相互の尊厳に基づく国家間協力の新たなモデルを構築する方法を形式張らずに協議したい、と表明した。

ドニロン（Tom Donilon）大統領補佐官（国家安全保障担当）がこの首脳会談を「類例を見ないほどざっくばらん」で「建設的」「前向きであった」と評したように、アメリカ側は習近平政権下の中国からの協力が得られるものと受け止めた。ドニロンは、中国が発信源とみられるアメリカの企業や軍事技術を狙ったサイバー攻撃がアメリカ政府にとってどれほど重要な問題であるのかを習近平が認識して帰国した、と語った。また、習近平とオバマは両国の実務担当者らに対して７月にサイバー問題について協議することを指示した。

７月10〜11日に開催された米中戦略・経済対話では、ホットラインの設置や「主要軍事行動の相互通報制度」などの構築に向けた協議などで合意した。

習近平訪中直前の６月５日、オバマは７月に退任するドニロン補佐官の後任人事に国連大使を務めるライス（Susan E. Rice）を起用する人事を発表した。

ライス大統領補佐官は、初のアジア政策となる「アジアにおけるアメリカの将来」と題する講演を11月20日にジョージタウン大学で行った。この演説でライスは「中国に関してはわれわれ（＝オバマ政権）は『新型大国関係』を機能させるよう目指している」と発言した。このライス演説は多くのアジア諸国でアメリカが「新型大国関係」の受け入れを表明したと報道された。このライス演説は、アメリカが中国を対等な存在と認識して軍事と経済の両面での中国台頭を認めれば、東シナ海や南シナ海で活発にする中国の海洋進出の容認にもつながりかねない、とアジア諸国におけるオバマ政権への信頼をひどく低下させることになった。

ライス演説の３日後の2013年11月23日、中国国防部は、東シナ海における**防空識別区**の設定を発表するとともに、「中華人民共和国東海防空識別圏航空機識別規則」に関する公告を公表した。同公告は、「領空の安全保障を守るために当該識別区を飛行する航空機に対して、飛行計画識別や無線識別などの必要な情報を提供しなければならない」ことを強制した。また同公告は、それら航空機が「東シナ海防空識別区を管理する機関等による命令」に服従しなければならないとし、命令に従わない場合には中国が「武装力量」によって「防御的な措置」を執るとした。このような国際法を完全無視した中国の暴挙に対して、米軍は11月26日、グアム基地からB52爆撃機を「中国の防空識別圏」に通告なしで飛行させた。

「アメリカは世界の警察官ではない、との考えに同意する」

2013年9月10日、オバマはテレビ演説で、「アメリカは世界の警察官ではない、との考えに同意する」と宣言した。

「世界の警察官」をやめたアメリカがもしもアジア太平洋地域の覇権から降りることになれば、アメリカの中国に対する外交方針は「宥和」政策となる。それは、アメリカの同盟国に対する「拡大抑止」の効果が低下することを意味する。「拡大抑止」とは、アメリカ軍が同盟国へ抑止力を提供するという意味である。東アジアには、安全保障における「脅威」が存在する。「脅威となる国」からの攻撃を攻撃前に思いとどまらせるには、攻撃を抑止するための意図と能力を抑止する側が持ち、かつ、それを「脅威となる国」へ認識させることが必要である。東アジアでは「自助」のみでは「脅威となる国」への抑止が難しい。

オバマが「アメリカは世界の警察官ではない、との考えに同意する」と宣言した10日前、オバマはシリアのアサド政権による化学兵器使用をめぐり、軍事行動の決定を口にしつつも、最終的承認を議会に求め、開戦の最終的責任を回避した。このような「アメリカのリーダーシップ」を中国は注視していた。

「総体国家安全観」への転換

中国の安全保障観は、ポスト冷戦期に提唱された「**新安全観**」から、2014年4月15日の国家安全委員会において習近平が打ち出した「**総体国家安全観**」へ切り替えられた。

習近平は2014年3月11日に第12期全人代第2回会議の解放軍代表団全体会議に出席し、「われわれは平和を望むが、いつ、いかなる状況であろうとも、国家の正当な権益の維持は決して放棄せず、国家の**核心的利益**は決して犠牲にしない」と強調した。習近平ならびに中共高官は、この頃から盛んに「国家の正当な権益は決して放棄しない、核心的利益は決して犠牲にしない」ということばを繰り返し強調した。

総体国家安全観が提起された背景の一つは、日米同盟の強化であった。2013 年 10 月 3 日に開催された**日米安全保障協議委員会**（**日米「2+2」**）が「力による現状変更に反対する。法の支配が重要だ」との認識で一致したことを受けて、中国を念頭に「**日米防衛協力のための指針**（**ガイドライン**）」の見直しが進められていた（注：中国外交部は 2013 年 4 月 26 日に沖縄県の尖閣諸島について「中国の核心的利益に属する」と公式に位置づけた。その直後の 4 月 29 日、アメリカのヘーゲル国防長官は訪米中の小野寺五典防衛大臣との会談後に共同記者会見を行い、尖閣諸島は日米安全保障条約第 5 条の「適用範囲内」にあるという見解を示した）。

翌月の 2013 年 11 月 9 日～12 日に開催された中共第 18 期第 3 回全体会議（「三中全会」）において、「国内治安を改善し、国家安全保障システムと国家安全保障戦略を改善するため」に、国家安全委員会の創設が決定された。国家安全委員会を通して解放軍、情報機関、外交機関、公安などの異なる諸機関の連携が強化されることになった。

こうして翌年 4 月に習近平が発表したのが「総体国家安全観」であった。

安全保障構想としての「**運命共同体**」構築を目指す「総体国家安全観」によって、安全保障の客体は人民や国家の政治、経済、文化、社会等から環境、サイバー、海洋、宇宙などの**グローバル・コモンズ**にまで拡大された。

この頃、TPP が妥結に向かっていたが、4 月 27 日には、前年から協議されていた日米防衛協力のための指針（ガイドライン）が改定された。中国による海洋進出など安全保障環境の変化を受け、日米がアジア太平洋を越えた地域で連携し、平時から有事まで切れ目なく対処することになった。自衛隊の活動を制限してきた日米協力は転機を迎えた。さらに、4 月 28 日の日米首脳会談では、日米が中核となり法の支配に基づく自由で開かれたアジア太平洋地域を維持・発展させ、そこに中国を取り込むように連携すること、中国のいかなる一方的な現状変更の試みにも反対することが合意された。

2015 年 5 月 21 日のアジア信頼醸成措置会議（CICA）第 4 回首脳会談において習近平が「アジアの安全保障は結局のところアジアの人民に依拠して維持すべきである」と提唱した「新アジア安全観」は、これらの文脈から提起されたと言えよう。

さらに、「総体国家安全観」を法制度化して確立したのが、2015年7月制定の「**国家安全法**」であった。また、スパイ取り締まりを明確に打ち出した「**反スパイ法**」(2014年11月1日施行)、新たな対テロ組織の設置や治安部隊の権限拡大などを定めた「**反テロリズム法**」(2016年1月1日施行)、海外NGOの取り締まりを強化した「**域外NGO域内活動管理法**」(2017年1月1日施行）や中国内外での諜報活動や、国家安全保障を脅かす海外グループや個人に対する調査の必要性が定められた「**国家情報法**」(2017年6月28日施行）等を次々と制定した。

サイバーで中国軍人5人を起訴、中国海軍がリムパックに初参加

前年の米中首脳会談でサイバー問題をめぐる協調を約束したアメリカと中国であったが、スノーデン事件が公になると中国政府は「中国も被害者」であるとの立場を貫いた。そこで、「外交努力では中国からのサイバー攻撃を止めることができない」と判断したアメリカ司法当局は、2014年5月19日、東芝傘下の原子力大手ウエスチングハウスやアメリカ鉄鋼大手のUSスチールなどへのサイバー攻撃で原子炉設計情報などの企業機密を盗んだとして、中国人民解放軍所属の5人を起訴したことを発表した。オバマ政権はそれまでの問題解決には対話や協力を重視するという姿勢から一転した。これに対して、中国側はでっちあげだと批判し起訴の撤回を求めた。

その一方で、6月からハワイ沖などで始まった隔年で米海軍が主催する世界最大規模の訓練「**環太平洋合同演習（リムパック)**」に中国が初めて参加し、アメリカは中国との信頼醸成に期待を示した。中国の趙暁剛海軍大佐は、中国の参加目的について「米中の新型国際関係を前進させるため」と強調していた。しかし、中国海軍が情報収集目的の艦船を演習場の周辺海域にも派遣し、演習には参加しないそれらの艦船が公海上で情報収集活動を行っていたことが明らかになると、米海軍が「機密情報を保護する措置」を執ったことを国防総省が公表した。

第 3 節　「姿勢を変えたアメリカ」と「譲歩しない中国」

「新型大国関係」の 4 原則

ロシアによるクリミア併合の住民投票を無効とする国連決議をめぐり、オバマは 3 月 10 日に習近平と電話で会談し、アメリカとの協調を求めた。しかし、3 月 15 日の表決で中国は棄権し、中国は一貫してロシアとの「**中ロ全面的戦略協力パートナーシップ**」を堅持した。

習近平とオバマは、2015 年 3 月 24 日、核安全保障サミットが開催されたオランダのハーグで会談した。ロシアによるクリミア併合を認めない欧米諸国に同調するようにオバマは習近平に求めたが、習近平はロシアに配慮する姿勢を堅持した。習近平は首脳会談の冒頭で、オバマが習近平に対して「新型大国関係」の発展に尽力すると記した書簡を送っていた事実を公表し、オバマの対中姿勢を称賛するとともに、両国は「新型大国関係」の構築に努力することで両国政府は合意した。また、この会談で、習近平は「新型大国関係」の原則として、「衝突せず」「対抗せず」「相互尊重」「win-win の協力」の 4 点を挙げた。

中国が主導する AIIB へのドミノ加盟

習近平は 2013 年 9 月 7 日、カザフスタンのナザルバエフ大学における基調講演で「**シルクロード経済ベルト**」**構想**を打ち出した。また、習近平は翌月 3 日にインドネシアの国会演説において、「**中国と ASEAN の運命共同体**」構築や**アジアインフラ投資銀行**（AIIB）の設立を打ち出した「**21 世紀海上シルクロード**」**構想**を提唱した。この 2 つを合わせた「**一帯一路**（BRI）」**構想**は、2013 年 11 月の中共第 18 期中央委員会第 3 回全体会議、翌 2014 年 3 月の第 12 期全人代第 2 回会議において、中国の国家戦略として位置づけられた。

2015 年 3 月、イギリスが AIIB へ参加表明すると、フランス、イタリア、ドイツなどもドミノが倒れるように次々と参加方針を決定した。「アメリカの制止を無視」して、「アメリカの盟友・イギリス」をはじめ、ドイツ、フランス、イタリア、スイス、ルクセンブルクなどが次々と参加を表明したことで、アメリカと日本を驚かせた。また、インド、ベトナム、フィリピンなど、中国と領土権問題を抱える国も参加したことに、世界は注目した。

「一帯一路」構想への参加国が増えるにつれ、中共は「グローバル・ガバナンスの改善」を強調するようになっていった。2013年にASEANや上海協力機構（SCO）との「**周辺運命共同体**」構想が提起されていたが、2014年にアジアやEUとの「アジア運命共同体」「中国・EU運命共同体」構想と地域的に広がり、2015年には9月28日の国連70周年記念総会における基調講演で、習近平が「**人類運命共同体**」構想を打ち出すに至った。

中国は「一帯一路」の沿線国を拡大し、中国を中軸とする勢力圏を形成することで、アメリカを含まない新たな国際秩序の構築を推進し始めたのである。

中国の組織的なスパイ活動へ神経を尖らすアメリカ

一方のアメリカでは、中国が組織的な産業スパイによってアメリカの先端技術や軍事技術を盗取していると中国に対する警戒感が高まり、オバマ政権や連邦議会は神経を尖らせていった。

アメリカ政府は、2月、2016会計年度の予算教書でサイバー攻撃対策の強化に140億ドルも計上し、政府機関が集めたサイバー攻撃の情報を集約する新組織設置を表明した。4月1日には、サイバー攻撃に関与した海外の個人・団体に制裁を科す大統領令をホワイトハウスが発表した。オバマ政権はサイバー攻撃を「経済と国家安全保障に対する最も深刻な挑戦」と、また、相次ぐ外国からのサイバー攻撃を「国家非常事態」と位置づけ、対抗していくことを表明した。同月30日には、米通商代表部（USTR）は包括通商法スペシャル301条に基づいた知的財産権保護に関する年次報告書で、中国など13カ国を「最重点監視国」に指定した。5月8日に国防総省が公表した中国の軍事力に関する年次報告書では、軍事関連の禁輸品をめぐり在米中国人が活動していることが指摘された。5月19日には、産業スパイなどの罪で天津大学教授3人を含む中国人6人を起訴したことをアメリカ司法省が発表した。起訴された6人は、軍事や防衛分野でも応用されている携帯電話のアンテナに使う先端技術の機密情報をアメリカ企業2社から盗んだ嫌疑がかけられていた。司法省は、アメリカ政府が以後産業スパイの阻止に向けて厳しく対処していく方針を明らかにした。

「中国製造2025（中国制造2025）」と軍民融合戦略

第1章でも述べたように、2015年5月8日、中国国務院は製造強国戦略を実施するための10カ年計画「**中国製造2025**（中国制造2025／**メイド・イン・チャイナ2025**）」を発表した。

中国の「中国製造2025」は、「**イノベーション力**」「**デジタル化**」「**国産化**」をキーワードにし、10分野の重点産業での発展を提起した。しかし、いくら政治リーダーが「イノベーション力」「デジタル化」「国産化」の旗振りをしたところで、指示通りにそれをすぐにできるようになるわけではない。米欧日の先進企業の技術やノウハウやリソースを不可欠とする。そこで、社会主義国家におけるイノベーション意識の欠如とシステム開発の不足を手っ取り早く克服する方法として、中国企業は先進諸国の先端技術企業のM&A（合併・買収）を積極的に進めた。これをめぐりアメリカが警戒したのが、「中国製造2025」における**軍民融合**戦略である。

「軍民融合発展計画」は、「中国製造2025」が公表される2カ月前の3月12日、全人代の人民解放軍代表団全体会議における習近平の宣言によって国家戦略に格上げされた。同年12月31日に習近平は中央軍事委員会主席として大規模な軍事改革を行ない、2017年1月22日に開催した中共中央委員会政治局会議は、習近平がトップを務める「中央軍民融合発展委員会」の設立を決定した。

中国による「中国製造2025」と「軍民融合戦略」は、安全保障を脅かすことになると中国に対する強い警戒感をアメリカに抱かせることになった。

「中国製造2025」の公表以降、中国はM&Aによる米欧日の先進技術企業の獲得に乗り出した。2016年の中国企業によるEU企業のM&Aの件数は309件、投資額858億ドルとそれまでの4年間の総額を超えた。ドイツのインダストリー4.0の旗手として注目されていた老舗産業用ロボットメーカー・**クーカ**（KUKA）が2016年8月に中国の家電メーカー美的集団によって買収された事案はアメリカに警鐘を鳴らすことになった。

その頃、中国の投資会社「福建グランド・チップ・インベストメント・ファンド（FGC）」によるドイツの半導体メーカー「**アイクストロン**（Aixtron）」の買収計画が報じられていた。同社は発光ダイオード、レーザー、太陽電池などの製造を得意とするアイクストロンの技術が衛星通信やレーダーなどの軍事転用に可能であったことから、また、アイクストロンの子会社がアメリカにあったことから、2016年12月、オバマ政権は対米外国投資委員会（CFIUS）の判断を受けて、アメリカにあるアイクストロンの子会社の買収を禁止する大統領令を出した。アメリカ政府は、中国がアイクストロンから入手した技術を軍事転用すればアメリカの国家安全保障を脅かす可能性が高いという見解を表明した。オバマ政権が安全保障のリスクを理由に中国による投資を拒否した2件目のケースとなったが、FGCはドイツでアイクストロン買収を進めようとし、同年5月には6億7,000万ユーロでの買収にアイクストロンの経営陣も賛同していた。ドイツ政府はアメリカとの関連を否定したが、同年10月、買収認可を取り消した。

米軍が南シナ海で「航行の自由作戦」を展開

2015年、中国が南シナ海の「**九段線**」の内側で行ってきた施設建設が米中間の重要なイシューの一つとして注目された。米軍の有事介入を阻む「**接近阻止・領域拒否（A2AD）**」の一環として、中国は、岩礁埋め立てによる人工島造成や3,000メートル級の滑走路建設など、南シナ海での軍事拠点化を進めた。中国軍にとって南シナ海における軍事拠点の確保は、空中戦闘能力を格上げすることに繋がる。これを受けて、アメリカは「航行の自由」作戦を展開した。しかし、「膨張する中国」による「力による現状変更」は止まらなかった。

中国は2013年頃から7つの岩礁で大規模な埋め立て工事を行い、次々と巨大な人工島を建造した。例えば、ヒューズ礁の人工島の面積は2004年と比較して2015年1月には約200倍にも拡大された。中国は岩礁の工事が軍事目的ではないことを再三明言していたが、3,000メートル級の滑走路が2本も建造されたことから推察しても（当時3本目の滑走路建設の「可能性」も指摘されていた）、軍事的用途がうかがえよう。こうした状況を偵察していた米軍無人偵察機「グローバルホーク」が中国軍によって電子妨害を仕掛けられるなどの攻撃があったと相次いで報じられた。

5月26日に**国防白書「中国の軍事戦略」**を発表した中国は、アメリカを名指しすることを避けながらも、南シナ海における米軍による偵察活動を批判し、南シナ海における実効支配の強化を明言した。

6月23〜24日に開催された「米中戦略・経済対話」では、初の「**海洋保護特別会議**」が設けられた。しかし、オバマ政権は中国からの譲歩は引き出せず、「膨張する中国」を止める手段が見いだせない中で、東南アジア諸国の間には手詰まり感と無力感が広がっていった。

こうした状況の中で、米軍は「**航行の自由」作戦**の検討を始めた。「航行の自由」作戦とは、米軍が「対象国が権益を主張する海域」における「国際法の範囲内」で行う**無害通航権**（第11章参照）による航行である。しかし、中国との関係悪化を懸念したホワイトハウスが作戦の実施に慎重な姿勢を続け、「航行の自由」作戦はなかなか実施されなかった。

アメリカ国防総省は8月20日、中国の海洋活動を分析した初の「**アジア太平洋・海洋安全保障戦略**（Asia-Pacific Maritime Security Strategy)」を公表した。国防総省は中国の軍事力に関する年次報告書を毎年議会へ提出しているが、海洋における中国の行動を警戒する連邦議会が警戒感を強め、「海洋に関する別の報告書」をまとめるよう「2015会計年度国防権限法」に規定を盛り込んだ。この要請に基づいて策定された報告書が「アジア太平洋・海洋安全保障戦略」である。同書は中国の影響を念頭に、3つの目的とアジア太平洋を取り巻く戦略的背景を踏まえた4つの努力を提示した。3つの目的は（1）海洋の自由の保護、(2) 紛争と強制の抑止、(3) 国際法と規範遵守の促進、の3点である。4つの努力とは、(1) 米軍の海洋能力の強化、(2) 同盟国・パートナー国との海洋能力の構築、(3) 米中間および地域での信頼醸成措置、(4) ASEANを中心とする東アジアサミットやASEAN地域フォーラム（ARF）等を通じた「法の支配」の促進、の4点である。

「アジア太平洋・海洋安全保障戦略」は、「国際法に合致しない過剰な海洋権益の主張に対しては外交的抗議と作戦行動で挑戦する」と宣言した。また、同書は、中国による南シナ海の岩礁埋め立てを「一方的な現状変更」と批判し、満潮時に水面下に沈む岩礁を埋め立てても領有権を主張する根拠にはならないと指摘した。また、中国が約20カ月間で拡大した面積が、ベトナム、マレーシア、フィリピン、台湾の4カ国・地域が過去約40年間に埋め立てた面積の合計の17倍に相当すると指摘した。

9月17日の上院軍事委員会の公聴会には、ハリス（Harry B. Harris, Jr.）米太平洋軍司令官やシアー（David Shear）国防次官補（アジア太平洋担当）が出席し、2012 年以降、米軍艦船が**スプラトリー諸島**（中国名は**南沙諸島**）の中国が実効支配する岩礁から 12 カイリの範囲内では活動していないことを証言した。これに対して、同委員会委員長のマケイン（John S. McCain III）議員は、中国による主権の主張を事実上認める「危険な誤り」であると批判した。

その翌週の 9 月 22〜25 日、習近平はアメリカへ公式訪問した。首脳会談で習近平はオバマに対して「新型大国関係」の構築を目指すことが中国外交の優先課題であると主張した。外交努力だけでは南シナ海問題の進展が見込めないと判断したオバマ政権は、10 月 27 日、中国から事前承認を得ずに「航行の自由」作戦を実施し、南シナ海で中国が強行している「一方的な現状変更」の試みを認めないという姿勢を明示した。米海軍第 7 艦隊所属のイージス駆逐艦「ラッセン」が南シナ海で中国が造成した人工島の 12 カイリ内の海域、すなわち「南シナ海で中国が領海と主張する海域」を航行し、巡視活動を行った。中国は強く反発し、2 隻の中国海軍の軍艦がアメリカのイージス艦に警告した。

中国軍艦がアラスカ沖でアメリカ領海を侵犯

2015 年 8 月 31 日から 9 月 2 日にかけて、オバマ大統領は現職の合衆国大統領として初めて北極圏を訪れていた。アンカレジで開かれた北極評議会の非公式閣僚級会議へ参加するためのアラスカ滞在であった。その最終日 9 月 2〜3 日、中国海軍の戦闘艦 3 隻、補給艦 1 隻、揚陸艦 1 隻がアラスカ州沖のベーリング海を航行し、アリューシャン列島付近でアメリカの領海内や**排他的経済水域**（EEZ）も通過した。

中国軍艦 5 隻は、2012 年以来毎年開催されている中ロ合同軍事演習「海上連合」終了後、ベーリング海峡に向かった。「海上連合 2015（Ⅰ）」は 8 月 11〜21 日に地中海で実施された。「海上連合 2015（Ⅱ）」は、8 月 20 日からピョートル大帝湾海域や日本海で実施され 28 日に終了した。「海上連合 2015」において中国海軍は初めて大型揚陸艦を日本海に進出させ、ロシアと合同で上陸演習を行った。ただし、仮想敵を設けない基本戦術の演習であった。

中国軍艦 5 隻は、9 月 3 日、アラスカ沖でアメリカの領海を侵犯後、太平洋に戻った。中国は同日、北京の天安門広場で「抗日戦争・世界反ファシズム戦争勝利70周年」を記念した大規模な軍事パレードを行っており、オバマのアラスカ滞在と北京の軍事パレードの日程を踏まえてのアメリカ領海内の「**無害通航権**」による航行であったと見られている。

第8回米中戦略・経済対話と中国の牽制

2016年6月6〜7日、北京で第8回米中戦略・経済対話が開催された。オバマ政権下での最後の戦略・経済対話となったが、なんら進展は見られなかった。地球温暖化対策をめぐり協調することで両国は一致したが、南シナ海問題や中国の鉄鋼の過剰生産について双方は激しく応酬した。ケリー国務長官は開幕式の演説で南シナ海問題について「すべての当事者が一方的な行動を自制すべき。一方的な行動ではなく、法律や交渉、外交を通じて解決すべき」と中国へ呼びかけた。しかし、これに対して楊潔篪国務委員は「当事者間の協議を通じた解決」を訴え、アメリカの介入を牽制した。また、ルー財務長官が「中国の鉄鋼やアルミニウムの減産が国際市況の安定に欠かせない」と要請すると、楼継偉財政部長は「金融危機後に中国が設備投資をした時には世界は歓迎した」と反駁し、両国の主張は平行線を辿ったままであった。

こうした対話が開催されている最中、6月7日、中国の殲10戦闘機が東シナ海の公海上空で警戒監視活動を行っていた米軍電子偵察機RC135に高速のまま30メートルほどまで異常接近し、飛行を妨害した。また、9日未明には、尖閣諸島の接続水域に中国海軍の艦艇が初めて侵入した。

トランプの大統領選当選で不透明感が増す米中関係

2016年11月9日、アメリカの大統領選挙において、「予測不可能」が予測されたトランプ（Donald J. Trump）が当選した。また、同日の連邦議会選挙で、上下両院で共和党が多数派となった。

トランプは、2016年12月2日、台湾の蔡英文総統からの祝福の電話を受け、オバマ時代の米中関係とは「異なる関係」が到来する兆しを世界に示して見せた。合衆国大統領が台湾総統と電話で協議したのは、米中国交樹立＝米華断交の1979年以来初めてのことであった。この翌日、中国外交部長の王毅が「『一つの中国』原則は中米関係の健全発展の土台であり、我々（＝中国）はこの土台が破壊されることを望んでいない」と批判した。しかし、トランプは、同月11日にFOXテレビのインタビュー番組において、歴代政権が踏襲してきた「一つの中国」原則を維持するかどうかは、中国の貿易や外交政策次第であるとの考えを示し、中国を牽制した。トランプは、中国側が貿易で合意しないのであれば、アメリカ側が「一つの中国」原則に縛られる必要がないとの認識を明らかにしたのである。また、蔡英文との電話会談について中国から指図されたくないと不快感も示した。しかし、大統領就任直後には、トランプは習近平へ米中関係の発展を呼びかける書簡を送り、米中双方に利益をもたらす建設的な関係を発展させていくことを楽しみにしていると呼びかけた。

2016年まではさほど警戒感を高めてはいなかった中国であったが、「オバマ政権期とは異なり、予測し難いトランプ政権」と対峙していかねばならなくなった。そして、次章で述べるように、米中関係は大きく転換していく。

第5章　転換期の米中関係――2016年冬〜2020年

本章で学ぶこと

「"相互に公正な貿易"でなければならない」「アメリカばかりが損をしている」という経済観に基づき外交を展開したトランプ政権は、「アメリカ・ファースト（アメリカ第一主義）」を掲げ、政権発足早々にTPPから離脱した。トランプ個人の外交方針はさておき、トランプ政権としてのアジア外交は、各種戦略文書に示されたように、中国との「戦略的競争」に備えることを一貫して掲げた。一方の中国は、自らは相互に公平ではないシステムを維持しながら相手には「自由に開かれた市場」を訴え、アメリカの保護主義を批判し続けた。トランプ政権発足当時、中国指導部はクリントンよりも与しやすい相手であると捉えていたが、2018年以降、米中関係は国交正常化以来最悪の関係となり、大きな米中関係の転換期に入っていった。

本章では、2016年冬〜2020年の米中関係について学ぶ。(1) トランプ政権発足から2018年春まで、(2) 米中経済摩擦が激化した2018年夏から2020年春まで、(3) COVID19の感染拡大により米中対立の尖鋭化が進んだ2020年春以降トランプ落選まで、以上3つの時期に分けて学ぶ。第4章で学んだ経緯を踏まえて第5章における米中関係の変遷を理解していくことで、トランプ政権期の対中強硬政策が、「想定外」なトランプ個人の特異性によるものではなく、米中の国家と国家の間に繰り返されてきた長年の構造的矛盾や危機認識によるものであったことを理解していこう。

第1節　2016年冬〜2018年春　政策転換に舵を切ったアメリカ

トランプ政権内の対立：対中強硬派 vs. 対中穏健派

中国は2016年12月11日に世界貿易機関（WTO）加盟から15年目を迎えた。

加盟当初、中国は「15年間は非市場経済国としての地位を受け入れる」としていた。「**非市場経済国**」のままであれば、中国以外の国の価格をもとに不当廉売（ダンピング）しているのか否かを判断でき、先進国の価格を基準に反ダンピング課税がかけやすい（注：反ダンピング関税はWTO協定で認められている）。しかし、中国が「**市場経済国**」に移行してしまうと、中国の輸出価格が中国内の価格よりも大幅に安いと「証明」できなければ課税できなくなってしまう。WTOによれば、中国は2016年にダンピング課税等の調査を119件（前年比36%増、過去最多）も受けていた。特に問題となっていたのが、中国が過剰生産能力を抱える鉄鋼であった。中国の鉄鋼輸出が2009年から2015年にかけて4.7倍にも急増したことで、日米欧の鉄鋼メーカーの業績は悪化した。中国は2020年までに鉄鋼生産能力を減らす方針を示していたものの、過剰生産能力の解消にはほど遠い状況で、アメリカには中国が輸出拡大を図るのではないかとの懸念があった。

アメリカの懸案は、鉄鋼ばかりではなかった。2017年1月20日に合衆国大統領に就いたトランプが、1月23日、ホワイトハウスにおける国内製造業トップらとの会談で、「中国がWTOに加盟して以来、アメリカで7万の工場が閉鎖された」と批判したことに示されたような国際分業体制によって喪失された雇用問題から、2017年半ばから一層顕在化していくITサプライチェーンの脅威への対応まで、中国への高い依存度に対する危機認識があった。

とは言え、発足当初のトランプ政権内は、対中強硬派と中国との経済関係を重視する対中穏健派や国際協調派が対峙し、米中関係そのものは前政権期と大きく変わらなかった。

アメリカの貿易赤字削減を目指したトランプは、大統領選挙直後に「国家通商会議（NTC）」を新設し、その委員長にカリフォルニア大学のナバロ（Peter Navarro）教授を据えた。しかし、対中強硬派のナバロは、ゴールドマン・サックスの共同経営者を17年間務めたムニューシン（Steven T. Mnuchin）財務長官や、政権入りする前の11年間にゴールドマン・サックスの社長兼最高執行責任者を務めたコーン（Gary Cohn）国家経済会議（NEC）委員長等のウォール街と関係が深い国際協調派／対中穏健派とたびたび対立した。そのため、4月29日にNTCは廃止されて「通商製造業政策局（OTMP）」に置き換えられた。中国で活動するアメリカ企業は約7万社、投資額は2,500億ドル、年商は5,000億ドルに達していた。国際協調派／対中穏健派は米中経済摩擦がこれらの企業に及ぼす影響を懸念していた。ナバロのNTCからOTMPへの移動と権限縮小は、政権内対立でのNECの勝利を示すものであった。また、政権1年目は、中国よりも税制改革等の内政が優先事項であった。その結果、2017年の対中経済政策は「穏健なアプローチ」であった。

中国中央はトランプ政権が対中国貿易赤字に強い関心を持つ「**保護貿易主義派**」、アメリカから中国への技術流出を阻もうとする「**戦略保護主義派**」、中国の台頭を防ごうとする「**国家安全保障のタカ派**」、中国との対立緩和を模索する「**国家安全保障の穏健派**」、中国の金融マーケット進出を狙う「**ウォールストリート派**」の5つの勢力に分かれていると見ていた。本章では、「親中派」という安易なレッテルを貼らずに、前3者を「強硬派」と記し、後2者を「国際協調派／対中穏健派」と記していく。

「大統領の2017年通商政策方針」

とは言え、USTRはナバロも草案に加わったとされる報告書「大統領の2017年通商政策」を3月1日に議会へ提出した。トランプ政権の貿易政策の基本方針を示した同報告書は、通商政策でアメリカの国家主権を守ること、アメリカの通商法を厳密に執行すること、他国の市場開放に向けあらゆる手段を用いること、主要国と新たな貿易協定に乗り出すこと、を優先事項として示した。「現在の国際貿易制度は中国に有利に働いている」と中国を名指しで記したこの新たな政策方針は、WTOの紛争解決手続きが不公正な貿易措置の是正に十分貢献していないと指摘し、国内法を優先すると明記した。アメリカの国内法では、大統領の権限で関税を引き上げたり輸入制限に踏み切ったりすることができる。同報告書は、WTOルールに基づく反ダンピング関税では効果が見込めないことから、通商法301条の適用を不公正貿易に対抗する「有効な手段」として位置づけた。また、同報告書はTPP離脱後の貿易協定は「多国間協議から二国間協議へ移行する」と改めて強調した。

議会での承認が遅れていたライトハイザー（Robert E. Lighthizer）が5月にUSTR代表に就くと、対中政策における「中国製造2025」への対応の優先順位が上げられていった。中国の政治経済システムを「**国家資本主義**」とみなしてきたライトハイザーは、かつて2010年6月の米中経済安全保障再考委員会（USCC）で、次のように証言していた。「中国の政治経済制度の特異性によって、中国は加盟時の約束を尊重せず、中国企業の技術力向上を優先させ、アメリカ市場向け生産拠点として中国を使うことが対中貿易赤字の拡大、アメリカ企業の知的財産権侵害、アメリカ製造業の衰退を招いている。中国の市場開放や『法の支配』がアメリカ経済に利益をもたらすという期待が裏切られており、通商法301条による措置を含む強硬な姿勢を執る必要がある」と。

つまり、ライトハイザーの対中政策は、タカ派とか対中国強硬派とかナショナリストという言葉では置き換えられない認識に基づいている。アメリカには自由で公正な通商環境を「相互に担保する必要」があり、「中国側がシステムを変更して是正しないのであれば本質的な米中間の問題解決にはならない」という認識である。

初首脳会談はシリア攻撃で「対中メッセージ」

2017年4月6〜7日にフロリダのマール・ア・ラーゴにおいて、トランプ政権発足後初の米中首脳会談が行われた。その晩餐会中に米軍はシリアのシャイーラート空軍基地を攻撃した。シリア空爆は、トランプ政権の対中姿勢を中国に見せるものになった。

アサド政権が幾度も化学兵器を使用してきたという国際人道法違反をめぐり、国連安保理は機能していなかった。米軍が破壊したのが「化学兵器を使用した航空機が発着したと確認された空軍基地」であったことから、米軍のシリア攻撃は「予防措置」であったとも言えた。同月12日の国連安保理では、米英仏が主導して、シリアにおける化学兵器による攻撃を非難しアサド政権にこの件で調査に協力するよう求める決議案が提出された。ロシアによる拒否権行使で否決されたものの、ボリビアが反対、中国、エチオピア、カザフスタンが棄権し、他の10理事国は賛成した。6年にわたるシリア内戦中に6回の拒否権を行使してきた中国が棄権に回ったことで、ホワイトハウスは「重要な勝利だ」と採決直後にコメントした。7日の会談でトランプは習近平に対して、朝鮮半島情勢について中国が協力しないのならばアメリカが単独で行動する用意があると発言していた。シリア攻撃のタイミングが米中晩餐会の時間であったことから、このシリア攻撃には「中国に対するメッセージ」が込められていたことが明白であった。

首脳会談に先立ち、ムニューシン財務長官、ロス（Wilbur Ross）商務長官、汪洋副首相が貿易不均衡問題について協議し、是正を目指す「100日計画」の策定を習・トランプ会談で合意した。また、両国政府はオバマ政権期の「米中戦略・経済対話」に代わる「新たな対話の枠組み」を設置することで合意した。

しかし、7月19日にワシントンで開催された「**米中包括経済対話**」では、具体的な成果が得られず、両国ともに記者会見を急遽中止し、成果文書の発表も見送ることになった。

中国の周辺掌握外交の攻防戦は南シナ海から東アジアへ

2017年には、5年に一度の「中国共産党全国代表大会（党大会）」が10月18〜24日に開催された。習近平政権は2期目に突入した。中国にとって2017年の周辺掌握外交の主要なアリーナは、南シナ海から東アジアにおけるアメリカの2つの同盟国、すなわち韓国と日本に移っていた。

中国が「九段線」で囲った海域に権利があると主張する中国の主張には法的根拠がない、と2016年7月12日に国連海洋法条約に基づく仲裁裁判所が判断を示した。これに対して習近平は「中国はいかなる主張も動きも受け入れない」と一蹴した。アメリカは日本やEUとともに、法的拘束力のある仲裁裁判所の判断に中国は従う義務がある、と中国へ仲裁の受け入れを求めた。胡錦濤政権期の中国外交のトップを務めた元国務委員の戴秉国は判決が出る前の5日にワシントンD.C.において「仲裁裁判所の判決はただの紙屑」と批判した。その演説内容を翌日に中国外交部が公表することで、中国が仲裁裁判所の判決を受け入れないとの姿勢を中国外交部は強調した。しかも、当事国であるフィリピン政府が中国に配慮して米日欧との共同歩調をとらなかった（ただし仲裁裁判所に申し立てたのはアキノ〔Corazon Aquino〕政権）。2016年10月20日に訪中したフィリピンのドゥテルテ（Rodrigo R. Duterte）大統領は、習近平との会談で、南シナ海問題を事実上棚上げにして関係改善に合意した。こうした経緯から、中国では、南シナ海問題をめぐり中国に逆らう国は2016年に「片づいた」と見るようになっていた。

しかし一方のアメリカでは、来日したペンス（Michael R. Pence）副大統領が、2017年4月19日、米海軍横須賀基地の原子力空母「ロナルド・レーガン」の艦上で米兵や日本の自衛隊員らを前に演説し、「2020年までに米海軍艦隊の約60%をアジア太平洋域内で展開させる」「アメリカはアジア太平洋地域で存在感を強める」と語った。また、「南シナ海に限らず、いかなる場所でも航行の自由と上空飛行の自由を守る」と訴えた。**「力による平和」**を掲げたトランプ政権は、南シナ海で中国の建造した人工島周辺において**「航行の自由」作戦**を5月、7月、8月、10月に4回も実施した。オバマ政権が8年間で4回しか行わなかったことに比べ、トランプ政権はアジアの安全保障への関与を強める姿勢を示したのである。

韓国の「3不1限」と日本の「一帯一路」支持への転換

5月に文在寅が大統領に就任する直前の4月26日、在韓米軍は最新鋭ミサイル防衛システム「最終段階高高度地域防衛（THAAD：「サード」）」の迎撃ミサイル発射台やレーダー等の主要装備を韓国南部の星州《ソンジュ》に搬入した。朴槿恵政権時代、THAADの韓国配備をめぐり、韓国はアメリカと中国の狭間で揺れ動いていた。朴槿恵政権は当初、中国との経済関係拡大のみならず、中国の北朝鮮への影響力に期待していた。そのため、オバマ政権の要請を無視し続けてAIIBに参加したり、「抗日戦争・世界反ファシズム戦争勝利70周年」を記念した大規模な軍事パレードに参加したり、THAAD配備を断ってきたりした。しかし、2017年1月以降の北朝鮮による核実験やミサイル発射等の度重なる挑発行為に対して、中国は韓国のためには何も影響力を見せてくれなかった。そこで、朴政権は方針を転換し、THAAD配備を受け入れた。韓国憲法裁判所が3月に朴槿恵の罷免を下すと60日以内に大統領選挙が実施されることを考慮し、2月3日の米韓国防相会談において、政権交代前のTHAAD搬入をアメリカと韓国は合意した。

これに対して中国は、文在寅政権が発足すると、対韓攻勢を展開した。外交部をはじめ、中国はTHAADのXバンドレーダーに問題があることを繰り返した。THAADのXバンドレーダーによって、中国領内への監視強化を懸念したのである。THAADの配備地がソウル近くではなく南方の星州に決定されたのは、中国に対する配慮であった。しかし、Xバンドレーダーのバージョンアップの予算がアメリカで組まれていたと、2016年7月19日の韓国議会における野党正義党のキム・ジョンデ議員が明らかにした。2015年にアメリカ会計検査院が発行した**ミサイル防衛**（MD）に関する報告書と、2017年のアメリカ政府予算案の資料等を根拠に、星州配備のTHAADは「1.0バージョン」であり、2025年まではアメリカのグローバルなMDと統合される「THAAD2.0」にアップグレードが完了する予定であるという。世界各地に配備されたTHAADが一つのシステムに統合され、アメリカのMDシステムの末端として、星州配備の在韓米軍THAADが機能するようになる。そのため、中国はロシアとともにTHAADの韓国配備に強く反対したのである。

同年秋には、中共の第19回党大会に合わせて、韓国の南官杓《ナムグァンピョ》国家安保室第2次長と中国の孔鉉佑外交部部長助理が関係改善の交渉を進めた。10月13日に中韓「通貨スワップ協定」の延長に合意すると、同月24日、韓国の宋永《ソンヨン》武《ム》国防部長官と中国の常万全国防相が、拡大ASEAN国防相会議が開かれていたフィリピンのクラークで2年ぶりに中韓国防相会談を行った。そして同月30日、康京花《カンギョンファ》外交部長が、(1) THAADの追加配備をしない、(2) アメリカのMDに参加しない、(3) 米日韓軍事協力を3国間の軍事同盟に発展させない、という、いわゆる「3つのノー（3不）」と呼ばれる方針を発表した。翌31日には、「水面下での中韓交渉の結果」として各方面の交流で直ちに「正常な軌道」に戻すという韓中合意が発表された。

この頃、北朝鮮情勢が緊迫化する最中の2017年10月28日、アメリカのマティス（James N. Mattis）と韓国の宋永武の両国防長官が、ソウルで米韓定例安保協議（SCM）を開き、北朝鮮の脅威を抑え込むためにアメリカの「**核の傘**」提供による拡大抑止の強化等を協議した。しかし、文在寅政権は、この米韓合意を中韓合意によって反故にした事実を米韓SCMの3日後に明らかにした。しかも公式発表前日の韓国国会において親中派の与党議員から康京和への質疑応答という形で明らかにしたのである。

さらに、12月の文在寅訪中を前に康京和が訪中すると、11月22日、王毅は会談した康京和に対して、合意文書には「THAADについては、中国の戦略的安全性の利益を損なわないよう、制限を設けなくてはならない」という「1限（1つの制限)」も含まれているとして、「3不（3つのノー)」だけでなく「**3不1限**」を守るように強く迫った。

一方、東アジアにおける「もう一つのアメリカの同盟国」である日本の政府は、2017年、「一帯一路」の支持に転じた。

「宇宙強国」への３段階発展のロードマップ

2017年10月18日、第19回党大会の開幕日、習近平は「宇宙強国」建設への戦略的目標を打ち出した。中国航天科技（宇宙科学技術）集団公司の董事長（＝会長）で党組書記の雷凡培は、同日、記者団に対して、中国が2020年までにEUを抜いて「**世界宇宙強国**」の水準にほぼ達する計画であると語った。また雷凡培は、中国の宇宙技術指標の30%が世界一流水準に達しており、2030年に同60%まで引き上げ、ロシアを抜いて「世界宇宙強国」の仲間入りを果たし、2045年には一部の重点分野でアメリカと肩を並べ、「世界宇宙強国」を全面的に建設していく、という3段階のロードマップを公表した。

最大の脅威は「大国間の戦略的競争」

大統領選で貿易赤字削減と労働者保護を公約にしていたトランプ政権は、鉄鋼やアルミニウムをめぐる中国の貿易慣行について、2017年4月に通商拡大法232条での調査開始を指示していた。また、同年8月18日には通商法301条での中国による知的財産侵害や技術移転強要の調査を始めていた。そこで、10月に2期目政権を発足させた習近平は、11月8日、訪中したトランプを紫禁城における「皇帝級のおもてなし」で歓待した。中国は11月の米中首脳会談で約2,500億ドルの商談を成立させ、トランプの懐柔を試みた。しかし、トランプ政権への対応は前政権に対するように容易にはいかなかった。

トランプ訪中の翌月、ホワイトハウスは**『国家安全保障戦略』**を公表し、アメリカが中国に対して新たな姿勢をとることを明らかにした。同戦略は、アメリカの安全保障を脅かす最大の脅威が「大国間の戦略的競争」であり、既存秩序を覆そうとする中国とロシアをアメリカの影響力の弱体化を目指す「戦略的競争相手」であると明確に位置づけた。

翌月マティス国防長官が公表した**『国家防衛戦略』**は、中国が近い将来にインド太平洋地域の覇権を目指し、アメリカにとって代わる優位を達成するため、軍の現代化を追求していくとの見通しを示した。また、同戦略は、中国がアメリカや同盟国が築いた自由で開かれた国際秩序を損ない、独自の権威主義モデルに合致する世界を構築しようとしていることが一層明確になっている、とも指摘した。その上で同戦略は、「中国とロシアとの長期にわたる戦略的競争が最優先の政策課題」であることを明らかにしたのである。

アメリカの『国家安全保障戦略』も『国家防衛戦略』も、アメリカが中国と正面から戦争する意思のないことを表明しており、武力衝突に至る事態を回避するために、中国がアメリカと事を構える気を起こさないよう、中国に対してアメリカの優位を保ち、効果的な抑止力を維持していくと表明したのである。これに対して中国外交部は、「時代遅れの冷戦思考とゼロサムゲームの考えに満ちており、中国の国防・外交政策を故意に歪曲し、大国間の戦略競争を誇張し、根本的過ちを犯している」と批判した。

中国社会科学院アメリカ研究所の陶文釗をはじめとする主要な論客たちは、中国を**「修正主義」「戦略的競争相手」**と位置づけた『国家安全保障戦略』と『国家防衛戦略』の公表をアメリカの対中戦略の転換点とみなし、両戦略が示したアメリカの対中戦略の転換が米中関係40年の中で最も深刻な戦略調整であると中共の機関誌で論じた。

2021年1月12日にトランプ政権が公開したインド太平洋戦略に関する文書によれば、ホワイトハウスは2018年2月に「インド太平洋における戦略的枠組みに関する覚書」を既にまとめ、以後のインド太平洋政策の指針になったことを明らかにしている。

「アメリカには対抗する自由がある」

2018年3月の全国人民代表大会（全人代）で憲法改正を行い、国家主席の任期を2期10年までとする規定を撤廃した習近平は、2035年を見据えた長期政権に道筋をつけた。3月20日に閉幕した全人代の演説で、習近平は「中華民族復興の夢への道筋を描いた」と強調し、中国が国際社会を主導する強国を目指すという決意を明らかにした。

その直後の3月22日、通商法301条に基づき、中国の不公正な貿易慣行に対する制裁措置を発動する文書にトランプは署名した。これを受けて、同年7月6日に米中双方が高関税をかけ合う報復合戦の火蓋が切られたのである。

トランプは2017年12月22日に、10年間で1.5兆ドルという大型減税法案に署名し、同法を同日に成立させた。1986年のレーガン政権以来30年ぶりの抜本的な税制改革を成し遂げたことで、2017年末、トランプ政権はいよいよ対中国政策の転換に本腰を入れた。2017年のアメリカの貿易赤字3,752億ドルのうち半分近くが対中貿易赤字で占められていた。

外資による企業買収を安全保障の観点から審査する対米外国投資委員会（CFIUS）は、2018年1月2日、アリババ集団傘下のアント・フィナンシャルによる12億ドルでのマネーグラム買収計画を断念させた。200カ国以上に送金サービスを提供するマネーグラム社が中国に買収されれば、アメリカ人の資産や送金情報等の個人データが中国に流出することを懸念したためと見られている。また、1月10日までには、華為技術（HUAWAY）にAT&Tを通じたスマホ販売を断念させた。HUAWAYのスマホからの情報漏洩リスクをアメリカ当局が危惧したためと見られている。さらに、中国の太陽光パネルの輸入増によってアメリカ企業に大きな損害が出たと国際貿易委員会（ITC）が認定したことを受けて、トランプ政権は通商法201条に基づきUSTRによる4年間のセーフガード（緊急輸入制限）発動の勧告を承認すると1月22日発表した。

これに対して、中国側は「アメリカは巨大市場を持つ中国を必要としている」と強気の姿勢を示し、アメリカの譲歩を引き出そうとした。中国商務部はアメリカ産コーリャン（飼料用穀物）の輸入で不当廉売（ダンピング）の調査を始め、アメリカ産の大豆検疫を厳しくした。

米中摩擦の高まりが懸念される中、習近平は全人代直前の2月27日～3月3日に経済ブレーンである劉鶴ら政治局員を急遽訪米させた。しかし、劉鶴は何ら改革を示すことなく、「包括経済対話」での協議再開を訴えるにとどまった。アメリカ商務省は劉鶴が訪米した当日の2月27日に中国製アルミのダンピングで関税を課す方針を発表した。翌28日にはUSTRが通商政策報告書を発表して「アメリカには対抗する自由がある」「市場競争を損なう行為をやめさせるためあらゆる手段を動員する」と中国を批判した。
時間稼ぎのための対話ではなく、改革のための具体的な行動を示せというアメリカ側の中国に対するメッセージであったと言えよう。

通商法301条の発動とHUAWAY&ZTEの調達禁止

トランプ政権は3月1日に通商拡大法232条に基づき鉄鋼へ25%、アルミニウムへ10%の関税を課すと発表し、3月23日に発動した。その間の3月6日、ホワイトハウスは、政権の経済政策を主導してきたコーン国家経済会議（NEC）委員長の辞任を発表した。対中穏健派のコーンは、トランプが表明した鉄鋼やアルミへの関税制裁の方針に強く反対していた。ホワイトハウスは、3月14日、空席となった経済政策の司令塔である国家経済会議の次期委員長をクドロー（Larry Kudlow）が受諾したと公表した。クドローは保守派の経済評論家で、世界の貿易枠組みが瓦解したのは国際ルールを無視した中国に責任があると発言する等、トランプの経済観に理解を示してきた人物であった。
トランプは3月7日に「知財侵害は容認できない」とツイッターで投稿し、3月8日に通商拡大法232条の発動を決めた。
3月22日には、中国による知財侵害を理由に通商法301条を発動し、情報通信機器等約1,300品目（600億ドル相当）を対象に25%の関税を課す大統領令にトランプは署名した。同時にトランプは、アメリカがWTOへ巨額資金を拠出し提訴を繰り返してきたにもかかわらず成果がなかったとWTOを批判した上で、中国の知財侵害をWTOに提訴するよう指示した。トランプ政権は、中国がWTO加盟後に、国際貿易ルールに従うどころか、外資企業に特許やノウハウを開示させ、模倣を通じて知財の水準を向上させてきたという不満を中国側に示したのである。
このようなアメリカによる制裁への対抗措置として、中国商務部は3月23日、アメリカから輸入するワインや果物等120品目に15%、豚肉等8品目に25%の関税を上乗せする準備をしていると発表し、4月2日に発動した。また、中国は「一帯一路」を通して自国を「知財を尊重する国」であると宣伝し、アメリカの保護主義を批判し、アメリカこそがWTO協定を遵守すべきと繰り返した。4月4日に大豆等106品目に25%の追加関税を課し、4月5日には、中国はアメリカを WTO へ提訴した。

一方、アメリカ商務省は 4 月 16 日、中興通訊（ZTE）がアメリカ製の通信機器をイランや北朝鮮に違法に輸出していたとして、アメリカ企業に ZTE との取引を 7 年間禁止した。2016 年の企業別国際特許出願数で世界 1 位となった ZTE は、イラン等への違法輸出で 2017 年 3 月にアメリカ商務省から摘発されており、その後も不正が発覚したため、商務省は新たな制裁に踏み切ったのである。その翌日の 4 月 17 日、アメリカ連邦通信委員会（FCC）は補助金を使う国内通信会社に対して、華為技術（HUAWAY）と ZTE を念頭に、敵対的な外国勢力が通信機器に仕掛けたバックドアを使ってウイルスを侵入させて情報盗取をしたり基幹インフラを攻撃したりできると規制の理由を説明し、「安全保障上の懸念がある外国企業」からの通信機器調達の禁止を決定した。連邦議会はオバマ政権期の 2012 年に、HUAWAY と ZTE について、中国のスパイ活動に使われる恐れがあるためアメリカ企業が使用しないようにと求めており、国防総省には HUAWAY と ZTE からの調達をすでに禁じていた。

そこには 5G をめぐる攻防があった。IoT（モノのインターネット）で中国に覇権を握られることになれば、中国が中国製の機器や半導体を通して情報の抜き取りやネットに繋がる機器類の乗っ取りを増やして、アメリカの政府や市民がさらに危機に晒される、とアメリカ政府は懸念したのである。

USTR が中国の知財侵害をめぐる制裁について「中国製造 2025」の 10 領域をターゲットにしていると公表していたことからも明らかなように、技術覇権をめぐる米中競争は、安全保障をめぐる攻防でもある。つまり、米中貿易摩擦による対立の激化は、経済や技術の領域のみならず、安全保障領域も包含した全面的な競争となっていたのである。

第 2 節　2018 年夏〜2019 年「全面的な競争」の展開へ

国防授権法「政府一体となった巻き返し」

トランプ政権は「2019 年度国防授権法」に明記された「**政府一体となった巻き返し**（whole-of-government push back）」を本格的に展開していった。2018 年 4 月 13 日にソーンベリー（Mac Thornberry）下院軍事委員長が提出した

「2019年度国防授権法」は、7月23日に上下両院合意案としてまとめられ、7月26日に下院で可決され、8月1日の上院での可決を経て、8月13日にトランプ大統領の署名により成立し、施行された。

アメリカ連邦議会は、2019年8月、外国からの投資に対する審査を厳格化する「**外国投資リスク審査近代化法**」と、先端技術の輸出管理を厳しくする「**輸出管理改革法**」を可決した。過去9年間で最大規模となる7,170億ドルの「2019年度国防授権法」は、これら2つの法律を含んで、外国企業による企業の買収や合併等を審査する「対米外国投資委員会（CFIUS）」の権限強化を盛り込んだ。企業買収取引についてはアメリカ企業に限定せず、アメリカの重要な技術やインフラ、個人情報に関わる少額の出資等も審査の対象としていた。審査対象の強化は中国に限らず、第三国経由の動向も対象になった。また、アメリカ政府の施設に近い土地取得等不動産取引も対象に含めた。さらに、ZTEとHUAWAYのサービスや機器をアメリカの行政機関とその取引企業が利用することを禁止し、米海軍主催の「**環太平洋合同演習（リムパック）**」への中国の参加を禁止し、台湾の防衛能力向上への支援等の方針を明記し、中国に対する強硬姿勢を鮮明にした。

これに対して、中国外交部は、翌日の14日、国防授権法成立について談話を発表し、「米中対立を誇張し、中国の内政に干渉し、一つの中国の原則に反している」「アメリカは冷戦思考とゼロサムゲームの理念を捨てよ」等と断固とした反対を表明し、アメリカ政府へ厳重抗議するとともに自制を呼びかけたことを明らかにした。

「太平洋軍」から「インド太平洋軍」へ

トランプ政権から駐韓大使に指名された太平洋軍司令官のハリス（Harry B. Harris, Jr.）海軍大将の後任司令官には、デービッドソン（Philip S. Davidson）海軍大将が就いた。司令官交代式が行われた2018年5月30日、マティス国防長官は、太平洋軍の名称を「インド太平洋軍」へ変更したと発表した。トランプ政権が「自由で開かれたインド太平洋戦略」を推進していることをアピールするための名称変更であった。

ペンス演説

ペンス副大統領は、2018年10月4日、ハドソン研究所において中国政策についての演説を行った。「中国との関係において公平、相互、主権の尊重が基礎となるまで、アメリカは態度を弱めない」と語り、米中対立の構造的な諸課題を包括的にまとめて論じた。この2018年10月4日のペンス演説は、アメリカの対中投資によって世界第2位の経済大国となった中国が通貨操作、強制的な技術移転、知財窃盗、補助金等の「自由で公正な貿易」と相容れない政策を行っており、トランプ政権はアメリカの利益、アメリカの雇用、アメリカの安全保障を守るために断固とした行動を執り続けていくと訴えた。アメリカの歴代政権による対中関与（**エンゲージメント**）政策への決別宣言であった。

ペンスは、中国が「中国製造2025」を通して最先端産業の世界シェア90%を支配していくために、あらゆる手段を用いてアメリカの知財を盗取させ、大規模に軍事転用している、と警鐘を鳴らした。また、中国はアメリカを西太平洋から追い出そうとしているが、アメリカは威圧されたり撤退したりすることはない、とも主張した。さらに、アメリカは経済の自由化が中国をパートナーシップに導くことを期待していたが、中国はアメリカから盗取した技術を利用しながら監視国家となり、ジョージ・オーウェル（George Orwell）の『1984』のような「社会的信用スコア」による社会を築き、アメリカの企業、映画会社、シンクタンク、大学、ジャーナリスト、地方政府や連邦政府の当局者を支配してアメリカの民主主義に干渉しようとしている、と批判した。*New York Times* 紙が一部の中国指導部の腐敗記事を掲載した後にアメリカ人ジャーナリストの中国人家族が脅され拘禁されたことや、中国人学生やアメリカの学校が中共にとって好ましくない発言をしたり講義をしたりすると中国の領事館や大使館に通報されることを事例に挙げながら、中国の秘密工作に比べればロシア人が行っている工作などたいしたことではないほどだということをアメリカ人は知っておくべきだ、とペンスは強い言葉で訴えた。

ペンス演説には従来アメリカの高官によって指摘されてきたことが網羅されており、何も新しい内容は盛り込まれていなかった。しかし、政権ナンバー2の高官が中国の内外姿勢を改めて指摘した上で、「自由で開かれたインド太平洋」を前進させるためにインドからサモアに至る地域で価値観を共有する国々との間に、新たな、より強固な絆を築いていくと強調したことは、かつてチャーチル（Winston L. S. Churchill）が行った「鉄のカーテン」演説を連想させた（注：日本の「インド太平洋」は「2つの大洋」＝「太平洋」＋「インド洋」であるので、アメリカのインド太平洋と地理的範囲が同じではないことに注意されたい）。

慎重に歩み寄ろうとした米中

通商法301条に基づく第1弾（2018年7月6日、双方340億ドル相当に25%）、第2弾（2018年8月23日、双方160億ドル相当に25%）、第3弾（2018年9月24日、米側2,000億ドル相当に10%、中国側600億ドル相当に5～25%）と発動された制裁関税は、2018年9月にアメリカ側が2,000億ドル相当分へと一気に拡げたが、この2,000億ドル分の関税率を2019年1月以降に10%～25%に引き上げようとしていた。

とは言え、米中双方とも相手国を過度に刺激しないように慎重な注意を払い続けた。そこで、G20が開催されたアルゼンチンのブエノスアイレスで、米中両国の政府は12月1日に1年ぶりの首脳会談を行い、米中決裂を回避しようとした。両国政府は、(1) アメリカ企業に対する中国政府による技術移転の強要、(2) 知的財産権の保護、(3) 非関税障壁、(4) サイバー攻撃、(5) サービスと農業の市場開放、の5分野における中国の構造改革をめぐり米中協議を続けるものの、年明けに予定していた追加関税の発動を90日間猶予し、2019年3月2日（北京時間で午後1時1分、アメリカ東部時間で午前0時1分）までに合意に至らなければ関税を引き上げるとする「枠組み合意」案で合意した。習近平はアメリカから「棚上げ」の譲歩を引き出した。また、首脳会談にも臨席したUSTR代表のライトハイザーや通商担当大統領補佐官ナバロらは、軍民両用が懸念される「中国製造2025」の撤回を求めた。しかし、首脳会談の議題に明記されることはなく、米中対立の抜本的な問題について中国は譲歩を見せなかった。ライトハイザーは、中国と安易な妥協策を探るのは時間の無駄でしかない、という考えを首脳会談前から明らかにしていた。

一方、中国もアメリカ産の農産品やエネルギーや工業製品等を大量に購入すること、農産品は直ちに購入を開始すること、アメリカの自動車に課す関税を下げること等で同意した、と首脳会談の翌日にトランプがツイートした。

次世代通信「5G」を先導する華為技術（HUAWAY）の脅威

2018年12月1日、華為技術（HUAWAY）の創業者の娘で同社の副会長兼最高財務責任者（CFO）である**孟晩舟**が、アメリカのイラン制裁を逃れる取引に組織的に関与していた疑いで、アメリカ司法省からの身柄引き渡しの要請に基づいたカナダ当局にバンクーバー国際空港で拘束された。世界知的所有権機関（WIPO）が公表した2017年の特許の国際出願件数で世界トップを走るHUAWAYは、次世代通信「5G」をグローバルに先導する企業である。

HUAWAYは香港のダミー会社「スカイコム」を使い、2009〜2014年にイランの通信会社にアメリカ企業の通信機器を納入したが、2013年にアメリカの金融機関から説明を求められた孟晩舟はスカイコムとは無関係であるという虚偽の説明をしていた。

中国外交部は、12月6日、「民間人である孟晩舟」の逮捕に強く抗議した。

孟晩舟逮捕はイラン制裁違反に絡む詐欺容疑によるものではあったが、その背景に2018年8月13日成立の「2019年度国防授権法」があったことは明白であった。「2019年度国防授権法」は、HUAWAY、ZTE、無線機大手メーカーの海能達通信（Hytera）、監視カメラ／防犯カメラ大手の杭州海康威視数字技術（Hikvision Digital Technology）、監視カメラ設備大手の浙江大華技術（Dahua Technology）の5社を名指しして、これら5社とその関連企業について、1年後（＝2019年）にアメリカ政府の調達から締め出すこと、また、2年後（＝2020年）からは、これらの通信機器やサービスを社内の主要なシステムまたは重要なテクノロジーとして利用する企業・拠点（＝entity）との契約も禁止することを明記した。中国に「所有／支配されている、もしくは、関係していると合理的に認められる企業」の通信機器、サービスの購入、利用の禁止も規定された。

年が明けて一般教書演説の1週間前、2019年1月29日、アメリカ連邦議会上院の情報特別委員会で開かれた世界の脅威に関する公聴会で、コーツ（Daniel R. Coats）国家情報長官が示した「世界の脅威に関する評価報告」が、グローバル・レベルでのサイバーの脅威としても、宇宙空間や経済の領域における脅威としても、地域レベルの安全保障における脅威としても、中国を真っ先に挙げた。また、同評価報告書は、新たな脅威をもたらす可能性のある新興テクノロジーとして、人工知能（AI）、バイオテクノロジー、5Gネットワークを指摘した。まさに、「中国製造2025」の関連産業であり、米中通商対立に関わる産業ばかりであった。

同書に対して、翌日、中国外交部は「アメリカはゼロ・サム的思考と大国間関係への対抗的視点を捨てるべき」と批判した。

デジタル通貨システムの開発を開始

2019年4月25～27日、第2回「**一帯一路**」**国際協力サミット**が北京で開幕し、デジタル・シルクロード、グリーンロード・イノベーションの道、インフラの相互接続等の12の分科会も開催された。デジタル・シルクロード・サブフォーラムにおいて、中国と「一帯一路」沿線国が「**デジタル・シルクロード建設協力覚書**」に署名し、越境陸上ケーブル、国際海底ケーブルを敷設し、中国との二国間電子商取引協力メカニズムを構築、越境電子商取引の巨大なプラットフォームを共同構築することが明らかにされた。

6月15日には、中国商務部の電子商務と黒龍江省商務庁がハルビンで中国とロシア語圏諸国のシルクロード電子商取引の政府・企業対話を開催した。会議では、ロシア、モルドバ、ベラルーシ、カザフスタン等のロシア語圏諸国の政府関係者らが「一帯一路」で越境電子商取引の新たなモデルについて協議した。

2014年に周小川前総裁の下でデジタル通貨の研究を開始した中国人民銀行（中央銀行）は、2017年1月に**デジタル通貨研究所**を設立し、2018年6月にブロックチェーン技術の研究を行う「深圳金融科技有限公司」を設立した。さらに2019年8月10日に開催された「**チャイナ・ファイナンス40フォーラム（中国金融四十人論壇／CHINA FINANCE 40 FORUM）**」において、中国人民銀行は2018年からシステムの開発に集中的に取り組んでおり、仮想通貨の発行が近いことを明らかにした。これにより、人民元の流通と国際化が促進されるとの見通しが示された。中央銀行による**デジタル通貨**は、国家の信用に基づいて中央銀行が発行する法定デジタル通貨であり、「**仮想通貨**」とは本質的に異なる。同年秋には、国際通貨基金（IMF）専務理事のラガルド（Christine M. O. Lagarde）が、シンガポールで行われたSingapore Fintech Festivalにおいて、中央銀行がデジタル通貨を支援することで金融包摂等にもつながると主張し、各国で法定デジタル通貨を供給する必要性を訴えた。

「インド太平洋戦略報告書」の公表

2019年6月1日、シャナハン（Patrick M. Shanahan）国防長官代行は、シンガポールで開催された「アジア安全保障会議」における演説で、「アメリカは太平洋国家である」と位置づけつつ、「いかなる国もインド太平洋地域を単独で支配できないし、そうすべきでもない」「中国は近隣国との協調関係を築き、他国の主権を侵害する行動は慎むべきである」と訴え、アメリカが宇宙、サイバー、人工知能（AI）といった先端技術分野等でインド太平洋地域にさらなる投資をしていく意向を明らかにした。演説後の質疑応答では「アメリカは中国の行動を見て見ぬふりはしない」とも強調した。

このシャナハン演説が行われた2019年6月1日、アメリカ国防総省は「インド太平洋戦略報告書」を発表した。同報告書は、中国を「修正主義国家」として位置づけ、中国を「自由で開かれた国際システムから多くの恩恵を受けているにもかかわらず、ルールに基づく秩序の価値観と原則を侵食し、国際システムの内側から蝕んでいる」と批判した。また、全ての国家が主権を保ち、国際ルールや公正な競争原則の下で経済成長を追求できる「自由で開かれたインド太平洋」の秩序を維持していくためにアメリカが多国間ネットワークの構築を進めていくという方針を打ち出した。

『新時代的中国国防』

中国は、2019年7月24日、4年ぶりに国防白書**『新時代中国的国防』**を公表した。

民主主義国家の国防白書や安全保障戦略は、透明性を開示するために公表される。しかし、中国の国防白書は対外的に「アピールしたいこと」を公表している。2019年白書は、「新時代の中国の国防は習近平強軍思想の指導の下、世界で一流の軍隊になるという目標に向かって、中国の特色ある強軍の道を前進していく」と説き、「偉大なる中華民族の復興という中国の夢を実現するための戦略支援を提供し、人類運命共同体を構築するために貢献する」とアピールした。それまでの 10 本の中で最も野心的な国防白書となった。

2019 年の『新時代的中国国防』の主な注目点として、以下 3 点を挙げる。

第 1 に、2019 年白書において、中国は「インド太平洋」ではなく「アジア太平洋」の枠組みで、安全形勢を指摘していた。また、南シナ海における「航行の自由」作戦を批判し、「アジア太平洋の安全保障形勢」における「複雑な要因」として、「アメリカが韓国に配備した THAAD」を真っ先に挙げ、「地域の戦略バランスを深刻に破壊し、地域の戦略安全保障上の利益に深刻なダメージを与えている」としていたことが注目された。台湾や日本の南西方面での想定がなければ、THAAD をこれほど警戒する必要があろうか。

第 2 に、ロシアとの軍事協力をさらに強化することを示した点である。中ロ軍事協力は、同盟には至れないものの、従来の「合同軍事演習」から「合同戦闘訓練タスクの策定」へ格上げしたことを、中ロは 2019 年白書発表前日、竹島周辺の共同タスクで世界へ発信してみせた。6 月 5 日にプーチンと会談した習近平は、「新時代の全面戦略協力パートナーシップ発展に関する中ロ共同声明」と「現代グローバル戦略安定強化に関する中ロ共同声明」に署名し、**核・サイバー・宇宙・北極海等での協力強化**を謳った。「核・サイバー・宇宙・北極海」は、いずれもアメリカの MD へ対抗する戦略領域である。

第 3 に、2019 年白書が 2015 年までの国防白書にはなかった「釣魚島（注：日本の沖縄県尖閣諸島についての中国側の呼称）とその付属する島々は中国固有の領土である」という文言を明記した点である。同白書は、尖閣について「パトロールは法に基づく国家主権の行使である」とまで明記した。国防白書の公表直後の 7 月 27 日、中国海警の公船が尖閣諸島付近の領海に侵入し、『人民日報（電子版）』は「釣魚島周辺の領海を巡航した」と速報を発信した。中国の「海洋の計略」は、尖閣を射程に行動を拡げていった。

米中報復合戦のエスカレート

アメリカは 5 月 10 日に家具や家電等 2,000 億ドル分の対中制裁関税第 3 弾について、それまでの 10% から 25% に引き上げた。

トランプと習近平は、2019 年 6 月 29 日の米中首脳会談で、アメリカ産農産品の輸入拡大という中国側の条件と、制裁関税第 4 弾の発動見送りと HU-

AWAYへの部品供給許可というアメリカ側の条件で、貿易協議再開に合意した。これを受けて中国政府は、翌日、石油や天然ガスの探査・開発等7分野で外資規制を緩和すると発表した。この米中首脳会談後、アメリカの産業界では関税撤回への期待が大きく高まった。また、300以上のアメリカの企業と団体が中国に対する関税への反対をトランプ政権へ訴えた。しかし、トランプはわずか1カ月で合意を破棄した。8月1日、トランプはほぼすべての中国製品に追加関税を課す対中制裁第4弾を9月に発動する意向を示した。これに対して、アメリカの業界団体が相次ぎ反対を表明した。9月1日に発動された制裁関税第4弾は半導体メモリーやテレビ、衣服等計3,243品目の消費財を中心に15%が課された。第4弾制裁のうちスマートフォンやノートパソコン等計1,600億ドル分は年末商戦を配慮して12月15日に15%を課すよう先送りされた。

これに対して中国商務部は、翌日夜、WTOに提訴すると発表した。同時にアメリカの原油や農産品等への報復関税を課した。

ペンス演説第2弾

ペンス副大統領は2019年10月24日、ワシントンにあるシンクタンクのウィルソン・センターで米中関係についての講演を行った。ペンスは「昨年の演説以降、中国は経済関係を改善するために意味のある行動をとっていない」と批判し、「アメリカの指導者は、経済的な関与だけで中国を自由で開かれた社会に移行させられるという望みをもはや持っていない」という認識を示した。その一方で、「米中関係には多くの課題があるが、アメリカは中国との実務的な協力を除外しない」と述べ、北朝鮮の非核化等の課題における米中連携の重要性を指摘して中国との関係強化にも取り組み、11月のAPECに合わせた首脳会談での貿易協議の部分合意に期待感を示した。

「中国は、今世紀半ばに地球・月空間経済区の完成をめざす」

中国航天科技（宇宙科学技術）集団の科学技術委員会委員長である包為民は、2019年10月30日、中国が今世紀半ばまでに**「地球・月空間経済区」の建設**を目指すことを明らかにした。『解放日報』がその翌日に伝えた。

「地球・月空間経済区」には近地球空間、月引力空間、地球・月移転空間等

が含まれる。その業態には基礎産業、応用産業、開発・利用産業、拡張産業が含まれる。定期飛行化地球・月空間輸送体系、宇宙資源探査・開発体系、宇宙インフラ体系の3大体系で構成される見通しである。

「2020年国防授権法」によるアメリカ「宇宙軍」の創設と監視国家化への警戒

2018年3月に初の「国家宇宙戦略」を公表したトランプ政権は、中国を念頭に、「敵対者が宇宙を戦闘領域に変えた」という認識を明らかにしていた。トランプ政権は、2019年1月の「国家情報戦略（NIS）」において、「宇宙領域における脅威認識」「敵対者が一部の分野でアメリカを上回る能力で宇宙領域におけるプレゼンスを増大させているという懸念」を示した。2019年7月の「国家軍事戦略（NMS）」では、従来の陸海空に「宇宙・サイバー領域」を加え、その翌月の8月には、観測衛星や偵察衛星等の研究開発と運用を担っていた戦略軍の一部を基盤に国防総省傘下に「宇宙コマンド」を設置して、宇宙における国家安全保障作戦を統合・指揮する任務を担わせた。

アメリカ連邦議会で「2020年国防授権法」を下院が2019年12月11日に可決し、上院が12月17日に可決した。12月20日にトランプが「2020年国防授権法」に署名して、陸軍、海軍、空軍、海兵隊、沿岸警備隊に続く6番目の軍種として「**宇宙軍**」を新たに創設した。「2020年国防授権法」は、中国政府への情報漏洩を警戒して、中国製ドローンの購入や中国国有企業からの鉄道・バス車両の国費による調達を禁じた。HUAWAYへの禁輸措置を容易に解除できなくするための条項も盛り込んだ。さらに「2020年国防授権法」は、国防省が連邦議会に毎年提出している中国の軍事動向に関する年次報告書において、中国の海外投資状況、中国海警によるグレーゾーン活動の利用実態、中国とロシアの北極圏における軍事活動、中国における人権の欠如ならびに自治の継続を求める香港人への無条件支持、中国の監視国家化等の項目を含めるものとした。

第3節　2020年　新型コロナウイルス感染症の感染拡大と中国の「健康シルクロード」

新型コロナウイルス感染症の感染拡大

2020年、新型コロナウイルス感染症（COVID19）が、世界中を恐怖と不安と怒りに陥れた。中国が世界保健機関（WHO）へ1月5日に新型肺炎を報告した4日後、WHOが新種のコロナウイルスにその原因があるとの可能性を発表した。しかし、その時点では、それが地球規模で深刻な感染拡大をもたらすと予測できた人は、ほとんどいなかったであろう。

中国当局によるCOVID19の感染者数や死者数の報告について世界が懐疑的に見るなかで、中国国家主席の習近平は、3月10日、武漢を訪れて「COVID19を基本的に抑え込んだ」と宣言し、中国政府が事態を収拾させたというメッセージを国内外に向かって発した。また、中国国務院は3月29日の記者会見で、「中国本土においてCOVID19はほぼ遮断された」との声明を出した。中国の指導部やメディアは、COVID19を克服するために世界が協力して「人類運命共同体」を構築しなければならない、中国は「責任大国」としての役割を果たしている、と繰り返した。

一方、アメリカ全土がCOVID19感染拡大に追われる最中、中国軍は海洋活動を活発化させた。南シナ海のスプラトリー諸島（中国名「南沙諸島」）では、ファイアリークロス礁（中国名「永暑礁」）とスビ礁（中国名「渚碧礁」）の人工島に「中国科学院の島礁総合研究センターの永暑と渚碧のステーションの運用がこのほど始まった」と3月下旬に新華社が報道した。4月2日には、中国海警の船がパラセル諸島（中国名「西沙諸島」）付近でベトナムの漁船に追突して沈没させ、アメリカ国務省の報道官が4月6日に「深刻な懸念」を表明した。1995年7月12日の米越国交正常化から25周年を迎えたアメリカは、2020年3月に空母ルーズベルトをベトナムのダナンで寄港させ、中国を牽制していたことから、中国からアメリカへの「報復」と見られている。COVID19感染拡大で延期となったものの4月には習近平来日が予定されていた。それにもかかわらず、日本の海上保安庁によれば、沖縄県尖閣諸島周辺の接続水域を航行した中国公船は 1 月に 98 隻、2 月に 90 隻、3 月に 101 隻と延べ 289 隻となり、前年同期比で 57% も増えた。

この頃、中国軍が海洋活動を活発化させ、日本を含む近隣諸国が危機感を高める中、米海軍は COVID19 感染拡大で展開能力を低下させていた。4 月には、米軍が運用している 11 隻の空母のうち「セオドア・ルーズベルト」「ロナルド・レーガン」「カール・ビンソン」「ニミッツ」の 4 隻の空母で COVID19 感染が拡がり、海軍所属の感染者が米軍全体の約 3 割を占めた。そのような状況から、4 月 10 日の中共機関紙『環球時報』は、COVID19 感染拡大により米海軍の世界的な展開能力が深刻なダメージを受けており、東シナ海、南シナ海、台湾海峡における米軍の対応能力は厳しいものになっている、との分析を掲載した。翌日には、中国の空母「遼寧」など 6 隻が沖縄本島と宮古島の間の公海を通過して太平洋に出て、中国はアメリカへの挑発的な行動を続けた。『環球時報』の英字版 *Global Times* 紙は、南シナ海で「航行の自由作戦」を展開する**米軍に対する「電磁波攻撃などの新しいアプローチの可能性」**についても報道した。

米中通商交渉「第 1 弾」の合意

2019 年 12 月 13 日、米中両国は貿易交渉で「第 1 段階の合意」に達したと発表した。しかし、合意文書も整わないうちから席を立ち上がって「取引の成立」を世界に公言したトランプの姿から、「米中合意の第 1 段階」は、「アメリカ側の政治ショー」「中国側の時間稼ぎ」と言えた。トランプは、12 月 31 日、中国との貿易交渉をめぐる「第 1 段階の合意」について 2020 年 1 月 15 日にアメリカのホワイトハウスで署名式を開くこと、また、後日のトランプ訪中で第 2 段階の協議が開始されることもツイッターで発表した。

7 分野についての米中合意「第 1 段階」が調印されたとは言え、その合意内容は、ほとんどの領域で具体的な改善策が乏しく、中国側に確実に約束を履行させるための枠組みは合意されないままであった。中国製品約 3,600 億ドル相当に対する制裁関税は少なくともアメリカの大統領選挙が終わるまで継続されることになっていた。貿易拡大に関しても、以後 2 年間で中国側が 2,000 億ドル相当のモノとサービスをアメリカから追加購入し、アメリカ側は制裁第 4 弾における1,200億ドル相当のみの中国製品の輸入関税を15%から7.5%にすることを約束したが、制裁第1～3弾の関税の引き下げは見送られていた。世界の2大経済大国が貿易の管理・介入を進めることで、世界の自由貿易を歪め、保護貿易を強める枠組みであった。また、中国がアメリカから購入する製品リストには、アメリカが2018年に採掘していないスカンジウム（レアアースの一種）が含まれる等、この合意によってアメリカからの輸出額が変化する可能性は見込めないものまでも加えられていた。

そもそも第1段階の米中合意が達成されたと発表されたのは2019年12月13日であるが、その直前、12月10日にアメリカでトランプ大統領に対する弾劾条項（弾劾訴追状）が発表され、「米中合意が発表された12月13日」には14時間の審議を経たトランプ弾劾訴追決議案が10分の手続きによって23対17で可決されていた。連日の「弾劾」報道と10月からいっそう激化したイラク情勢に対するイランの影響力拡大を鑑み、ホワイトハウスにもトランプの選挙チームにも、「国連安保理常任理事国である中国」とのさらなる関係悪化に向かうという選択肢はなかったはずである。しかも、合意発表直前の12月1日、イラクでは臨時議会が開かれてアブドルマフディ（Adel Abdel Mahdi）首相の辞任が承認され、11月下旬には反政府デモ隊によってナジャフ等でイラン領事館が放火されており、トランプ政権は、イラクに内政干渉しアブドルマフディ政権を支えていたイランに「何らかの措置」で対応する必要があった。1月3日のイラン司令官のガセム・ソレイマニ（Qasem Soleimani）少将爆殺事件等もこうした背景から行われたと言えよう。中東情勢とそれへの対応を考えれば、「安保理常任理事国の中国」との対立激化をアメリカは避けなければならなかったはずである。

「第2段階の合意へ歩み寄りを見せる気配がない中国」と12月半ばにアメリカ政府が「第1段階での合意」をした背景には、弾劾報道の影響を薄めるための対イラン措置への一環として、秋の大統領選挙までは中国との関係改善をしておこうとした思惑があったと考えるのが自然である。中国側が同意した内容を見れば、アメリカからの輸入を航空機や自動車等の工業製品を含めて2年間で2,000億ドル拡大し、2017年比で53%拡大するという貿易政策は、「一帯一路」の沿線国からの輸入を相当減らさなければ達成実現が難しいとも言える額であった。また、中国国内の需要を相当押し下げなければならなくなる。中国が経済成長率を 6% 前後に設定しようとするならば、2,000 億ドルもの輸入拡大を中国国内で吸収できるのかは大きな疑問であった。現実的な目標値設定とは言えないものであった。合意署名式の直後、副総理の劉鶴も「市場原理に基づいて購入する」とコメントしていたのは、それを承知していたからであろう。

つまり、「第 1 段階での合意」が、関係改善のための対応や政策として「実質的なもの／根本的なもの／実効性のあるもの」ではなく、「習近平とトランプによる各自国内への政治的ショー」であることを物語っていた。

それから 1 年後の 1 月 15 日、「中国は約束を守っていない。第 1 段階合意は大失敗だ」とバイデン次期大統領は批判していた。

ポンペオの「共産主義の中国と自由世界の未来」とプラハ演説

2020 年 7 月 21 日、アメリカ司法省は、世界の企業や団体にサイバー攻撃を 10 年以上にわたり繰り返し、COVID19 のワクチンや治療薬の開発に関する情報や軍事関連情報を含む多くの機密情報を窃取し、中国の国家安全部の活動を支援した容疑で 2 人の 30 歳代の中国人ハッカーを起訴したと発表した。

翌日、中国外交部は定例記者会見で、アメリカが 3 日以内の在ヒューストン中国総領事館閉鎖を要求したと明らかにし、「アメリカがこの誤った決定を撤回しないならば断固とした対抗措置をとる」と批判した。この中国外交部の記者会見後、アメリカ国務省は声明を発表し、「アメリカの知財と国民の個人情報を守るための閉鎖」を命じたと説明した。デンマーク訪問中のポンペオ国務長官は、同日、知財に関する中国の行動を挙げて「数多くの雇用が犠牲になっている」「アメリカは国民を守るために行動を起こす」と語った。

その翌日の 7 月 23 日、ポンペオは、カリフォルニア州ヨーバリンダのリチャード・ニクソン大統領記念図書館において、「**共産主義の中国と自由世界の未来**」と題した演説を行い、ニクソンが 1967 年に「中国が変わらなければ世界は安全にはならない」と語ったことを挙げながら、「中国の新たな暴政の脅威」に対抗するよう「自由主義諸国」へ呼びかけた。

また、ポンペオは、8 月 13 日のチェコ上院における演説で、「現在起きていることは**『冷戦 2.0』ではない**」「中国共産党はソ連がやらなかった方法で我々の経済や政治、社会にすでに入り込んでいる」と警鐘を鳴らした。

ポンペオが「米中対立は米ソ冷戦以上」という強い表現で中国に対する警戒を訴える「舞台」にチェコの国会を選んだのには、特別な理由があった。

「一帯一路」の調印国であるチェコでは、大統領ゼマン（Miloš Zeman）が親中派であることは有名な話である。しかし、2018年に中国華信能源（CEFC）がチェコと約束していた巨大投資事業を突然中断すると、チェコにおける「親中感情」は「悪化」に転じていった。特に、チェコの「**ビロード革命**」に関わったクベラ（Jaroslav Kubera）前上院議長が、訪台を予定した前月の1月20日に心臓発作で急死すると、チェコ内の中国に対する「反発」は急激に高まった。訪台すれば自動車メーカーのシュコダやピアノ・メーカーのペトロフ等のチェコを代表する大企業が中国で代償を支払うことになるとの書簡等、中国大使の張健敏やチェコ大統領のゼマンから「圧力」を受けていたことがクベラの心臓発作の主因であると、未亡人と娘が公表したからである。3月には、大統領に追随して一貫して親中であったバビシュ（Andrej Babiš）首相をはじめ、ペトシーチェク（Tomáš Petříček）外相、上下両院議長らが連名で、中国大使の書簡を批判する声明を発表した。チェコで大統領に次ぐナンバー・ツーの上院議長ビストルチル（Milos Vystrcil）は、問題となった中国大使の帰任を求め、チェコ上院は5月、50対1の圧倒的賛成多数で上院議長の訪台を可決した。ビストルチルがクベラ未亡人を含む89名の代表団を率いて、8月30日から6日間、台湾を訪問した背景にはこのような対中感情があった。

ポンペオが中国の脅威を強調する舞台に8月12日のチェコ上院での演説を選んだのには、上記のような事情が反映していたのである。

トランプと習近平の国連演説

2020年9月、国連総会で一般討論演説を行ったトランプは、同年11月の大統領選を念頭に、中国が感染拡大を招いたと批判した。その後に演説した習近平はトランプ批判を繰り広げた。7分間のトランプ演説のうち中国についての言及（中国そのものへの批判＋COVID19＋WHOへの批判）が前半の約半分であったことに対して、習近平の演説のほとんどが、「トランプの中国批判」への反発と自画自賛に終始していた。

習近平は総会演説冒頭で2020年が「世界の反ファシズム戦争の勝利75周年」と「国連の設立75周年」であることから語り始め（蔣介石の中国軍が日中戦争を戦い、毛沢東の共産軍は日中戦争の主要な戦力ではなかった。また、当時の日本はファシズムではないが)、「中国が75年前に世界反ファシズム戦争の勝利に歴史的に貢献し、国連の設立を支持し」、「中国は国連憲章の目的と原則に対する確固たるコミットメントを行ってきた」と語った。これにより、「中国が第2次世界大戦から現在に至る国際秩序の擁護者である」という“物語／御伽噺”を習近平は世界に向かって話してみせたのである。

つまり、「既存の秩序の破壊者はアメリカ」であり、「中国は既存の秩序構築に貢献し、擁護者であり、堅持している」と習近平は説いたのである。また同時に、グローバルガバナンスのシステムを改革する緊急の必要性＝「(中国を中軸とする新たな）人類運命共同体」の構築を訴え、“そのリーダーシップをとるのが中国である”と国際社会ならびに中国国内に向かって訴えたのであった。

第6章　民主主義 vs. 専制主義の攻防
――2021年1～4月

本章で学ぶこと

大統領選挙中の2019年5月の演説で「中国がアメリカを叩きのめすだって？　中国はアメリカとは競争にならない」と語っていたバイデンは、就任後、中国を「最も深刻な競争相手」と位置づけ、「アメリカと張り合おうとする中国の権威主義に立ち向かわなければならない」と大きく方針を転換した。一方、中国は「中国が支持するのはルールに基づく国際秩序ではない。アメリカにはアメリカ式の民主主義があり、中国には中国式の民主がある」と言い放つ。

本章では、第1節で、レームダック化しながらも新政権発足直前までトランプ政権が中国ならびにバイデン新政権へかけたプレッシャーについて整理する。第2節では、強硬な姿勢を見せながらもアメリカと衝突はしたくない中国と、中国を地政学的な最大の試練と捉えるアメリカ、バイデン政権発足から100日目までの米中関係を概観し、バイデン政権の発足で米中対立はより構造的な形で先鋭化したことを学ぶ。

第1節　トランプ政権最終日まで続いた対中強硬策

トランプ政権がたたみかけた対中国制裁

2021年1月20日、アメリカでバイデン（Joseph R. Biden, Jr.）政権が誕生した。トランプ政権は、政権交代まで新政権へプレッシャーをかけるかのように、米中間の主要な論争領域を巡り、中国への強硬策をたたみかけた。

新年早々の1月5日、トランプ大統領は、アリババ集団傘下の「支付宝（アリペイ）」や騰訊控股（テンセント）の対話アプリ「We Chat」が提供する決済機能等のアプリに関わる取引をアメリカ国内で禁止するという大統領令に署名した。アメリカから中国へアメリカ人の個人情報が流出するのを警戒してきたアメリカの国防総省は、中国の人民解放軍と関係が深い企業の「リスト」を作成していた。国防総省はアリババとテンセントと百度（バイドゥ）が人民解放軍を支援しているとして制裁リストへの追加を図ろうとしたが、アメリカ財務省がそれを阻止した。

1月7日には、アメリカ国連代表部はクラフト（Kelly Craft）国連大使が13〜15日に台湾を訪問すると発表した。しかも、クラフト大使が台湾で蔡英文総統と会談すると報道された。これに対して、中国外交部は「火遊び」という言葉から極めて激しい言葉までを使って反発してみせた。

その2日後、ポンペオは、「アメリカ歴代政権が中国に配慮をして自主的に台湾との交流を制限してきた内規」を撤廃するとの声明を発表した。ポンペオは内規が「北京の共産党体制を宥めるため」のものであったと語り、「もういい」と言ってのけた。新政権発足直前の「異例の行動」に、東アジアの緊張が一気に高まった。しかし、結局、ポンペオは政権移行の一環で予定していた「他国への公式訪問」をすべて中止すると発表した。

とは言え、1月14日には、ポンペオは、南シナ海における埋め立てや人工島の造成等に関与した中国国有企業の幹部や中国共産党員、海軍当局者らの査証（ビザ）発給を規制する制裁措置を発表した。さらに翌日の1月15日、香港の民主派53人が香港国家安全維持法違反容疑で一斉に逮捕されたことを受けて、中共で香港を担当する中央香港マカオ工作指導小組の尤権統一戦線工作部長、香港に設置された出先機関「国家安全維持公署」の孫青野副署長、全人代常務委員会で唯一の香港選出委員である譚耀宗、その他香港警察の3人を含む6人をアメリカ国内における資産凍結の制裁対象に指定したと発表した。香港では「立法会（＝香港の議会）」で過半数を目指す民主派の主張が国家政権転覆罪にあたると判断され、香港警察が警官約1,000人を動員して72カ所の捜索を行い、立法会前議員等を含む53名が逮捕されたばかりであった。

ウイグル弾圧を「ジェノサイド」と認定

ポンペオ国務長官は、1月19日、ウイグル人への弾圧を「ジェノサイド（大量虐殺）」とみなすと発表した。ポンペオは、100万人以上のウイグル人が恣意的な投獄や不妊手術の強制、拷問、強制労働等を課せられる等の例を挙げながら、「中共の指示と支配の下で中国政府がウイグル人への罪を犯してきた」と指摘し、拘束されているウイグル人の解放や収容施設の解体等を求めた。ポンペオは声明で「中国共産党の指示と支配のもとで中国政府はウイグル人らへの罪を犯してきた」「100 万人超の市民の恣意的な投獄や不妊手術の強制、拷問、強制労働等が課されてきた」と批判するとともに、「虐殺はいまも続いていると確信している」と表明し、適切な国際機関が虐殺の責任者に説明責任を追及すること等を訴えた。

このようなウイグル人弾圧の内容については、アメリカ国務省が 3 月 30 日に公表した世界各国の人権状況に関する 2020 年版の報告書に示されている。

これに対して中国外交部の華春瑩報道局長は、1 月 20 日の記者会見で「ポンペオ氏による認定は紙屑にひとしい」と反発した。

【参考】集団殺害罪の防止及び処罰に関する条約（ジェノサイド条約）

ジェノサイド条約は、1948 年 12 月 9 日の国連第 3 回総会決議 260A（III）にて全会一致採択後、署名のために開放され、1951 年 1 月 12 日に発効された。

第二条

この条約では、集団殺害とは、国民的、人種的、民族的又は宗教的集団を全部又は一部破壊する意図をもつて行われた次の行為のいずれをも意味する。

(a)　集団構成員を殺すこと。
(b)　集団構成員に対して重大な肉体的又は精神的な危害を加えること。
(c)　全部又は一部に肉体の破壊をもたらすために意図された生活条件を集団に対して故意に課すること。
(d)　集団内における出生を防止することを意図する措置を課すること。
(e)　集団の児童を他の集団に強制的に移すこと。

第三条

次の行為は、処罰する。

(a)　集団殺害
(b)　集団殺害を犯すための共同謀議
(c)　集団殺害を犯すことの直接且つ公然の教唆
(d)　集団殺害の未遂
(e)　集団殺害の共犯

なお、中国の国内問題である**ウイグル問題**をアメリカが批判するのは、ウイグル問題を**国際犯罪**とみなしているからである。国際犯罪は、**ジェノサイド**、**人道に対する罪**、**戦争犯罪**、**侵略犯罪**等のことで、国際社会を単位と考えてその法益が侵害されている時、国際的な刑事裁判所やそれに代わる国が処罰する。

日本はジェノサイド条約を批准していないが、国際犯罪に問われる個人を訴追する**国際刑事裁判所（ICC）の設立条約（ローマ規程）**の締約国に2007年10月1日付でなり、ICCに加盟している。中国はジェノサイド条約の批准国であるが（1949年7月20日に中華民国として批准し、1983年4月18日に発効）、ICC設立条約のローマ規程の締約国ではない。アメリカについては、ジェノサイド条約は発効しているが、ローマ規程については上院が批准していない。

中国がアメリカへの対抗措置

トランプ政権が政権移行期に対中強硬策をたたみかけたことに対して、中国外交部は、バイデン政権発足翌日の1月21日、ポンペオ、ナバロ、オブライエン（Robert O'Brien）元国家安全保障担当大統領補佐官、スティルウェル（David R. Stilwell）元国務次官補（東アジア・太平洋担当）、ポッティンジャー（Matt Pottinger）元大統領副補佐官（国家安全保障担当）、アザー（Alex Azar）保健福祉長官、クラック（Keith Krach）国務次官（経済成長・エネルギー・環境担当）、クラフト、ボルトン、バノンをはじめとする28人に中国内地や香港、マカオへの入境を禁じる制裁を科すと発表した。

中国外交部は「過去数年間、アメリカの一部の政治屋が身勝手な政治的な利益の追求と中国に対する偏見から、中米両国民の利益を顧みず、一連の理不尽で間違った行動を画策・推進・実施して、深刻に中国の内政に干渉し、中国の利益を損ない、中国人民の感情を傷つけ、中米関係を深刻に損なった」とコメントした。批判の矛先をアメリカ全体に対してではなく「一部のアメリカの政治屋」と限定したことで、バイデン政権での関係改善への期待もあったことが窺える。また、「アメリカ側に実害のない効果」を考えれば、報復と言うよりはバイデン政権への牽制であったと言えるであろう。

第2節　バイデン政権の発足と中国

バイデン政権発足の日にWWⅡ死者数を超えたコロナ死者数

2021年1月20日、バイデン政権が発足した。COVID19による死者数は、アメリカが参戦してきたいかなる戦争における死者数をも超えた。大切な人の命や職場を奪われた人々の感情は、一般の人々にとって、米中対立を国家間対立として眺めていた2019年までとは異なる感情をアメリカで醸成させた。

バイデン政権発足当日の2021年1月20日夜、アメリカのCOVID19による死者は40万5,400人となり、第2次世界大戦（WW II）による米軍の死者数を超えた。退役軍人省によれば、WW IIでの米軍の死者数は、戦死者と戦闘行動中以外の原因による死者を合わせて40万5,339人であった。2021年2月22日には、COVID19による死者数が50万人を突破し、WW IIとベトナム戦争と朝鮮戦争の3回の戦争の犠牲者に匹敵するに至った。

片や中国は、初動対応の遅れや隠蔽体質を批判されていたものの、COVID19が世界で猛威を振るう中、大規模な都市封鎖と「デジタル先進国」としての強みを活かした顔認識システム、携帯電話のアプリ登録による個人情報の活用、拡声器付きのドローンによる空中巡視等の権威主義的な市民監視によって、感染を封じ込めた。

中国のAI顔認証のレベルは非常に高い。パンダでさえも自動識別が可能なほどである。2019年5月には、中国の成都ジャイアントパンダ繁殖研究基地、四川師範大学、シンガポールの南洋理工大学が共同でパンダの画像や動画からAI顔認識技術を用いて個体識別する技術を開発したと発表している。

COVID19の中国における感染拡大を封じ込める上で、大規模な都市封鎖と顔認識システムを活用した専制国家ならではの監視体制が、感染封じ込めに有利に働いたとの論調が中国にはある。例えば、国家安全部系のシンクタンクである中国現代国際関係研究院の袁鵬院長は「中国が進める**テクノロジー主導の大衆監視モデル**の恩恵が欧米の民主主義に勝っている」と主張している。

専制主義とコロナの蔓延

しかし、アメリカでは、中国人民に対する言論統制や監視が社会の情報と警戒のメカニズムを圧殺してしまったことに COVID19 感染拡大の最大の原因がある、と指摘する声も少なくない。

そもそも、「原因不明の肺炎」が中国の武漢で「最初に発症」したとされているのは 2019 年 12 月 8 日であったのに、中国政府が本格的な対応を始めたのは 1 月 20 日、封鎖はその 3 日後の 1 月 23 日になってからであった。

2019 年 12 月 30 日、武漢の眼科医・李文亮は同僚らにグループチャットで華南海鮮市場から出た肺炎が重症急性呼吸器症候群（SARS）のコロナ肺炎に似ているので予防策の強化を呼び掛けていた。しかし、それが外部に漏れると、武漢公安当局は 2020 年 1 月 1 日、「デマを流して社会秩序を乱した」として李文亮医師を摘発した。また、武漢警察は「これ以上違法行為をしない」という合意書への署名を李文亮に強制し、微博（Weibo）に投稿させた。李文亮が COVID19 に罹患し 2 月 7 日に亡くなると、その日を「言論の自由の日」に制定しようという声が中国のネットで上がり、そうした批判に対して中国当局は、3 月 1 日、社会の秩序を乱す噂や国益を害する情報をインターネットで公開またはコピーすること等を禁じ、言論統制をさらに強化していった。

「ブラック・スワン」と「灰色のサイ」を警戒する中国

2021 年 1 月 28 日、中共中央政治局は、「第 14 次 5 カ年計画期（2021～2025 年）の発展の好スタートと推進の重点業務」をテーマとして、第 27 回集団学習会を開催した。この席で習近平は、各種のリスクや試練を予見し、事前に判断し、さまざまな「**ブラック・スワン**（黒鳥／黑天鹅）」と「**グレー・リノ**（**灰色のサイ**／灰犀牛）」への対応策を準備し、発展の安全性を不断に強化せねばならない、と中国が直面しているリスクを強調した。「ブラック・スワン」とは、めったには起こらないが、いったん発生すると壊滅的な被害をもたらす事象のことである。「灰色のサイ」とは、高い確率で存在し、大きな問題を引き起こすかもしれないにもかかわらず、軽視されがちな事象のことである。COVID19 感染拡大や香港での反政府運動は「ブラック・スワン」に例えられている。企業と地方政府の過剰債務問題は「灰色のサイ」に例えられている。

「ブラック・スワン」と「灰色のサイ」に警鐘を鳴らしながら、「世界的に100年間にわたり前例のない大変化が起きる中、複雑な国際情勢の影響を深く認識し、中国の発展に有利な環境を整える必要がある」と習近平は指示した。このような習近平の指示は、アメリカでトランプ政権からバイデン政権へ移行しても米中間の対立がしばらく続くとの指導部の認識を示したものであった。

習近平・バイデン電話会談：対話メカニズム構築を呼びかけ

バイデン大統領は2021年2月7日放送のCBSテレビのインタビューで、中国との関係は「対立する必要はないが、激しい競争になる」との認識を示した。また、同月10日には2時間に及ぶ習近平との初の電話協議に臨んだ。ホワイトハウスの発表によれば、バイデンは習近平に対して、香港民主派への弾圧やウイグル人への人権侵害、台湾を含む地域での攻撃的な行動について懸念していると伝え、中国の経済慣行が威圧的かつ不公正であると指摘した。また、自由で開かれたインド太平洋の維持がアメリカにとって最優先事項であると強調し、東シナ海と南シナ海にアメリカが関与していく考えを示した。

バイデンは大統領選挙キャンペーン中の2019年5月には、「中国がアメリカを打ち負かすなんて冗談はよしてくれ。彼らは悪い人たちではない。競争相手でもない」と述べ、国内から批判を浴びたことを考えると、大統領就任後のバイデンは選挙キャンペーン中とは対中スタンスを大きく切り替えたことがうかがえた。

これに対して習近平は「中国の内政で、主権にかかわる問題」「アメリカは中国の核心的利益を尊重し、慎重になるべき」と反論した。その一方で、中国とアメリカが各種の対話メカニズムを再構築し、互いの政策意図を正確に理解し、誤解を避けるべき、と習近平はバイデンに米中間の対話と信頼醸成を呼びかけた。習近平指導部は、アメリカ主導の国際秩序に挑戦しながらも、アメリカと衝突はしたくないと考えているのである。

「中国との長期にわたる戦略的競争に向けて備える必要がある」

欧米における安全保障会議の中で最も権威ある民間主催の国際会議の一つに1962年から毎年開催されている**ミュンヘン安全保障会議**という会議がある。

ヨーロッパ主要国の閣僚をはじめ、世界各国の首脳や閣僚、国会議員、国際機関主要幹部が例年参加している。同会議では、ヨーロッパのみならず世界各地域およびグローバルな安全保障問題について広く議論がなされている。

2021 年 2 月 19 日、ミュンヘン安全保障会議のオンライン会合で演説したバイデンは、「アメリカは帰ってきた」「**北大西洋条約（NATO）第 5 条**をアメリカが守る」と同盟の修復を訴えた。また、米欧が主導してきた民主主義が多くの地域で攻撃を受けているとの認識を示した。バイデンは世界が「独裁政治こそが最善だと考える者」と「民主主義が不可欠だと理解する者」の 2 つの方向性について議論の最中にあると指摘し、「米欧を含む多くの場所で民主的な進歩が攻撃を受けている。民主主義が勝利すべきであると信じている」と強調した。また、バイデンは「中国との競争は厳しいものになる」「**中国との長期的戦略的競争**のため、我々はともに準備しなければならない」と呼びかけた。

しかし、同日、ドイツのメルケル（Angela D. Merke）首相は「中国はシステム上の競争相手であるが、世界的な問題を解決するためには中国が必要」との認識を示し、欧米間の対中認識の乖離が顕わになった。

バイデン政権の「中国は唯一の競争相手」

バイデン政権は、2021 年 3 月 3 日に当面のアメリカにおける「国家安全保障戦略の暫定指針」を公表した。この方針を基に、アメリカ政府の諸機関が政策を具体化していくことになる。その暫定指針のなかで、ホワイトハウスは中国を「経済、外交、軍事、技術力を複合させ、安定した開放的な国際秩序に絶えず挑戦する唯一の競争相手」と位置づけ、「新しい国際規範や合意を形成するのは中国ではなくアメリカである」と訴えた。

また、同日、ブリンケン（Antony J. Blinken）国務長官は国務省における外交演説において、「**21 世紀最大の地政学的試練である中国との関係をうまく管理しなければならない**」と強調し、同盟国との連携強化を通じて対抗する考えを示した。中米両国の貿易規模は、トランプ政権最終年の 2020 年の厳しい制裁の中でも、前年比 8.8% 増の 4 兆 1,000 億元に達した。しかし、ブリンケンが列挙した 8 つの優先課題には、COVID-19 の収束と国際的な衛生安全保障の強化、気候変動問題への対応、経済危機の克服と包摂的な国際経済の構築、民主主義の刷新等とともに、「他国による知的財産の窃取や為替操作」「技術におけるアメリカの主導的地位の確保」も含まれており、アメリカの同盟国や友好国に対する中国の軍事的な脅威やウイグル問題・香港問題といった中国国内の人権問題のみならず、経済領域においても、米中関係の改善は短期的には見込めないことを示唆していた。

アメリカは日米同盟の強化へ

2021年3月16日、アメリカは日本との**日米安全保障協議委員会**（**日米「2＋2」**）を日本で開催した。日本からは茂木敏充外務大臣及び岸信夫防衛大臣が、アメリカ側からはブリンケン国務長官およびオースティン（Lloyd J. Austin III）国防長官がそれぞれ出席した。

日米は、日米同盟がインド太平洋地域の平和、安全および繁栄の礎であり続けることを確認した上で、**拡大する地政学的な競争や民主主義の再活性化**といった課題の中で、自由で開かれたインド太平洋とルールに基づく国際秩序を推進していくことで一致した。日本は国防および同盟の強化に向け、自らの能力を向上させる決意を表明し、アメリカは核を含むあらゆる種類のアメリカの能力による日本の防衛に対する揺るぎないコミットメントを強調した。

両国は香港および新疆ウイグル自治区の人権状況について深刻な懸念を共有し、台湾海峡の平和と安定の重要性をも強調した。東シナ海及び南シナ海を含め現状変更を試みるいかなる一方的な行動に反対するとともに、中国による**海警法**（第11章を参照）に関する深刻な懸念を表明した。尖閣諸島については、日米安保条約第5条の適用を再確認し、尖閣諸島に対する日本の施政を損なおうとする一方的な行動に引き続き反対することを確認した。また、宇宙およびサイバーに関する協力の重要性ならびに情報保全を更に強化していくことを強調した。

これに対して中国では、内政干渉、領有権の侵害、反中国包囲網の構築と批判する報道が少なくなかった。

アメリカに内政不干渉を訴え続ける中国

全国人民代表大会閉幕を受けた2021年3月11日の記者会見で、国務院総理の李克強は、香港や台湾やウイグル等をめぐるアメリカの「内政干渉」を批判し、互いに核心的利益を尊重し、内政干渉はすべきではないと訴えた。

3月18～19日にはアメリカのアラスカ州で、バイデン政権発足後初の米中の高官会談が開かれた。アメリカ側はブリンケン国務長官とサリバン大統領補佐官（国家安全保障問題担当）、中国側は楊潔篪・中共中央政治局委員と王毅国務委員兼外交部長が出席した。中国側は「ハイレベル戦略対話」と位置づけ、定期的に開催する戦略対話にしたいとの意向を示した。しかし、アメリカ側は、それまでの戦略対話が中国の時間稼ぎにしかなってこなかったことを警戒し、戦略対話に位置づけることやハイレベル高官対話の定期的開催を拒否した。会談では冒頭から報道陣の前で激しい非難の応酬が繰り広げられる異例の展開となり、特に中国側は「元駐米大使として英語の流暢な楊潔篪」がカメラの前で通訳を入れずにアメリカに対して中国語で捲し立てる等、アメリカに対してと言うよりも中共中央に向けてのアピール発言であることを匂わせていた。

中国を「21世紀最大の地政学的試練」と呼んでいるブリンケンは、皆が**同じルールに基づく国際秩序**を強化する外交をアメリカが進めていく決意を示すとともに、ウイグル、香港、台湾、アメリカへのサイバー攻撃、同盟国への経済的な強制行為等をめぐる深い懸念について提議した。また、ブリンケンは、米中関係は競争すべきところは競争的に、協調できるところは協調的に、敵対しなければならないところは敵対的になるべきであると主張した。続くサリバンは、中国に対するアメリカのアプローチにおいてアメリカ国民と同盟国とパートナーの利益を守ることがアメリカ側の最優先課題であり、中国との衝突を求めないものの厳しい競争は歓迎すると述べた。

これに対して、楊潔篪は、中国と国際社会が従い支持しているのは、**国連を中心とする国際システム**と**国際法に裏づけられた国際秩序**であり、一部の国が提唱するいわゆる「ルールに基づく国際秩序」ではない、**アメリカにはアメリカ式の民主主義があり、中国には中国式の民主がある**、中国はアメリカが自国流の民主主義を他国に押しつけるのをやめることが重要であると考えている、と反論した。また、冷戦時代のゼロサムゲーム的なアプローチを捨て、新疆、チベット、台湾、香港の内政干渉に断固とした反対を訴えた。さらに、サイバー問題における世界最大の攻撃者はアメリカであると楊潔篪は主張した。王毅もアメリカによる内政干渉に対して断固反対を訴えた。

「21 世紀を勝ち抜くため中国と競争」「アメリカは世界を再び主導する」

バイデンは大統領就任から 99 日目の 2021 年 4 月 28 日、上下両院合同会議において、就任後初の施政方針演説に臨んだ。事前に公表されていなかった**「習近平氏や他の専制主義者は、21 世紀に民主主義は専制主義に対抗しえないと考えている**」と述べる等、中国への対抗意識が強い演説であった。

「21 世紀を勝ち抜くため中国やその他の国と競争している」「アメリカは再び動き始めている。世界を再び主導する」と表明し、「中国を含め、**すべての国が世界経済のなかで同じルールで競うことが重要**」と強調した。とは言え、具体的な政策に踏み込む内容ではなかった。

これに対して、中国外交部は翌日の記者会見で、「アメリカと衝突せず対抗せず、相互尊重で win-win の連携に注力したい。しかし同時に、中国の主権や安全、発展利益は断固として守る」とコメントした。

第Ⅲ部　米中の戦略的競争

第7章　経済秩序再編と米中相克

第Ⅲ部で学ぶこと

第Ⅱ部で学んできた米中関係の変遷を踏まえて、第Ⅲ部では、以下の5つの領域における米中間競争の主要な論争的イシューについて学んでいく。

【第7章】国際貿易秩序を揺るがせてきた背景としての米中の競争や対立について理解するために、米中の経済覇権競争を含む政治的な意味でのメガFTAやWTOの位置づけをアジア太平洋の地政学の視角から学ぶ。

【第8章】アナーキーな国際関係の基本構造を前提に考えると、国際レジームを発展させれば米中間の協力を実現するための制度的枠組みになっていると言えるのか、それとも、米中の2つの大国の価値や利害を反映した大国によるガバナンスのための制度的枠組みになっていると言えるのか、という問いを考えるための基礎的な知識を学ぶ。

【第9章】サイバーをめぐる米中対立についての基礎的な概念や枠組みを学ぶ。

【第10章】宇宙をめぐる米中競争についての基礎的な概念や枠組みを学ぶ。

【第11章】力で現状を変更しながら「海洋で膨張する中国」の諸問題について考えるための基礎的な概念を学ぶ。

本章で学ぶこと

WTOが機能不全に陥り国際貿易秩序が揺らいだことで、多くの国が二国間FTAやメガFTAの交渉や締結を加速するようになっていった。アジア太平洋地域における新たな自由化と国際ルール作りの秩序形成に期待されていたのがTPPであった。しかし、トランプ政権発足直後、アメリカはTPPから離脱してしまった。そこで、日本がリーダーシップをとって、2017年5月にTPP11を提案し、2018年3月にTPP11／CPTPP協定が合意され、同年末には6カ国でCPTPPが発効した。一方、RCEP協定は、2020年11月15日に署名された。その直後には習近平が APEC 首脳会議で TPP11 への参加を「積極的に考える」と表明し、李克強も翌年の全人代において TPP 加盟の可能性を示した。

第Ⅱ部でも述べたように、アジア太平洋地域におけるメガ FTA は単なる経済協定だけではない。政治的な意味がとても大きい。そこで、第 7 章では、以下の 4 つのポイントを理解していく。まず第 1 節で RCEP について、また第 2 節で TPP について学ぶ。第 1〜2 節では、アジア太平洋地域のメガ FTA の形成について、WTO が機能不全に陥り国際貿易秩序が危機にさらされている危機認識の中で、さらなる自由化と国際ルール作りにおいて大きな政治的意味を持っていること、また、FTAAP への途《みち》としての CPTPP や TPP は大きな政治的な意味を持っていることを理解していく。続く第 3 節では、2001 年以降機能不全となっている WTO について学ぶ。最後の第 4 節で、政治経済学の視角から、「国際金融のトリレンマ」と「国際経済の政治的トリレンマ」の 2 つのトリレンマにおける東アジアの課題を考える。

第 1 節　RCEP

2012 年 11 月に交渉を開始した「**地域的な包括的経済連携協定**（Regional Comprehensive Economic Partnership：RCEP、アールセップ）」は、2020 年 11 月 15 日に署名された。

RCEP は、ASEAN による日本、中国、韓国、オーストラリア、ニュージーランドとの関与を拡大・深化させる 15 カ国間の協定である（注：インドは交渉中に離脱した）。これらの RCEP 参加国を合わせると、世界の GDP の約 3 割、世界人口の約 3 割を占める。RCEP 協定の目的は、地域的な貿易と投資の拡大を促進し、互恵的な経済上の連携を構築することにある。「ASEAN+1」の自由貿易協定（FTA）に連なっていく協定と見られている。ASEAN と域外の国との間で結ばれた FTA のことを「ASEAN+1（プラス・ワン）」と呼ぶ。

もともと RCEP は、ASEAN が日本、中国、韓国、インド、オーストラリア、ニュージーランドの 6 カ国と結ぶ 5 つの FTA を包括する「ASEAN+3 構想」と「ASEAN+6 構想」を統合していく経済連携構想で、2011 年 11 月に

ASEANが提唱した。

当初中国は、自らが2001年に打ち出した「**東アジア自由貿易地域**（East Asia Free Trade Area：**EAFTA**：「イーフタ」＝「**ASEAN＋3**」のFTA)」のみを追求していた。2006年に日本が「**東アジア包括的経済連携協定**（Comprehensive Economic Partnership in East Asia：**CEPEA**：「セピア」＝「**ASEAN＋6**」のFTA)」を提起した時も中国は地域統合に消極的であった。しかし、2010年10月に日本の菅直人総理がTPP交渉参加の検討を所信表明演説で述べると、中国は地域経済統合への流れに懸念を示し始めることになった。日米を内包するメガFTAが始動すれば、それまでの経済統合のレベルや規模とは違ってくる。そこで、中国は日本と共同で、2011年8月、「ASEAN＋3」と「ASEAN＋6」の双方に関する作業部会の設立をASEAN側に提案した。これに対応したASEANは、日中共同提案を踏まえて、2011年11月にASEANとFTAを締結している「FTAパートナー」諸国とのRCEPに関わる作業部会を設立するためのプロセスを開始することで一致した。

図7-1　FTAとEPA

経済連携協定（Economic Partnership Agreement：EPA）
特定の国や地域の間での物品の関税の削減・撤廃等の貿易の自由化に加えて、投資、ヒトの移動、知的財産の保護、競争政策におけるルール作り等を含む、幅広い経済関係の強化を目的とする協定。

自由貿易協定（Free Trade Agreement：FTA）
特定の国や地域の間での物品の関税やサービス貿易の障壁などを削減・撤廃することを目的とする協定。

こうしたプロセスを経て、2012年11月のASEAN関連首脳会議において、「RCEP交渉の基本方針及び目的」が16カ国（ASEAN、日本、中国、韓国、インド、オーストラリア、ニュージーランド）の首脳によって承認され、RCEPの交渉立ち上げが宣言された。

日本政府がTPP交渉への参加を正式に表明した2カ月前、2013年5月、RCEPは交渉会合を開始した。なお同年秋、習近平は「シルクロード経済ベルト」と「21世紀海上シルクロード」の2つのシルクロード構想を提起している。2つのシルクロード構想はまとめて「一帯一路」と呼ばれるようになった。

市場アクセスとルールの策定を巡る各国の溝がなかなか埋まらず、交渉妥結は何度も見送られた。TPP11の発効に後押しされた2019年11月の首脳会議でも妥結が目指されていたRCEPではあったが、貿易赤字のさらなる拡大を懸念したインドが離脱を示唆し、交渉が中断してしまった。日本はインドを交渉へ復帰させようと努力したが難航した。しかし、ASEANが早期妥結を主張したことで、15カ国は「インド抜き」で交渉を再開した。8年の交渉を経たRCEP協定は、インドを抜いたまま妥結して、2020年11月15日に署名された。

日本にとって、RCEP協定は、日本の貿易総額のうち約5割を占める地域との**経済連携協定**となった。日本政府が2021年3月19日に発表した試算によれば、RCEP発効によってGDPを約2.7%押し上げる経済効果があるとされた(2019年度の実質GDPに当てはめると約15兆円相当)。日本にとって最大の貿易相手国である中国や3番目の韓国と初めて結ぶ経済連携協定になったことが主な要因で、その経済押し上げ効果は「**環太平洋パートナーシップに関する包括的及び先進的な協定（CPTPP／TPP11協定)**」よりも大きいと試算された(日本政府の発表によると、アメリカがTPPに復帰する場合でも約2.6%と試算された)。RCEPの関税自由化の水準はTPP11に比べて低いが、それまでのFTAと比べると、RCEPがより柔軟な**原産地規則**を設定している品目もあることによって、**特恵関税**を新たに利用する企業も増えていくことになると予測する専門家もいる。原産地規則とは、「貨物の原産地」すなわち「物品の国籍」を決定するためのルールのことである。特恵関税とは、**一般特恵関税制度**(GSP）のことで、開発途上国の輸出所得の増大、工業化と経済発展の促進を図るため、開発途上国から輸入される一定の農水産品、鉱工業産品に対し、一般の関税率よりも低い税率（＝特恵税率）を適用する制度のことである。

その一方で、RCEPにはCPTPP／TPP11に比べて課題も少なくない。例えば、**世界知的所有権機関**（WIPO）が管理する知的財産権関連の国際条約について、TPP11では発効までに加入することを義務づけているが、RCEPでは加入義務があってもその期限が決められていない。WIPOは、**国連ファミリー**の一つで、知的所有権のサービス、政策、情報、協力のためのグローバルなフォーラムである。WIPOの目的は、すべての人の利益となるイノベーションと創造力を可能にするバランスのとれた、効果的な**国際知的所有権**（IP）システムを発展させることにある。また、RCEPは技術移転の強要禁止といったルールがTPP11のように厳格ではない。アメリカ政府の各種報告書によれば、中国政府は、不透明で裁量的な行政承認によって**強制的な技術移転**をアメリカ等の外国の企業に要求している。また、ライセンス契約等における特定条項の強制（契約に補償や改良技術の権利等の一定内容の条項を入れることの強制）、外国企業が中国企業とライセンス交渉やその他の技術関連交渉を行う際に市場ベースの条件を設定する能力が奪われている等の措置が行われてきている。しかし、このような行動を規制するルールがRCEPにはない。

「自由でお互いに公正な貿易」をアジア太平洋で実現していくためには、**貿易障壁**（貿易を制限する効果のある措置）のハードルを引き下げる国際ルールに参加していくことが求められている。輸入の抑制や自国産業の保護を図る貿易障壁には、**関税**と**非関税障壁**がある。WTOでは関税は禁止されておらず、段階的に関税を引き下げることが目指されている。非関税障壁については、数量制限、補助金、輸入許可制度、商品規格、輸入ライセンス制度、基準・認証制度等が挙げられる。

「自由でお互いに公正な貿易」の実現には、関税の引き下げや撤廃だけでは十分ではない。それには、FTAに参加する国々の多様な制度の違いを調整しながら、関税以外の方法によって貿易を制限している非関税障壁のハードルを下げ、国際ルールを適用していくことが求められていく。中国やASEAN諸国のような補助金や国有企業／国営企業、投資規制等で国際的な規格にまで進んでいない国々と日本等が、いかに国際ルールを形成し、適用していけるのかが、今後のRCEPの成功を左右していくことになる。

第2節　FTAAPへの途：誰がルールを作り、誰が主導していくのか？

12カ国による高い水準の、野心的で、包括的な経済連携協定であった「**環太平洋パートナーシップ**（Trans-Pacific Partnership：TPP）」からの離脱をアメリカが2017年1月に表明したことを受けて、アメリカ以外の11カ国は、2017年11月のダナンにおける閣僚会合で大筋合意に至り、2018年3月、チリで「**環太平洋パートナーシップに関する包括的及び先進的な協定**（CPTPP／**TPP11協定**）」に署名した。TPP11協定は、2018年12月30日に発効した。

1990年代に日米を中軸としていたアジアの**サプライチェーン**は、2001年の中国WTO加盟を契機に、中国を中軸とするサプライチェーンへ大きくシフトしていった。中国がWTOに加盟する前から、中国はASEANとのFTA締結に向けた事務レベル協議を始め、東南アジア地域での中国の発言力を強めていった。日米が主導してきた地域経済勢力の構図が変わっていく中、アジア太平洋の地域経済統合はアメリカ主導のTPPで向かうのか、それとも中国主導で向かうのか、APECに参加する**エコノミー**が向かう**アジア太平洋自由貿易圏**（**FTAAP**）への道筋として、TPPとRCEPは位置づけられていった。

APECは、アジア太平洋地域における協力および経済的繁栄の追求を目的とし、1989年に発足した。APECは、1994年にインドネシアのボゴールにおいて、先進エコノミーは2010年までに、途上エコノミーは2020年までに、アジア太平洋地域における自由で開かれた貿易および投資を実現するためのボゴール目標を策定した（**ボゴール宣言**）。

FTAAP構想の提起は、2004年にAPECビジネス諮問委員会（ABAC）がAPEC首脳へ提言したことに始まる。当初、各エコノミーはFTAAPに慎重であった。しかし、**WTO多角的通商交渉**（**ドーハ・ラウンド**）が膠着状態になっていたこと、また、アジア諸国がアメリカ抜きの経済構想に積極的になっていたことで、第3章で論じたように、ブッシュ政権は政策転換を図っていった。そこで、2006年のハノイAPEC首脳会議で、「長期展望としての自由貿易圏構想を含む地域経済統合」の促進方法について、翌年の首脳会議で報告されることになった。これを受けた2007年9月8〜9日のシドニーAPEC首脳会議において、FTAAPを含む「地域経済統合に関する報告書」が承認され、FTAAPについて多くのエコノミーが支持した。また、APECでは、WTOドーハ・ラウンドが「危機的状況」にあり、すべての参加国・地域が多国間貿易体制の拡大に取り組むことで合意された。

同月には、アメリカの農業補助金削減問題が最大の障害になっていたWTO

ドーハ・ラウンドの閣僚会議が開催されたものの、アメリカでは、ドーハ・ラウンドの促進を掲げるブッシュ政権と、民主党が多数を占める連邦議会の間の調整で難航していた。そのため、アメリカ政府は、新たな打開策を模索していた。また、WTO では、14 年間の長期の交渉にも関わらず十分な成果を出せていないドーハ・ラウンド交渉に代わる「新たなアプローチ」が必要であると主張する先進国と、ドーハ・ラウンド交渉の継続を主張する途上国の間で、対立が深まっていた。さらに、深化する**グローバル・バリュー・チェーン**（GVC）の課題について取り込もうとする米欧日の先進国と、新たな取組に慎重な姿勢を示した中国やインド等の途上国の間で対立していた。「グローバルバリューチェーン」とは、製造業等における生産プロセスが国内外に分散していく国際的な分業体制のことである。

図 7-2　世界の貿易相手国の推移における米中のシェア

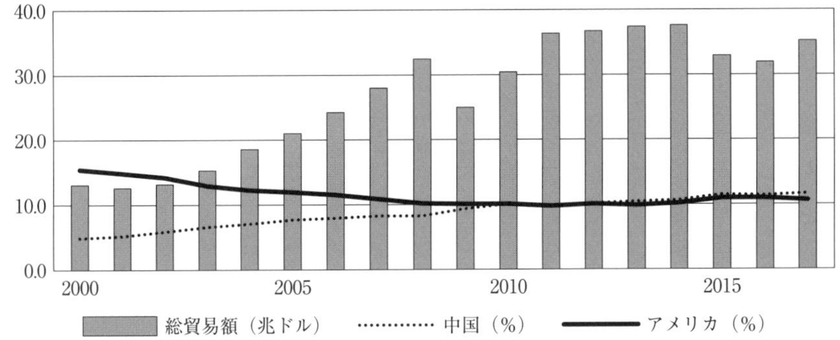

出典：IMF のデータから筆者作成。

WTO 交渉が頓挫を続ける中、ブッシュ政権は TPP へ参加していくことにした。アメリカは、短期的な合意到達が難しい FTAAP に至る「ステップ」として、TPP を先行させることにしたのである。

TPP は、「**環大西洋貿易投資パートナーシップ**（Transatlantic Trade and Investment Partnership：TTIP）」とともに、アメリカが世界貿易の主導権を再び握るための「2 つの翼」として、オバマ政権時までは位置づけられていた。TPP は「通商協定を超えた包括的ルール」を形成しているものであり、最終

図 7-3　世界貿易額の 0.1% 以上を占める二国間貿易

2000 年

2017 年

備考：1. 二国間の線は太い順に貿易総額が 2 千億ドル以上＞1 千億ドル以上＞5 百億ドル以上＞5 百億ドル未満。

2. 香港と各国の貿易は除いている。

出典：『通商白書 2019』

的にはFTAAPへ向けて、アメリカがアジア太平洋地域の市場を「アメリカ化」していくルール作りの主導権を握るためのフレームワークであった。2010年にアメリカ、オーストラリア、ペルー、ベトナム、マレーシアが交渉へ加わり、その後2012年10月にメキシコ、カナダが参加した。日本は2013年7月から正式に交渉へ参加した。2015年10月にアメリカのアトランタで開催されたTPP閣僚会合において協定が大筋合意され、TPP協定は2016年2月に署名された。

北京大学の劉群芸は、TPP、TTIP、FTAAP、RCEPといったFTAの広域化とメガFTA形成への動きを、グローバルバリューチェーンによって、大国がグローバルな経済を主導してルールを再設定していく、と論じた。「グローバルバリューチェーン」の中核にあるのは中国、アメリカ、日本、ドイツの4カ国である。アメリカのTPP離脱とはアジア太平洋地域における経済秩序形勢の競争から、つまりは同地域における経済覇権の地位から、アメリカのプレゼンスが後退することを意味している。TPPは単なる貿易の枠組みではない。

TPPはアメリカがアジア太平洋地域で自らを中軸とする勢力圏を形成し、アジアとの連携を強めるための枠組みになるはずであった。また、TPPは12カ国体制でスタートするはずであった。アメリカはTPPを通して、中国がRCEPを通して、アメリカ主導のルールを作っていくのか、それとも中国主導のルールを作っていくのか、FTAAPへ向かう地域経済秩序再編の構図が描かれていたはずであった。

しかし、2016年秋の大統領選挙で勝利したトランプは、政権発足直後の2017年1月、TPP離脱の大統領令に署名し、TPP協定からの離脱を参加各国に通告した。アメリカは、アジア太平洋地域の市場をアメリカの勢力圏にしていくためのツールとするはずであったTPPにおけるリーダーの地位を自ら放棄したのであった。TPPは協定署名から2年以内に原署名国12カ国のGDP全体の85%以上を占める6カ国以上が国内手続きを終えること等を発効要件としていたため、GDPの約6割を占めるアメリカの離脱により、TPPは発効できなくなってしまった。

危機感を持った日本政府が地域経済秩序再編へのリーダーシップをとり、2017年3月15日にチリで閣僚会合を開催し、TPPの戦略的意義を再確認する共同声明が出された。それから1年後、本来の12カ国で合意されていたTPPの規定のうち20項目の効力を凍結することで大筋合意がなされ、TPP11協定は2018年3月に署名された。TPP11協定はメキシコ、日本、シンガポール、ニュージーランド、カナダ、オーストラリアの6カ国が批准したことにより、2018年12月30日に発効した。ベトナムは2018年11月12日に批准決議案を全会一致で可決し、7番目の批准国になっている。2021年6月2日には、TPP11加盟の11カ国がイギリスのCPTPP参加について協議を始めると全会一致で決定した。TPPは加盟国拡大へ動き出すことになった。

一方の中国は、アメリカがTPPを離脱した2017年1月以降、TPPへの参加への「意思」をたびたび示した。従来のTPPは中国を念頭に自由化の度合いが高かったため、アメリカがTPPに復帰すれば、加盟へのハードルは高くなってしまう。

そこで、TPP11がTPP12に戻る前での参入を中国は望んだのである。さらに、2017年半ばに、台湾行政院長の林全をはじめ台湾高官がTPP11への参加意欲を示すと、国務院総理の李克強が5月28日にTPP参加への意思を表明するなど、対抗意識を高めていった。RCEP協定が2020年11月15日に署名されると、その直後の11月20日、APEC首脳会議にオンラインで出席した中国国家主席の習近平は、TPP11への参加を「積極的に考える」と表明した。また、中国国務院総理の李克強が、2021年3月5日に開幕した全国人民代表大会冒頭の「政府活動報告」において、中国がTPP11への参加を「積極的に検討する」と言明したのであった。

中国側には、アメリカがいずれ復帰するまでにTPP入りしてルールの書き換えを行う主導権をとりたいというねらいや、バイデン政権や台湾の蔡英文政権に対する牽制の意味もあったであろう。アメリカがTPPを脱退したことで、従来アメリカがTPPへ強く要求していた厳しい条項が20項目ほど凍結されているため、中国にとっては「アメリカのいるTPPのハードル」よりは「アメリカのいないTPP11のハードル」の方が低くなっており、TPP11の最大の経済大国となっている日本との交渉次第では、加盟が可能だと見ているように思われる。しかし、現在の中国が抱える少なくない障壁を維持したままでは、TPP11加盟へのハードルはまだとても高い。

図7-4　FTAAPへの道筋

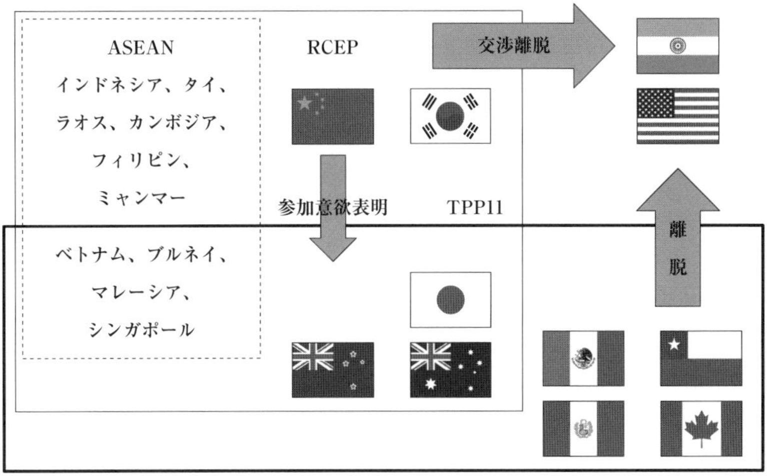

アジア太平洋地域の通商ルール形成における主導権競争において、トランプ政権期のアメリカは自らTPPから離脱した。そして、本書の脱稿時におけるバイデン政権によるTPP復帰は、アメリカの環境と雇用をめぐる国内政策から言えば厳しい。バイデン政権もトランプ政権に続き保護主義的な通商政策を選択した。

バイデンは2021年4月28日の施政方針演説において、「アメリカ人の雇用を生み、アメリカで作られたアメリカ製品を買うのにアメリカ人の税金を使う」と語り、インフラ投資で外国製品を使う例外を限定する「バイ・アメリカン」政策を強調した。中国との通商政策については、中国へ構造問題の是正を迫る具体的な方法は示さないまま、国有企業への補助金や技術や知的財産権の窃取を挙げて「アメリカは不公正な貿易慣行に立ち向かう」と主張した。これに対して、バイデンによる施政方針演説の翌日、習近平は世界経済フォーラム（WEF）のオンライン会合において、「開かれた世界経済を築き、差別的かつ排他的な基準、ルールやシステムを捨て去り、貿易・投資・技術交換への障壁を取り除く必要がある」と強調した。また、G20を「世界経済ガバナンスの主要なフォーラム」として強化し、世界がマクロ経済政策の協調で連携すべきと訴えた。

バイデン政権のアメリカも「バイ・アメリカン」等の内向きの姿勢を続けている。その一方で、習近平体制下の中国は、環太平洋における経済勢力圏のますますの拡大をねらい、経済秩序再編での主導権を握ろうとしている。

第3節　WTO

WTOの３つの機能と米中対立

世界貿易機関（World Trade Organization：**WTO**）は、無差別で開かれた多角的貿易体制を築くために、「**ラウンド**」と呼ばれるすべての加盟国が参加する多角的貿易交渉を通じて、貿易自由化の新たなルール作りとルール遵守の確保（紛争解決制度、協定の履行監視）を担う国際機関である。世界で保護主義が強まっている現在、紛争解決手続の重要性はますます高まっている。

WTOは、関税及び貿易に関する一般協定（GATT）のウルグアイ・ラウンド（1986〜1994年）交渉の結果、1994年に設立が合意され、1995年1月1日に設立された。GATTは「モノの貿易」のみを対象とした「ルールの束」であった。GATTは貿易ルールの大幅な拡充を行ったが、経済グローバリゼーションが急速に進んでいた中、「サービス貿易」や「知的財産権」に関しても自由化交渉を進めるルール策定が必要とされた。また、貿易紛争の解決手続を強化することも必要とされた。

WTOには、①交渉やルール作り、②紛争解決、③監視の３つの機能がある。

交渉やルール作りについては、中国等の新興国とアメリカの対立で交渉が頓挫してきている。特にWTO交渉が機能不全に陥った2008年当時のWTO加盟国は153カ国であったが、そのうち５分の４を途上国が占めた。アメリカ等の一部の加盟国からは、中国等の途上国の「特別かつ異なる待遇」のあり方について異議が唱えられてきている。現行のWTO協定では、協定上の義務の一部猶予、補助金削減目標の緩和、技術的支援等発展途上国が「特別かつ異なる待遇」を受けることができるからである。また、**全会一致（コンセンサス）の原則**の下でのルール形成は、新興国にも先進国にもすべての参加国に適用される新たなルール作りを妨げる要因になっている。

WTO の紛争解決については、**紛争解決機関**（DSB）が手続きと運用を行っている。WTO の紛争解決には、**小委員会**（パネル）と**上級委員会**の**二審制**がとられている。小委員会（パネル）は設置が求められると、パネルを設置しないというコンセンサスが成立しなければ、つまりは、1 カ国でも賛成すれば設置されることになっている（**ネガティブ・コンセンサス方式**）。紛争当事国は、パネルの判断に不服があれば、最終的な裁定を行う上級委員会に申し立てを行うことができる。上級委員会は、小委員会（パネル）が取り扱った問題についての申立てを審理し、修正したり取り消ししたりすることが可能である。上級委員会を構成する 7 人の委員は、加盟国の全会一致で選任されることになっている。

WTO の常設機関である上級委員会は、2019 年 12 月以降、機能不全に陥った。同月にアメリカ国籍とインド国籍の 2 人の委員の任期満了を迎えて以来、審理を行うための 3 人の定足数を満たせなくなり、紛争解決が機能しなくなったからである。2020 年 11 月に残り 1 人の中国国籍の委員の任期が満了し、上級委員会は空席の状態となった。上級委員会は 4 年任期の 7 人の委員で構成される。上級委員の選任手続が開始されるには、WTO の全加盟国のコンセンサスが必要である。トランプ政権期のアメリカは、上級委員会の権限が限定的なものであるにもかかわらず、「中国等の一部の加盟国」が与えられた権限を大きく逸脱して本来の条文の文言を超えた解釈を行い、上級委員会を独立した国際裁判所と認識していることについて強い不満を示していた。

協定の履行監視・透明性の機能については、WTO 加盟国は補助金等の貿易に影響を与える措置を導入した際に、WTO に通報する義務が各協定において規定されている。しかし、この通報義務が遵守されていない場合も少なくはない。貿易に悪影響を及ぼす措置を改善するため、通報義務を適切に履行させることを通じた、より効果的な監視メカニズムの構築に向けた議論が行われている。

アメリカではトランプ政権期の 2019 年 7 月 26 日、中国等の「経済的に発展の進んだ国」が WTO で「途上国として特別扱い」を受けていることを見直すための措置に取り組むように、トランプが USTR に指示をした。同日のホワイトハウスの声明によれば、トランプは、「GDP でアメリカに次ぐ 2 番目の経済大国である中国、2009年以来世界最大の輸出国である中国」を「途上国としての指定が適切でない国」とみなし、中国が2001年のWTO加盟以来、途上国の地位を装いWTOルールの下で「特別扱い」を受けてきた、と批判を繰り返したのである。アメリカは、中国による**アンチダンピング**、**補助金**、**セーフガード（緊急輸入制限）**の解釈で大きな不満を抱いてきた。

これに対して、中国外交部は、2019年7月29日、中国は最大の途上国として国際的な責任を果たしており、WTOの交渉においてもその能力と開発のレベルに応じた貢献をしている、と反論している。

改革が求められるWTO

WTO体制下での初めてのラウンド交渉として2001年に開始されたのがドーハ・ラウンドである。ドーハ・ラウンドは、2008年7月には妥結の一歩手前までこぎ着けたかのように見えた。しかし、結局、ドーハ・ラウンドは決裂してしまい、交渉を通じて新たな貿易ルールを作成するはずのWTOドーハ・ラウンド交渉は2021年現在も行き詰まったままである。WTOのルール遵守には、「他国の市場にアクセスする権利」と「すべてのWTO加盟国が一緒にルールを守る義務」の関係の均衡の上に成り立っている。そこに、現在のドーハ・ラウンドの妥結の難しさがあり、WTOの実効性に関わる深刻な問題となっている。

「膠着したWTOドーハ・ラウンド」から脱却するために取り組まれてきたのが、「WTO体制を補完するEPA／FTA交渉」への積極的取組である。

また、**情報技術協定**（ITA）**拡大交渉**、**環境物品協定**（EGA）交渉、**新たなサービス貿易協定交渉**（Trade in Services Agreement：TiSA）といった有志国による分野毎の**複数国間交渉（プルリ交渉）**が行われてきた。

ITA（情報技術協定）の拡大交渉は、1996年12月のWTOシンガポール閣僚会議において29の有志メンバーが情報技術関連産品144品目の関税撤廃に関する閣僚宣言に合意し（1997年発効）、最終的に53メンバーで201対象品目の全世界年間貿易額約1.3兆ドル（総貿易額の約10％を占める規模）で、2016年7月1日から関税撤廃が順次開始され、2024年1月には全品目の関税が完全に撤廃される予定である。

図7-5　ドーハ・ラウンド交渉の経緯

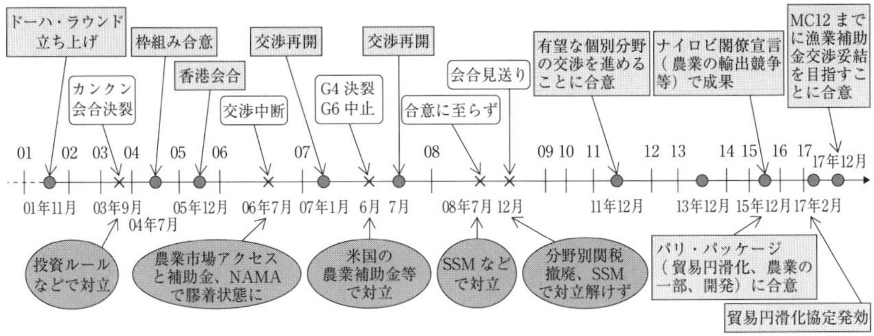

出典：経済産業省『通商白書2020』「第Ⅲ-1-2-2図　ドーハ・ラウンド交渉の経緯」。

また、TiSA交渉では、WTOに加盟する有志国・地域により、サービス貿易の一層の自由化に向けた新しい協定を策定するための議論が2016年まで続けられていた。「**世界貿易機関を設立するマラケシュ協定**（いわゆる「**WTO協定**」）」の一部には、「**サービスの貿易に関する一般協定**（GATS）」と呼ばれる、サービス貿易の障害となる政府規制を対象とした初の多国間国際協定がある。GATS発効から久しく経ち、時代に即したサービス貿易協定の必要性が高まったものの、WTOが膠着状態で決まらなくなってしまった。そこで、アメリカ・オーストラリア・EUが2011年夏頃からTiSAを主導し、2012年初頭から約2カ月に1回の頻度で「新たなアプローチの一環」として議論し、2013年春以降、交渉を一旦は本格化させた。2013年6月には共同発表で、TiSAが「完全な交渉段階に入っている」ことを明らかにした。2015年6月、2016年1月と10月に非公式の閣僚級会議が開かれ、2016年12月の交渉会議において、翌年の早期妥結に向けて連携していくことで一致した。しかし、2017年のトランプ政権発足後は、交渉が再開されていない。

このTiSAとTPPとTTIPを併せて「3つのT」と呼ばれていた。オックスフォード大学教授のボールドウィン（Richard Baldwin）は、21世紀のサプライチェーンの流れに対応できていないWTOをメガFTAが作るルールが置き換えていくので、メガFTAの形成するルールが21世紀型の貿易ルールに対応した「**WTO2.0**」を作り出していく、と提起していた。「3つのT」の主要目標は、21世紀の貿易投資ルールの構築にあった。2016年までの、つまりはオバマ政権期までのアメリカの戦略では、TPPとTTIPを将来的にTiSAへ統合していくはずであった。TiSAに参加している23カ国・地域（EUを個別にカウントすれば50カ国）は、世界のサービス市場の3/4をカバーしている。

「アメリカ・ファースト」を掲げ迷走したトランプ政権に続き内向き政策の「バイ・アメリカン」を継承することになったバイデン政権について、本章脱稿時の2021年5月段階での評価は時期尚早である。

表7-1　3つのT

TPP加盟国で非TiSA参加国	TPP加盟国でTiSA参加国	TPP非加盟国でTiSA参加国・地域
マレーシア、ブルネイ、シンガポール、ベトナム	日本、カナダ、オーストラリア、ニュージーランド、メキシコ、チリ、ペルー	EU27カ国、イギリス、ノルウェー、スイス、アイスランド、リヒテンシュタイン、モーリシャス、韓国、香港、台湾、パキスタン、イスラエル、トルコ、コスタリカ、パナマ、コロンビア、アメリカ

第4節　2つのトリレンマ（3枚）

アジア太平洋地域の国際関係を分析する際、2つの重要なトリレンマ論がある。「トリレンマ（trilemma）」とは、「3つを同時に満たすことはできない」というものである。2つのトリレンマとは、マンデルによる「国際金融のトリレンマ」とロドリックによる「国際経済の政治的トリレンマ」のことである。

「国際金融のトリレンマ」と「国際的な資本移動の自由」の課題

コロナ禍でキャッシュレス化が加速した。モバイル決済などデジタル経済で世界をリードしているのは、中国である。IMF理事会が2015年11月に人民元を準備資産である**特別引き出し権**（SDR）構成通貨に入れることを決め、人民元は2016年10月からSDRの通貨バスケット入りを果たした。さらには、中国が主導する「一帯一路」における沿線国との貿易拡大を通じて、中国共産党と中国政府は国際通貨としての人民元の地位を確保しようとしている。

人民元は、ドル覇権に挑戦することが可能なのであろうか。

しかし、中国は、国内経済の適正な運営に自立的な金融政策を不可欠としている一方で、輸出主導型の経済成長を推進するために為替レートの安定が必要とされ、中国政府は国際資本取引を厳しく規制する方針を採ってきた。デジタル通貨導入のねらいの一つは、国家による通貨管理の権限を大幅に強化しようとすることにあるとも言われている。

資本取引の自由化は既定路線ではあるものの、為替相場や投機マネーの動きが警戒感を持って厳しく管理されたままである。中国は1996年12月1日に**IMF8条国**（国際収支の赤字対策などを理由に為替取引を制限しないことを約束する国：自国通貨の経常項目における交換性を実現していない国は「**IMF14条国**」と呼ぶ）に移行したものの、中国政府が資本流出と人民元安を食い止めようと資本規制を強めたままで、人民元の国際化はさほど進んでいない。国際決済に占める人民元の比率はカナダ・ドルとほぼ同程度の約2%である。

そこで、注目するのが、**マンデル**（Robert A. Mundell）による「**国際金融のトリレンマ**」という国際金融の法則である。国際金融のトリレンマ論とは、(1)「国際的な資本移動の自由」、(2)「為替相場の安定」、(3)「金融政策の自立性（独自の金融政策）」という3つを同時に実現することはできない、という3者2択の理論である。

(1)「国際的な資本移動の自由」と (2)「為替相場の安定」を選択して固定相場制度を採用する場合には、為替相場を維持するためには基軸通貨国と同様の金融政策を採用しなければならなくなる。つまり、これは (3)「金融政策の自立性（独自の金融政策）」を放棄することになる。

(1)「国際的な資本移動の自由」と (3)「金融政策の自立性（独自の金融政策）」を選択して金融政策を行う場合には、金利などが変化する場合に国際的な資本の移動が生じ、為替相場が変動してしまう。これでは (2)「為替相場の安定」が保たれず、変動為替相場制度を採用することになる。つまり、(2)「為替相場の安定」を放棄することになる。

(2)「為替相場の安定」と (3)「金融政策の自立性（独自の金融政策）」を選

択する場合には、金利等が変動すると為替相場を安定させようと、資本移動を規制しなければならなくなる。つまり、(1)「自由な資本移動」を放棄することを意味する。

したがって、世界各国は、この3つのいずれを重視するかに基づいて、金融政策の自立性（独自の金融政策)、固定相場制、資本規制のいずれかを選択することになる。

図7-6　国際金融のトリレンマ

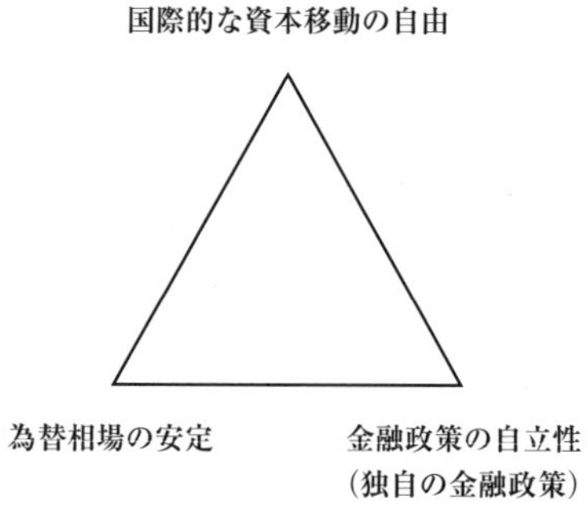

ここで問題となるのは、中国が進めている人民元の国際化の問題である。それは「管理されている人民元」が国際化するということである。中国は、「為替相場の安定」と「金融政策の自立性（独自の金融政策)」を堅持している。そのために資本移動をある程度制限しなければならない。

中国は2008年の世界金融危機以降、人民元の国際化を積極的に進めてきた。その一環として国内の金利自由化を進めた。2013年7月に貸出金利の下限を撤廃し、2015年10月には預金金利の上限を撤廃した。しかし、2015～2016年に為替変動の柔軟化に踏み切ったところ、人民元の下落と資本の流出に直面し、資本取引を大幅に規制せざるをえなくなるという、いわゆる「**人民元ショック**」が起きてしまった。

2015年はIMFが5年に1度のSDR構成通貨を見直す年であった。中国政府は人民元の国際化のため、外貨準備適格とみなされるSDR入りを推進していた。そこで、IMF の指摘を受けた中国人民銀行が、それから 1 週間後の 2015 年 8 月 11 日、人民元相場の目安となる基準値を切り下げた。この突然の基準値切り下げは、通貨危機を招くのではないかとの懸念を国際金融市場に与え、世界同時株安が起こることになった。2015 年後半だけでも中国からの資本の純流出額は計 5,500 億ドルに上ったとの推計もある。中国政府は人民元を買い支えるために為替介入を実施し、人民元ショックはとりあえず収められた。

しかし、2015 年 12 月にアメリカ連邦準備理事会（FRB）が 9 年半ぶりの利上げに踏み切ると、米ドル建て借り入れを膨らませていた中国企業は返済を前倒ししようと元を売ってドルを買い急いだ。資本流出への懸念が強まったため、中国人民銀行が人民元の基準値を約 4 年半ぶりの元安水準に引き下げると、2016 年 1 月 4 日の年明け最初の取引で上海総合指数は 7% 安と暴落した。これに対応しようと中国人民銀行は 1 月中旬に香港市場で大規模な人民元買い・米ドル売りの介入を実施した。

このような 2015〜2016 年の人民元ショックに直面した中国当局は、急激な資本流出と外貨準備へのリスク管理から、その後、厳格な資本流出規制を導入せざるを得なくなったのである。しかし、それが結果として後にトランプ政権から強く批判されることになった。

人民元が国際通貨になるためには、国際資本移動の自由化が欠かせない。しかし、「国際金融のトリレンマ」と「2015〜2016 年の人民元ショック」を考えれば、それは短期的には期待することはできない。注目されている**デジタル通貨**の導入のねらいの一つは、政府が資金の流れを管理しやすくし、為替安定に有効な手段となりうるからである。

人民元が国際通貨になるためには、透明性の高い法治主義システム、整備された金融マーケット、自由な資本移動や為替変動などが求められている。

一方、「国際金融のトリレンマ」論からみる中国が懸念されるのは、中国が「一帯一路」でデジタル人民元の利用を増やしていけば、中国に依存度が高い国々で、人民元に対して自国通貨を安定化させるような金融政策や制度をとっていくことになる。そうなれば、「事実上のドル圏」であるアジア地域において、ドルと人民元のどちらかに安定させる二者択一が迫られていくようになる。アジア諸国が人民元へ基軸通貨をシフトさせていくようになれば、「人民元圏」

が形成されることになる。アジアで通貨システム改革の協力が進展しない場合、「人民元圏」が形成される可能性が高く、そうなれば、圏内各国は為替レートの安定化のために巨額な人民元を外貨準備として保有し、安定性と流動性を確保するために、中国国債で運用せざるをえなくなる。そうなれば、アジア周辺各国が「協調」によって共同で構築する特定の制度下ではなく、「一帯一路」を通じた市場メカニズムによって人民元をアジアの基軸通貨にしていく制度のほうが、特定の協調制度を維持するために国際公共財を奉仕する「節度」や「義務」を中国が負うことなく、中国は基軸通貨の「特権」だけを享受できるようになる。

また、「一帯一路」で中国に依存度が高い国々において、中国が2015年10月に導入した中国独自の人民元国際決済システムである**国際銀行間決済システム**（CIPS）への参加を拡大させ、**デジタル人民元**の利用を増やしていけば、国際決済におけるアメリカの覇権を揺がすことになる。アメリカは**国際銀行間通信協会**（SWIFT）を利用して国際金融取引の情報をほぼ独占し、効力の高い経済制裁を他国に課すことができている。反米的・抗米的な国々の国際決済をSWIFTからCIPSへ移行させることによって、それらの決済データを中国が握ることが可能となっていく。また、それらの国家がアメリカから金融制裁をかけられても、その効果を低下させることになる。

「国際経済の政治的トリレンマ」

ロドリック（Dani Rodrik）は**「国際経済の政治的トリレンマ」**を提唱した。これは、(1) ハイパーグローバリゼーション、(2) 国家主権／国民国家、(3) 民主主義の3つは同時に実現できないという理論である。

ハイパーグローバリゼーションと国家主権／国民国家を選択するならば、国内の民主的な規制や税制が国際基準に揃えられ、国際分業体制を強化するための規制緩和政策を採用することになる。

ハイパーグローバリゼーションと民主主義を選択するならば、国際分業体制の枠組みを双方の民意を反映しながら協調的に構築することになる。

国家主権／国民国家と民主主義の結合を選択するならば、グローバリゼーションを制限することになる。

図7-7　2000年代の国境を越えた貿易、投資、人の移動の伸び

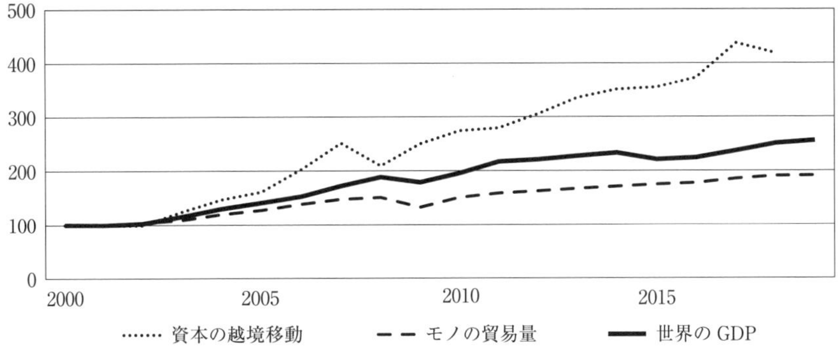

注：2000年の各データ（IMF、WTO）を100として示した。
出典：筆者作成。

ロドリックは、多様な諸国家からなる世界を共通のルールに押し込めることに懐疑的であり、グローバル・ガバナンスが最低限の共通基準と効果のないルールを持つ体制であると論じている。また、ロドリックは中国が国際ルールを無視して飛躍的に成長したことを指摘している。

第１章で述べたように、中国には民主主義（デモクラシー）が存在しない。中国にあるのは集団主義の「民主（minzhu)」である。したがって、ハイパーグローバリゼーションを謳歌して、国家主権を堅持している。そこで必要なのは、国家を超えたグローバルな単位で民主主義を構築するグローバル・ガバナンスである。しかし、中国がグローバル・ガバナンスの多くのルールを無視することで、ルールが無効化されたり、ルール作りにおいて共通基準のハードルを下げたりして、WTOや気候変動レジームなどのグローバル・ガバナンスが機能しなくなっている。

一方のトランプ政権とバイデン政権のアメリカは、国家主権／国民国家と民主主義を選択し、反グローバリズムと保護主義に向かっている。ロドリックは、民主主義は各国の社会のあり方を守るための権利を持っており、グローバリゼーションの実現のためにこの権利を放棄しなければならないのであれば、民主主義と国家主権をハイパーグローバリゼーションより優先すべきと主張している。まさに、「アメリカ・ファースト」を訴えたトランプ現象やTPPからのア

メリカの離脱は、国家主権と民主主義の側面からグローバリゼーションへの強い反発や抵抗の現れであったと言えるであろう。

第 8 章　国際機関をめぐる米中攻防
――国際機関は協力を実現させる制度的枠組みか？

本章で学ぶこと

アナーキーな国際社会において、主権国家に次いで重要な役割を果たしているアクターの一つが国際機関である。国際機関には、〈1〉国際機関**における**外交（「場」としての国際機関）と、〈2〉国際機関**を通しての**外交（一国だけではできない目的を国際社会で実現するための「手段」としての国際機関）の役割がある。大国が国際社会でパワーを獲得し、自国の利益を国際社会で実現するためには、「場」としての国際機関と「手段」としての国際機関の両面が重要となる。

本章では、第 1 節で、国際制度や国際レジームの一部としての国際機関とその政治化について学ぶ。第 2 節では、近年国際機関で影響力を拡大している中国がその地位を外交手段として利用している事例ならびに国際機関における主要ポストをめぐる米中攻防の事例について学ぶ。第 3 節では、国際機関を通しての**国際標準化**戦略について ICAO と ITU を事例に考える。

クイズです！

現在の国際社会――特に米中関係――を考えてみる時、X 女史と Y 女史の主張では、どちらが正しいと言えるのであろうか？　それはなぜであろうか？

(X 女史)「いくら国際関係の基本構造がアナーキー（無政府状態）だと言っても、国際レジームを発展させれば、国際協力を実現するための制度的枠組みになるんじゃないかしら」。

(Y 女史)「国際関係の基本構造って、アナーキー（無政府状態）でしょ。なら、国際レジームは、覇権の価値や利害を反映したもの、あるいは覇権によるガバナンスのための制度的枠組み、と言えるんじゃないかしら」。

第1節　国際機関と「グローバル・ガバナンス」

国際機関

現代の国際社会は、**主権国家**を中心として構成されている。グローバリゼーションが進み深化した現在であるからこそ、**Gゼロ**（リーダーなき世界）となりつつある現在の国際社会における主権国家の役割がいっそう重要になっている。それゆえに、国際社会においてさまざまな国家がグループを作ったり各種の**国際機関**を政治手段と化したりして、さまざまな活動を行っている。

諸国家の上に立つ中央権威が存在しない**アナーキーな国際社会**において、国際機関は、主要なアクターであると同時に、**国際制度**や**国際レジーム**の一部として国際社会の重要な存在である。国際レジームとは、リアリストの**クラズナー**（Stephen D. Krasner）の定義によれば、「国際関係のある特定の領域においてアクターが収斂する一連の暗黙的・明示的な原則・規範・ルールおよび政策決定手続きの集合」のことである。ひとことで言い換えれば、「特定の問題領域におけるルールや規範の束」のことである。

国際機関が**国際社会**において19世紀以降に誕生し20世紀に発展してきたのは、諸国間に存在する「国際社会の共通利益の実現」を図るためであった。しかし、国際社会で「共通のルール」を作ることがすべての国家にとって利益となるとは限らない。「共通のルール」が作られることによって国益が損なわれてしまうことになる国家もあるからである。そこで、国際社会におけるルール作りにおいて自国の利害や役割を反映させようとする大国の活動が活発になっている。そのため、近年の国際機関では、米中の競争関係が顕著になっている。

リベラリストは国際機関を国際関係の主要なアクターとして扱うとともに、国際社会の制度や国際レジームの一部として扱う傾向がある。一方、リアリストは自国の国益を外交政策の中心に据えるので、国際機関というものを大国が自国の対外政策を正当化する「手段」や「場」として、また、一国だけでは達成できない政治的な目的を国際社会で実現するための「手段」や「場」としてみなす傾向が強い。

ヘドリー・ブルの国際社会論

ブル（Hedly Bull）は**英国学派**の視角から国際関係を論じた。

英国学派とは、アメリカにおけるリアリズム vs. リベラリズムのような見方をしない。英国学派は、人間が社会的で共存を目指す存在であるとみなし、主権国家が社会を形成すると考える。英国学派は、国際社会を「国家からなる社会」と捉える見方である。

国際関係の出発点を「国家」すなわち「各々に政府を有し主権を主張する独立した政治社会」であるとみなすブルは、**国際秩序**を主権国家からなる社会、あるいは国際社会の主要な基本的目標を維持する活動様式と定義した。国際秩序とは「主権国家間の秩序」のことである。ブルは「国際秩序」と「世界秩序」を明確に区別している。世界秩序とは、「人類全体の間での社会生活における主要な基本的目標を支えるような人間活動の様式ないし傾向」のことである。

ブルは「国際システム」を単にある特定の種類の国際的集合体を特定するために用いられている言葉とみなし、「国際社会」を単なる相互作用のみが存在する「国際システム」と明確に区別している。その上で、ブルは国際政治を「国際社会」には達していない一つの「国際システム」に過ぎないと論じた。国際社会は、一定の共通利益と共通価値を自覚した国家集団が、その相互関係において、一個の社会を形成しているときに存在するものである。

「国際システム」が「国際社会」に達するために必要とされているのが、諸国家間に共通の目標や目的を据え、それを共有する認識を発展させることである。共通利益意識の発展は、共通の価値観の発展でもある。安全保障であれ、外交であれ、国家主権や領土保全であれ、それらを諸国家間の共通の目標や目的に据え、諸国家間の行動を拘束するには、相互主義的な合理性が求められる。そこで、共通の目標や目的を国際社会における「秩序」として維持するために、国際法や道義的規則や慣習によって共通の目標と合致する指針が創造され「制度化」されるのである。「制度」とは、組織化や行政機能の共有を意味するのではなく、共通の目標に向けて具体化された実行の集合体のことを意味する。国際制度は、国家が国際社会において政治的機能を果たす際の国家間の協力的要素であるだけでなく、協力を支える「手段」でもある。

主権国家からなる社会は、**勢力均衡**（いずれの一国も優越的地位を占めておらず、他国に対して独断的に命令できない状況）、**国際法**（行為主体間の相互作用を拘束する規則の総称）、**外交**（意思の疎通、合意の交渉、情報や知識の収集、摩擦の最小化、主権国家から成り立つ社会としてのシンボル）、**戦争**、**大国の役割**（国際秩序への貢献）といった伝統的な規則や制度によって、今日の主権国家システムを維持してきた。
　また、ブルは「主権国家からなる社会」もしくは「国際社会」に代わる新たな秩序モデルとして、世界政府とは異なる、中世の西洋キリスト教世界に存在したような普遍的政治組織のような、「**新しい中世**（New medievalism）」という普遍的な世界秩序の概念を提起した。主権国家を中心とする近代の世界よりも、多様な政治主体が併存していた中世の世界に似ているとして、ブルはそれを「新しい中世」と呼んだのである。

「グローバル・ガバナンス」と「全球治理」

　グローバルな安全保障とガバナンスに関するストックホルム・イニシアティブのもと、1992 年に 28 名のメンバーからなる**グローバル・ガバナンス委員会**が創立された。このグローバル・ガバナンス委員会の 1995 年報告書（『我ら地球の隣人（Our Global Neighborhood）』（邦訳書タイトル『地球リーダーシップ』））によれば、ガバナンスとは、個人と機関、私と公とが、共通の問題に取り組む多くの方法の集まりであり、相反する、あるいは多様な利害関係の調整をしたり、協力的な行動をとったりする継続的なプロセスのことである。
　つまり、**グローバル・ガバナンス**とは、国際的課題あるいは**地球規模の課題**（**グローバル・イシュー**）を解決するための国際的な意思決定の仕組みのことである。「地球規模の課題」とは、貧困、飢餓、感染症、人権、環境、テロ等の国境を越えて地球規模で生じている、一国や一地域だけでは対処できない問題のことである。
　グローバル・ガバナンスには一つの決まった形式やモデルがあるわけではない。しかし、経済力や政治力や軍事力を背景にする専横的なパワーを、グローバルな社会の方法やルールに従わせるよう努力するプロセスでもある。
　第 7 代国連事務総長を務めた**アナン**（Kofi Atta Annan）は、1999 年の事務総長年次報告ならびに同年の国連年次報告「人道的挑戦への対応：予防の文化を目指して」において、次のようにガバナンスを定義している。
　「**良い統治**（**グッド・ガバナンス**）」の要素となるのは、法の支配の促進、マイノリティーおよび反対集団に対する寛容、透明な政治過程、腐敗追放へのコミットメント、独立した司法、中立的な警察、厳格な文民統制を受ける軍隊、報道の自由および活力ある市民社会団体、ならびに、意義のある選挙等である。そして何よりも、「グッド・ガバナンス」とは、人権の尊重を意味するものである。

つまり、ガバナンスとは、単なる「統治」や「管理」だけを意味するのではなく、「グッド・ガバナンス」のことであり、「ガバナンス」の概念には民主主義、人権の尊重、法の支配等の人類の普遍的な価値としての原則が内包されているということを、アナンは定義し世界に向かって明示したのである。言い換えれば、グローバル・ガバナンスの理論とは、地球規模の課題を解決する「**地球公共財**」を提供し発展させていくための地球規模での公共政策と制度をつくっていくという認識に立脚していると言える。

近年、中国は中国外交のキーワードとして「**全球治理**（邦語では「グローバル・ガバナンス」と訳されている）」という言葉を頻繁に用いている。統治や管理という意味での governance であっても、good governance が内包する人類の普遍的価値がそこには含まれていない。その文脈から考えると、中国の「全球治理」という言葉と概念を、欧米における global governance と同じように使うべきではない。

「国連専門機関の政治化」

国際社会が地球的課題を対処しようとすれば、多国間で行動を起こさなければならない。そのような多国間行動において中心的役割を果たす機関の一つが**国際連合**／**国連**である。

「国連」は、国連主要機関とその付属機関のみならず、国際連合、**専門機関**、その他の国連国際機構からなる「**国連システム**」（「**国連ファミリー**」とも呼ばれる）を含む。国連システムは、政治、経済、社会のあらゆる分野においてグローバル・ガバナンスを実践し、中心的な役割を果たしている。

国連憲章第 57 条と第 63 条は、専門的な分野における機関のうち、国連の経済社会理事会と連携協定を結んでいる機関を「専門機関」と規定している。現在、15 の国連専門機関が存在している。

国連憲章第57条　（注：太字は著者による）

政府間の協定によって設けられる各種の専門機関で、経済的、社会的、文化的、教育的及び保健的分野並びに関係分野においてその基本的文書で定めるところにより広い国際的責任を有するものは、第63条の規定に従って国際連合と連携関係をもたされなければならない。

こうして国際連合と連携関係をもたされる前記の機関は以下**専門機関**という。

国連憲章第63条

経済社会理事会は、第57条に掲げる機関のいずれとの間にも、その機関が国際連合と連携関係をもたされるについての条件を定める協定を締結することができる。この協定は、**総会の承認**を受けなければならない。

理事会は、専門機関との協議及び専門機関に対する勧告並びに総会及び国際連合加盟国に対する勧告によって、専門機関の活動を調整することができる。

国連専門機関は、各分野における専門的で技術的な国際協力を推進していくことを本来の任務としている。のちに国連専門機関の創設に繋がった**ミトラニーの提唱によるリベラルな機能主義**は、「政治的なモノや状況」と「非政治的なモノや状況」を分離させていた。これにより、国連専門機関は専門的、技術的なサービスの提供を目的としている。国連ファミリーに限らず、国際機構を適切に運営していくためには、可能な限り「政治的なモノや状況」を排除し、「技術的・行政的」に執り行っていくことが求められている。

しかし、国際政治の諸問題に関わる尖鋭な対立を本来は技術的性格の濃い国連専門機関の場に持ち込む、いわゆる「**専門機関の政治化**」が激しくなっている。

国連における「専門機関の政治化」は、冷戦期から展開されてきた。1984年の第19回**万国郵便連合**（UPU）大会議で南アフリカ追放決議が、また第37回**世界保健機関**（WHO）総会ではイスラエル非難決議が採択される等、専門機関の活動を「政治的な手段」として利用する動きもたびたび行われてきた。1984年には「ソ連の利益を擁護している」と批判したアメリカとイギリスが**国連教育科学文化機関**（UNESCO）から脱退したことがある（その後、イギリスが1997年に、アメリカは2003年に復帰した）。

トランプ政権期には、アメリカはイスラエルとともに、2017年10月21日、UNESCOに対する批判として「未払金増加に対する懸念」「抜本的な改革の必要性」「反イスラエルでの偏向」を挙げ、UNESCO脱退を発表した。アメリカは、2018年12月31日付でUNESCOを脱退し、正式な加盟国としてではなくオブザーバーとして関与していくと発表した。アメリカのUNESCO脱退により中国の影響力が増すことになった。2021年6月にUNESCOは、世界遺産に登録されているグレートバリアリーフを「危機遺産」に格下げする勧告案を公表したが、オーストラリアと関係を悪化させている中国の介入があったと言われている。

また、2018年10月17日には、トランプ政権期のアメリカが、UPUについて、UPUの規則が中国企業に極めて有利で不公正な制度であり、アメリカ郵便公社（USPS）の利益が奪われていると中国を批判して、条約見直しの交渉でUPUと合意ができなければUPUからアメリカが離脱手続きを始めることを発表した。UPUの万国郵便条約では、国際郵便料金に差出国の郵便事業体が配達国の事業体に支払う配達手数料を含んでおり、中国を含む発展途上国の郵便事業体が軽量郵便を先進国の事業者よりも国外へ安価に送れることになっていた。そこで、トランプ政権はこの規則の見直しを求めたのであった。UPUの離脱手続きには1年かかるため、UPUはそれまでにアメリカを思いとどまらせる新たなルール設定に迫られることになった。UPUは2019年9月24日にジュネーヴで緊急会議を開催し、アメリカによる料金設定を可能とする改正案が圧倒的多数で可決された。これによってアメリカのUPU離脱はなくなった。

第2節　国連専門機関における中国の影響力拡大

COVID19感染拡大とWHO

2020年春以降新型コロナウイルス感染症（COVID19）の感染が世界的に蔓延していく中で、テドロス（Tedros A. Ghebreyesus）事務局長をはじめとする**世界保健機関**（WHO）に対して、世界中から不信と不満と怒りが高まっていった。トランプはWHOが「本来の基本的な義務」を果たさなかったとして、WHOへの拠出を停止すると2020年4月14日に発言し（最大拠出国のアメリカは2019年予算の約15％弱を拠出）、5月18日にはテドロスへ書簡を送り、テドロスとWHOが繰り返し「間違った判断」をしたために世界中に大きな負担がかかったと批判した。5月29日には、「中国が支配しているWHO」との関係を打ち切り、アメリカの拠出を別の公衆衛生の慈善団体へまわす、とトランプは示唆した。

これにWHOは驚き、2019年6月2日、WHOがCOVID19の十分な情報を中国から得られずにWHOが不満を抱いている、とする会議録等の「内部情報」がAP通信等で報道されることになった。APによれば、中国国営放送の中央電視台でニュースが流れる15分前にしか中国からWHOへ情報が提供されておらず、WHO内で不満が漏れていたものの、中国とWHOが対立してしまうと情報を得られなくなってしまうので、中国から情報を引き出すためにWHOは中国のCOVID19への対応を賞賛していたという。ただし、この報道に対して、中国外交部が翌日の記者会見において、「報道は事実ではない」と否定している。

WHOが過剰なまでに中国へ配慮する理由は、エチオピア出身のテドロスにあるとも言われている。**国連貿易開発会議**（UNCTAD）によれば、2019年のエチオピアへの直接投資流入額25億ドルのうち約6割が中国からの投資であった。エチオピアの経済成長にとって、中国はなくてはならない存在になっている。また、テドロスのWHOにおける地位も中国の「支援」によるものであった。2017年7月1日にWHO事務局長に就いたテドロスは、2005年から2012年にエチオピアの保健大臣を務め、エチオピアのプライマリ・ヘルスケアを構築した。2012年から2016年、エチオピアの外務大臣として中国との関係を深めた。その後、2017年5月23日のWHO総会における事務局長選挙で、同年6月末に任期を終える陳馮富珍（マーガレット・チャン）の後任として、テドロスは中国の支援を受けて当選し、アフリカから選出された初のWHO事務局長のポストに就いた。

マーガレット・チャンは、2003年のSARS大流行の際に香港衛生署長として指揮をとった人物である。その「消極的な対応」に批判が集まっていた最中の2003年8月にマーガレット・チャンは香港衛生署を退職した（注：SARSは2002年11月16日に中国広東省で初の症例が報告されていた。しかし、SARSが発生した同11月、中国北京では、8～14日に中共第16回全国代表大会が開催され、江沢民から胡錦濤に中共総書記が交替し新指導部が発足したばかりであった。そのため、広東省でSARSが蔓延していたのにもかかわらず、地方で情報隠蔽が行われ中央にまで情報が正確に届けられなかったこともあり、SARSは32の地域や国々へ拡大していった。当時の香港では初動におけるマーガレット・チャンの「消極的な対応」に批判が上がっていた)。にもかかわらず、マーガレット・チャンはWHO事務局へ転任し、伝染病対策等を担当した。2006年7月に、「SARS対策での功績」によって中国政府からWHO事務局長選挙において候補として推挙されて同年11月8日に当選を果たし、2017年1月4日に第7代WHO事務局長に就任した。

この頃のエチオピアで外務大臣を務めていたのがテドロスであった。この間、エチオピアでは**アディスアベバ・ジブチ鉄道**（エチオピアの首都アディスアベバとアデン湾に面する要衝ジブチを結ぶ鉄道）をはじめとする**中国輸出入銀行**（政府全額出資による国務院直属の国家輸出信用機関）等からの支援によってインフラ整備が進められていた。2011年に中国とエチオピアは政府間で中国と同じ規格の標準機による電化鉄道建設の契約を交わし、中国主導のアディスアベバ・ジブチ鉄道の計画を2012年4月から始め、同鉄道は2016年に完成した。商業運営は2018年1月1日にスタートしている。この頃、2017年8月1日、中国人民解放軍はジブチ市街から西へ10キロほどの場所で**人民解放軍のジブチ基地**を正式稼働した。この中国とアフリカの関係発展が深化した時期に、テドロスは保健大臣と外務大臣を歴任していた。

とは言え、WHOの過剰なほどの中国への忖度は、テドロスに限ったことではない。

白人カナダ人男性であるWHO事務局長補佐官のアイルワード（Bruce Aylward）が香港の公共放送である香港電台（RTHK）の2020年3月28日のニュース番組に出演した際、台湾のWHO加盟について再考するのかと記者から質問されると、暫く沈黙した後、質問が聞こえないから他の質問に移ろうと切り出した。それでも記者が台湾の感染対策について質問を続けると、回線を切ってしまった。翌日には、台湾の呉釗燮外交部長が「WHOでは台湾と言うことすらできないのか」とWHOを批判するツイートをしたほどであった。

WHO憲章前文では、「この憲章の当事国は、国際連合憲章に従い、諸原則が全ての人々の幸福と平和な関係と安全保障の基礎であることを宣言する」、「健康増進や**感染症対策の進み具合が国によって異なると、すべての国に共通して危険が及ぶことになる**。健康を完全に達成するためには、医学、心理学や関連する学問の恩恵を**すべての人々に広げることが不可欠**である」と宣言されている。にもかかわらず、世界の保健衛生を最優先すべきWHOが「防疫」よりも「政治」を優先したことで、COVID19の感染は地球規模で拡がっているとの見方はアメリカに限らず世界には少なくない。

マスク外交やワクチン外交を展開する中国外交は、「アフター・アメリカ」「アフター・コロナ」における多極化した世界での影響力を握ることで、世界政治の主導的地位や正統性を獲得しようとしている。

国連専門機関の主要ポストをめぐる米中攻防

近年の中国は、中国の勢力圏拡大構想である「一帯一路」を通じて、国際機関への浸透を深めている。アフリカの55カ国・地域のうち西サハラ（RASD）を除く54カ国が国連加盟国であり、国連加盟国のうち28％がアフリカの諸国である。中国は経済と武器移転のハード・パワーでその大票田を握り、**ソフト・パワー**と**シャープ・パワー**も併用しながら集票メカニズムを構築している。

国連専門機関のトップに就いた最初の中国人は、2007年にWHO事務局長に就いたマーガレット・チャンであった。その6年後には、李勇が**国連産業開発機構**（UNIDO）の事務局長に、2015年には、趙厚麟が**国際電気通信連合**（ITU）の事務局長に、柳芳が**国際民間航空機関**（ICAO）の事務局長に、また2019年には、屈冬玉が**国連食糧農業機関**（FAO）の事務局長に就任した。李勇も趙厚麟もUNIDOとITUを「一帯一路」と「**中国製造2025**」の推進に、すなわちそれに続く「**中国標準2035**」構想に向けて**国際標準化**に利用している。次長レベルでは中国はさらに多くのポストを獲得してきている。

なお、UNIDOとITUをはじめ、国連は2016年以降相次いでさまざまな形で「一帯一路」の発展と実施を承認してきた。UNIDOは「『一帯一路』都市グリーン経済発展会議」等さまざまなプロジェクトを立ち上げてきている。

世界的な**国際標準化の競争**において、ITUにおける趙厚麟のポジションは、中国の世界戦略における象徴的な位置にある。本書第1章で述べたように、米中技術覇権をめぐる対立は、2017年の党大会で習近平が打ち出した「中国標準2035」構想を実現するためのロードマップに沿って、「中国製造2025」から「中国標準2035」へ照準が移っている。中国では、技術規格を国際標準化させる「中国標準2035」戦略について中国政府が「中国標準2035」プロジェクトを策定し、2018年に**国家標準化委員会**を発足させた。電気通信（有線通信および無線通信）の利用に関わる国際的秩序の形成に貢献する国連専門機関として活動するITUは、(1) 放送や衛星通信等無線通信で使用される電波の国際的な分配及び混信防止のための国際的な調整、(2) 電話やファクシミリ、移動体通信、ハイビジョン等電気通信の世界的な標準化の促進、(3) 開発途上国に対する技術援助の促進、といった活動を行っている。趙厚麟はそのトップに就いている。

国際機関におけるアメリカの影響力の低下は「能力の問題」ではなく「意思の問題」であるが、アメリカが内向きになってきたことで、事務方トップをめぐるレースにおいて、中国がアメリカの裏をかいて勝利してきた。

その顕著な例が、2019年6月23日の第9代FAO事務局長（任期：2019年8月1日～2023年7月31日）の選挙において、中国農業農村部副部長の屈冬玉が第1回目の投票で191票中108票を獲得した勝利であった。2月末時点に5カ国が候補に名乗りを上げていたが、2月に中国から巨額の債務取り消しを示されたとされるカメルーンの候補が3月21日に出馬を辞退し、候補を辞退する代わりにFAO内での指導的な地位を与えるという「約束」を交わしたとの憶測が流れたインドの候補が6月13日にレースを辞退した。選挙は中国、フランス、ジョージアの3候補による争いとなり、アメリカはジョージアの候補を推した。投票直前に、アメリカのFAO代表部大使が「新事務局長はその地位を国益のために使わない人物であるべき」と中国を牽制したものの、屈冬玉が第1回目の投票で圧勝する結果となったのである。

国連専門機関における台湾問題／「一つの中国」原則

国連憲章第100条は以下のように規定している。

国連憲章第100条　1. 事務総長及び職員は、その任務の遂行に当って、いかなる政府からも又はこの機構外のいかなる他の当局からも指示を求め、又は受けてはならない。事務総長及び職員は、この機構に対してのみ責任を負う国際的職員としての地位を損ずる虞のあるいかなる行動も慎まなければならない。
2. 各国際連合加盟国は、事務総長及び職員の責任のもっぱら国際的な性質を尊重すること並びにこれらの者が責任を果すに当ってこれらの者を左右しようとしないことを約束する。

中国高官が中立的な対場でグローバル・ガバナンスに参加するのであれば、中国が国際機関での高位ポストを握っても問題はない。しかし、問題となるのは、中国ならびにその影響力を強く受ける人物が獲得した高官ポストを、国際社会の利益よりも中国の国益を優先させるために中国が利用していることにある。例えば、中国は**「一つの中国」原則**を掲げ、ICAOやWHO等の国際機関への台湾の参加を阻止している。

台湾は、中国との融和路線をとっていた国民党の馬英九政権期（2012年5月20日～2016年5月20日）の2013年に、**「チャイニーズ・タイペイ」**の名称で「特別ゲスト」として、3年に1度開催されるICAO総会へ1971年の国連脱退以来の初参加を果たしていた。しかし、柳芳がICAOのトップに就いてからは、民進党の蔡英文（総統在位：2016年5月20日～）が総統に就任したため、2021年現在の台湾はICAO総会に参加できないままである。ICAO事務局本部はカナダのモントリオールにある航空技術局、航空運送局、法律・対外関係局、総務局および技術協力局からなる。柳芳が事務局長を務めることになった翌年のICAO総会では、事務局が各国・地域の代表に対して「台湾に関する発言」を禁止し、言及した場合にはマイクの電源を切るとの警告を受けていたことが、パラグアイのラミレス駐カナダ大使が同国代表団のメンバーの話として明らかにされた。

WHOについては、2016年に開催されたWHAでは、台湾衛生福利部長の林奏延が、蔡英文政権発足直後の5月25日に演説の機会を与えられていた。しかし、2017年5月22日から開催された第70回**WHA**では、台湾は招待すらされなかった。23日に事務局長に選出（就任7月1日～）されたテドロスが、翌日、中国国家衛生委員会の李斌主任と会見して、「『一つの中国』原則を堅持し、国連総会とWHAの決議に基づいて台湾地域関連の問題を適切に処理する」と繰り返し表明した。それ以来、台湾はWHAの招待を受け取っていない。

パンデミックが世界的に深刻化していた2020年のCOVID19への対応協議の席でさえも、WHOやICAOは台湾を排除し、そのことに批判的な見解を投稿したアメリカの研究者や議員スタッフらのツイッター・アカウントをブロックするほどであった。

2021年5月24日からWHAがジュネーヴで開催されるのを前に、アメリカでは国務長官のブリンケンがWHAに対する声明を5月7日に発表して、台湾がWHAから排除され続ける正当な理由はないと強調するとともに、台湾をオブザーバーとして出席させるよう改めて呼び掛けた。5月11日には、スロバキア国会外交委員会がWHAへの台湾参加を支持する決議案を可決する等、中国に対する国際的な批判は少なくない。しかし、COVID19の蔓延が続く中でもWHOは態度を一向に変えていない。

アメリカが図る巻き返し

国際機関という国際政治のアリーナにおいて中国が相対的に影響力を強めている。しかし、影響力や存在感を自国益に利用する中国のプライオリティを考えると、アメリカやその同盟国は看過できずにいる。それが、国際機関における米中対立を先鋭化させている原因の一つになっている。

そうした事例の一つが、2020年3月4日に実施された**世界知的所有権機関（WIPO）**事務局長選挙であった。193カ国が加盟しているWIPOは、「**世界知的所有権機関を設立する条約**」（**WIPO設立条約**）によって1970年に設立され、1974年から国連専門機関となっている。WIPOの活動は、世界における知的所有権保護の促進、管理に関する同盟間協力の確保、知財に関する諸条約の管理、国際出願や登録制度の運用、知財に関するルール作り、知財の分野における途上国支援等の実施である。

WIPO事務局長選挙をめぐり、2019年12月30日までに10カ国から候補者が擁立されていた。日本もWIPOの特許協力条約（PCT）法務・国際局上級部長の夏目健一郎を事務局長選挙に擁立した。しかし、日本政府は2月14日付で夏目の推薦を取り下げた。2月中旬までに日本を含む4カ国が立候補を取り下げていった。

当日は残る6カ国（カザフスタン、シンガポール、中国、コロンビア、ガーナ、ペルー）の候補者について投票が行われた。加盟国83カ国による投票が2回行われ、アメリカと多くの西側諸国が推すシンガポールの特許庁長官タン（Daren Tang）（55票）が、中国の王彬穎WIPO事務局次長（28票）との一騎打ちを制した。ダレン・タンは2020年10月1日に就任した（任期6年）。2020年12月3日の調整委員会において、ダレン・タンは王彬穎を4人いる事務局次長のうちのブランド・デザイン部門事務局次長に任命している。

当初は王彬穎が有力とみられていた選挙で最終的にタンが勝利した背景には、中国が擁立する候補の当選を阻もうとしたアメリカの外交活動があった。アメリカ政府が加盟各国に協力を要請し、タンへの一本化を図っていった。アメリカ大使は世界中の政府にロビー活動を行い、英仏独日豪の政府に対して中国のキャンペーンに抵抗するよう要請した。また、アメリカの上級外交官がアフリカとラテンアメリカを訪れ、2回目の投票で各地域からの候補者への支持から離れるように各国へ要請した。1月以降は、マイク・ポンペオ国務長官自らが28カ国の最高幹部と直接会うか電話をかけて、WIPO事務局長選挙について協力するように要請した。アメリカ政府のこうした活動は、中国がWIPOを主導することに対する不信と中国に破れた前年のFAO事務局長選挙での失敗に対するアメリカの危機感があったからと言えよう。

このような国連やその専門機関におけるトップ人事をめぐる米中攻防は、近年珍しいことではなくなっている。2016年10月5日の国連事務総長のポストをめぐっては、ブルガリア出身のボコヴァ（Irina G. Bokova）UNESCO事務局長が当初は有力視されていた。しかし、ボコヴァのロシアや中国との関係が近いことを懸念した米欧諸国が、ボコヴァを事務総長レースから外したのであった。ボコヴァは、政治的中立性が求められる国連の高官でありながら、2015年9月に北京で開催された「中国人民抗日戦争ならびに世界反ファシズム戦争勝利70周年記念行事」へ出席し、その直後に、中国が提出していた資料が信憑性や事実認識で疑わしいのにもかかわらず、「密室の協議」によって南京事件を**世界記憶遺産**に登録した人物である（従軍慰安婦問題の資料は登録が見送られた）。

一連の中立性を欠いたボコヴァの行動は、翌年の国連事務総長の選挙で中国からの支持を得るためであったとも言われている。UNESCOにおけるボコヴァの後任にはフランスのアズレ（Audrey Azoulay）が就いたが、アメリカのUNESCO脱退によって、UNESCOにおける中国の影響力と存在感は益々増している。また、2016年の国連事務総長選挙では、結局、中国はボコヴァではなく、マカオがポルトガルから中国へ返還された1999年を挟み1995～2002年にポルトガル首相を務め親交のあったグテーレス（Antonio Guterres）を推したと言われている。

第3節　国際標準化と国際機構

「国際標準化」とは？

ビジネスやマーケットのグローバル化が進むにつれ、どんなに製品やサービスが優れていても、限られた国や地域のみで独自の最適化を進めると、**国際標準**（**Global standard**）からかけ離れて、外国製品との互換性を失い**ガラパゴス化**してしまう。日本市場のみで深化してガラパゴス化してしまった携帯電話＝ガラケーが現在ではあまりお目にかかれなくなったのも、国際的な標準仕様でなかったためである。その一方で、スマートフォンが普及した背景にはGoogle等の技術仕様の国際標準化がある。

国際標準とは、製品の品質、性能、安全性、寸法、試験方法等に関する国際的な取極めや**規格**（**＝標準**）のことである。「規格」は任意のものであるが、法規等に引用されると強制力を持つことになる。自由に放置すれば多様化・複雑化・無秩序化してしまうモノやサービスについて、互換性の確保等、生産の効率化（量産化等）、公正性の確保（消費者の利益の確保、取引の単純化等）、安全や健康の保持、環境の保全等の観点から、技術文書としての「規格」を国際的に制定し、それを世界的に「単純化」することになる。そうした規格やルールを作り、利用していく活動のことを**国際標準化**という。グローバルな市場で経済取引を行うには、互換性を確保したり消費者利益を確保したりすることが重要になってくる。技術やサービスの内容が国際的に理解できる形で共有されていること＝国際標準化への取り組みが、グローバルに経済取引を行うためには重要になってくる。国際標準化がなされていないと、いくら製品が素晴らしくても、グローバルなマーケットにおいて国際競争力を失っていき、淘汰されていくことになる。

その取り組みのためには、国際標準化を行っている各種の国際機関というレジームで強い発言権を持ち、自国の標準を国際標準として国際的なルールに組み込んでいくことが重要になっている。さもなければ、見事な技術や製品であってもガラパゴス化していくことになる。

国際民間航空機関（ICAO）：国際標準化＆紛争解決メカニズム

国際空輸における国際標準化を行う中心的組織は、国連専門機関のICAOである。世界の空を飛ぶ民間の旅客機はICAOが定めたルールに遵って飛んでいる。また、ICAOが世界の空の管理担当国を決めている。担当国は、担当エリアを飛ぶ旅客機に必要な情報を知らせたり緊急時に対応したりする。

モントリオールに本部があるICAOは、1944年12月7日の**国際民間航空条約（シカゴ条約）**に基づき**国連専門機関**として設立された。国際民間航空が安全にかつ整然と発達するように、また、国際航空運送業務が機会均等主義に基づいて確立され、健全かつ経済的に運営されるように、一定のルール等を定めることを目的としている。航空技術部門、航空運送、法律問題、地域活動、技術援助、航空保安施設の共同維持に関する事業が行われている。

ICAOが作成する**国際標準と勧告方式**は、シカゴ条約の以下の**19の分野**における附属書としてまとめられている。

(1) 技能証明、(2) 航空規則、(3) 気象、(4) 航空図、(5) 計測単位、(6) 運航安全、(7) 登録、(8) 耐空性、(9) 空港での出入国、(10) 通信装置、(11) 交通管制の運用、(12) 遭難救助、(13) 事故調査、(14) 飛行場設計、(15) 航空情報収集・伝達の方法、(16) 環境保護、(17) 航空保安、(18) 危険物輸送、(19) 安全管理。

標準の改正や新たな標準の策定については、**パネル**と呼ばれる専門家会議が検討対象毎に設置されており、それぞれのパネルの作業部会（ワーキング・グループ会議）において具体的な作業が行われている。

ICAOによって策定されたり改訂されたりする国際標準は、加盟国が国内で規則を制定する際の標準として尊重するべきものであり、法的拘束力はない。しかし、自国の規格がICAOと異なる場合にはICAOに通告することがシカゴ条約で義務づけられている。また、ICAO加盟国間の条約上の紛争については、シカゴ条約に**紛争解決メカニズム**が規定されており、加盟国の申請に従って理事会が審議を進めることになっている。

ICAOの理事国は36カ国で任期は3年である。理事国は3段階に分かれており、「第1カテゴリー」（航空運送において最も重要な国）11カ国、「第2カテゴリー」（国際民間航空のための施設の設置に最大の貢献をする国）12カ国、「第3カテゴリー」（その国を指名すれば世界の全ての主要な地理的地域が理事会に代表されることになる国）13カ国から構成されている。アメリカも中国も日本も第1カテゴリーの理事国を務めている。

このICAOのトップをめぐり2015年3月半ばの第204期ICAO理事会で選出され、2015年8月1日にICAO事務局長に就いたのが、中国出身の柳芳であった。柳芳の就任は、ICAO初の女性事務局長人事であり、中華人民共和国が1974年にICAOに加盟してから中国人として初のICAOの最高ポストへの就任であった（2018年3月も唯一の候補者として再選を果たしている）。また、中国は2013年に**防空識別圏**（**ADIZ**）を設定しており、ADIZ設定から最初のICAO事務局長選挙において事務局長のポストを獲得した。

2013年11月23日、中国国防部は「**東シナ海防空識別区**」を設定し当該空域を飛行する航空機は中国国防部の定める規則に従わなくてはならない旨を一方的に発表した。中国のADIZには、日本の沖縄県尖閣諸島、日本の領海とEEZ、そして公海の上空を含んでいた。その空域に中国は一方的に現状を変更してADIZを設定し、中国の規則に従うことを義務づけ、公海上の空域を飛行する航空機に対しても従わない場合には中国軍による「防御的緊急措置」がとられることを公表した。公海について、国連海洋法条約は、**公海上空の飛行の自由**と**領有権設定の主張の禁止**について、以下のように規定している。

第87条　**公海の自由**

1　公海は、沿岸国であるか内陸国であるかを問わず、すべての国に開放される。公海の自由は、この条約及び国際法の他の規則に定める条件に従って行使される。この公海の自由には、沿岸国及び内陸国のいずれについても、特に次のものが含まれる。

(a) 航行の自由

(b) **上空飛行の自由**

(c) 海底電線及び海底パイプラインを敷設する自由。ただし、第六部の規定の適用が妨げられるものではない。

―後略―

第88条　平和的目的のための公海の利用

公海は、**平和的目的のために利用**されるものとする。

第89条　公海に対する主権についての主張の無効

いかなる国も、公海のいずれかの部分をその主権の下に置くことを有効に主張することができない。

中国のADIZ設定措置は、国際法上の一般原則である**公海上における飛行の自由の原則**を不当に侵害するものであり、国際航空秩序に対して重大な影響を及ぼすものであった。これに対して日本やアメリカが強く抗議した。日本の海上自衛隊とアメリカ海軍が共同対処能力を内外に示すとともに、日本政府は26日夜、航空各社に対して中国へ飛行計画を提出しないことを要請し、各社は受け入れを決めた。

日本が設定している防空識別圏は、アメリカが日本の航空管制していた区域を引き継ぎ、1969年当時の防衛庁が訓令で定め、一部外れていた**与那国島**上空の線引きを2010年に見直し修正したものである。シカゴ条約第1条（主権）は、「締約国は、各国が自国の領域上の空間に対して完全に排他的な主権を有することを承認する」と領空に「排他的な主権」を認めているが、ADIZは外国籍の航空機に対する侵入禁止空域ではない。あくまでも防空上の要求から設定されている空域であり、民間機は事前に飛行計画を伝え許可を得ることで飛行ができる。事前通報のない航空機が入ってくる場合には領空に入らないように航空自衛隊機等のADIZ設定国の飛行機が緊急発進（スクランブル）して近づき、国籍の識別や飛行目的を確認し、退去させたり強制着陸させたりする。当時、日本の航空自衛隊のEP3P等は日中中間線の日本側空域を飛行していたが、米軍機の電子偵察機EP3や無人偵察機「グローバルホーク」等は中国沿岸付近でも情報収集を行っており、「アメリカに対する中国からのメッセージ」

であったとも言える。

この直後の11月29日に開催されたICAOの理事会で、日本政府は公海上空における飛行の自由と防空識別圏との関係について提起し、各国の防空識別圏の態様次第では国際民間航空の秩序と安全が脅かされるおそれがあるとして、公海上空における飛行の自由を確保するために、ICAOがその目的に沿った形でこの問題にどのような対応ができるのか検討することを提案した。アメリカやオーストラリア等が日本の提案に支持を表明した。また、翌月14日に東京で開催された日本とASEANの特別首脳会議の全体会合では、中国が東シナ海上空に設けたADIZを念頭に、ICAOの基準や慣行に遵って「飛行の自由および民間航空の安全を確保するための協力を強化する」との文言を盛り込んだ共同声明を公表した。

国際電気通信連合（ITU）：国際標準化＆インターネットの分断化

2017年11月4日、中国の標準化制度について定める**標準化法**が改正され、2018年1月1日から施行された。その第8条では、「国際標準化活動への関与を積極的に促し、標準化に関する対外協力及び交流を実施し、国際標準の制定に関与し、国情を加味して国際標準を取り入れ、中国の国内標準と国外の標準の間での転換、活用を推進する。国は、企業、社会団体、教育・科学研究機関等が国際標準化活動に関与することを奨励する」と規定されている。

ITUは、万国電信連合と国際無線電信連合が1932年に統合され、**国連専門機関**として発足した。その目的は、ITU憲章前文にあるように、電気通信の良好な運用により諸国民の間の平和的関係及び国際協力ならびに経済的および社会的発展を円滑にすることにある。ITUは**電気通信標準化部門**（ITU-T）、無線通信部門（ITU-R）、電気通信開発部門（ITU-D）と事務総局からなる。その業務は、**通信技術の標準化**、無線周波数スペクトラムの管理、途上国への技術協力にある。

ITUは、中国が選考する**量子暗号通信の標準化作業**も進めている。ITUにおける量子関連課題の標準化議論は、中国が「**中国標準2035**」の検討作業を開始したとされる2018年以降急速に活発化した。

このITUの事務局長には、2015年から中国人の趙厚麟が就いている。趙厚麟のITUトップ就任以来、ITUは「一帯一路」の**デジタル・シルクロード**への協力を推し進め、華為技術（HUAWAY）の援護を続けてきた。

情報通信分野では、電波（周波数）の割り当てや無線通信の方式等国際的な取極めを必要とする。また、国内外の通信システムにおける相互接続や相互運用等の統一した取極めを必要とする。情報通信における国際標準には、①国際標準化機関等によって定められる「**デ・ジュール標準**」、②複数の企業等が集まったフォーラムが作る業界標準の「**フォーラム標準**」、③市場で受け入れられている「**デ・ファクト標準**」の3種類がある。ITUや、電気・通信及び電子技術分野を除く全産業分野（鉱工業、農業、医薬品等）に関する国際標準化機関の**国際標準化機構**（ISO）、電気及び電子技術分野の国際規格の作成を行う国際標準化機関の**国際電気標準会議**（IEC）が策定するデ・ジュール標準は全世界で適用されることになる。ITUとISOとIECは2001年に**世界標準協力会議**（WSC：メンバーはITU-T、ISO、IEC会長、副会長、事務局長等）を設立し、連関を深めている。

これらの機関のトップに中国人が就任することで、国際的な標準化戦略・政策・規則の制定において中国がそれらの機関を戦略的に活用できることになり、中国の産業・企業の世界進出を後押しでき、産業の発展や貿易を促進することに繋げられている。ISOやIECの国際幹事になると、アジェンダ設定や議長の指名を主導することができるので、中国は近年国際幹事を多く引き受けている。また、機構トップの人事では、ITU事務総長の趙厚麟をはじめ、2020年1月にはIEC会長に舒印彪が就任している。ISOでも2015〜2017年の会長として初めて中国人の張暁剛が就任している。

国際標準化機関における中国の活動は、国際標準化だけではない。インターネットを国家がコントロールし、国境を越える情報を制限する「サイバー主権」を確立し、アメリカ等の民主主義国家とのインターネット上での分断化を図ろうともしている。2020年3月28日の*Financial Times*紙によれば、中国のHUAWAYは2019年9月と2020年2月にITUに対して「未来のネットワークを作るための新しいプロトコル（IP）」を作る提案をしていた。いずれの会合でもITUは採用しなかったものの、中国はインターネットのインフラストラクチャと標準化設計をデジタル外交政策の中核に据え、検閲ツールをより効率化させるインターネットの輸出を検討している。この中国の提案には、サウジアラビア、イラン、ロシアが支持をしている。

第9章　サイバー空間をめぐる米中競争

本章で学ぶこと

仮想空間＝サイバー空間には国境がない。しかし、サイバー空間における米中間の攻防は年々激しさを増している。サイバー空間をめぐる米中攻防において、パソコン等の個人のデバイスが大きな破壊力を持ち「兵器化」している。

本章では、まず第1節でサイバー空間における脅威の動向やサイバー攻撃の手法についての基礎的な言葉を確認する。次に第2節では、なぜ、サイバー空間での攻防が重要視されているのかを探るために、実際に火力兵器により衝突してしまうことが安全保障政策として失敗であること、また、「戦争における目的」と「戦争における目標」が異なるものであるという考え方を確認する。戦争に備える最大の目的は、戦争で戦わなくて済むようにすることである。続く第3節で、「総体国家安全観」を提唱した中国の危機認識と、中国に対するアメリカの警戒感が米中対立の根底にあることを学ぶ。第4節では、サイバー攻撃における7つのフェーズでの攻撃構造を破壊・切断することで防御・先制処置しようとする考え方である「サイバー・キルチェーン」について整理し、アメリカ政府の中国企業への一連の制裁がその一環であることを確認する。

クイズです

ジョージ・オーウェル（George Orwell）の『1984』が描いた「オセアニア」「ユーラシア」「イースタシア」の3つの超大国の終わりのない膠着状態は、現在の国際関係を考える上で示唆するものがあるでしょうか？　3分前後（約750字）で声に出して答えてみましょう。

第1節　サイバー空間という「ケーブルの中の戦場」

IoT時代のケーブルの中の攻防

現代社会に存在する多くの「モノ」にはセンサーなどの通信機器が取り付けられており、「**モノのインターネット**」(IoT) が急速に市場を拡大している。現在では、家電、事務機器、産業機器、医療機器、防犯機器、自動車などさまざまな「モノ」がインターネットに接続され、インターネット経由の相互情報交換によって、社会が動いている。

AI（人工知能）やIoTなどのデジタル技術の活用によって、社会構造は劇的に変革している。IoT時代の現在、もはや人間がデバイスに向かって入力したり何らかの行動を指示したりしなくとも、遠隔操作や事前操作によってオペレーションが可能になっている。人間が操作しなくとも、「モノ」が情報を感知し解析する。AIを活用すれば、さまざまな手法で収集された膨大なデータをAIが解析する。このような時代において、IoTをねらう脅威は民間の詐欺レベルから大国の情報機関による国家安全保障レベルに至るまで多岐にわたっている。

「サイバー空間」という通信ケーブルの中の仮想空間

サイバー空間（電脳空間）は、インターネットが形成する情報空間である。空間と言っても仮想空間のことであり、通信ケーブルの中の物理的な世界のことである。近年の国際政治では、「インターネットが形成する情報空間」に関連した、「サイバーセキュリティ」「サイバーテロ」「サイバー攻撃」といった言葉を頻繁に耳にしたり目にしたりする。cyberは「コンピュータ・ネットワークの」「コンピュータ・ネットワークを利用した」という意味の形容詞で、「サイバー空間」とはcyberneticsとspaceの合成語である。

国際社会の競争や戦争（の準備）では、情報収集の優劣が勝敗因を握っている。そうした情報が存在するのは、サーバーなどの記憶装置や通信ケーブルの中である。サイバー空間における各国の活動は、①情報収集、②情報盗取、③サイバー攻撃（政治的・社会的混乱を目的に行われるものは「サイバーテロ」

と呼ばれる）、④サイバー攻撃に対する防禦に大きく分類される。

「サイバー攻撃」

主なサイバー攻撃として、以下等が挙げられる。

◇ワーム、ウイルスの埋め込みによるシステムの破壊や改変

ワーム：「マルウェア」の一種。ユーザーの意図に反する有害な作用を及ぼすためのプログラムのことで、感染機能や自己拡散機能を持つ。

マルウェア：不正かつ有害な動作を行う目的で作成された悪意のあるソフトウェアや悪質なコードの総称。

（注：システムが破壊されることよりも、システムが乗っ取られてデータが書き換えられることの方が安全保障の脅威となる。）

【事例】 NATO軍のセルビア軍防空システムへのサイバー攻撃（1999年）：1999年のコソボ紛争でNATO軍がユーゴ空爆作戦を展開した際、NATOがセルビア軍の防空システムにハッキングして通信データを改竄し、防空システムの機能を低下させた事例。また一方で、親セルビアのハッカー・グループ「ブラックハンド」がNATOの軍事システムを攻撃したと表明した。これが事実であれば、民間人が軍のシステムを直接サイバー攻撃した事例である。

◇システムに対するDoS攻撃（「DDoS攻撃」／「分散型サービス妨害攻撃」ともいう）

DoS攻撃：標的とする公共機関や企業のサーバーやシステムに対して処理能力以上の大量のアクセスを行い、システムやネットワークの機能を低下させたり麻痺させたりして機能停止に追い込む攻撃。**バックドア**から他者を攻撃するためのボットが侵入すると、DoS攻撃の際の「**踏み台**」にされる可能性がある（「踏み台」とは、コンピュータやサーバーを乗っ取る際に利用する攻撃拠点のこと）。

ボット：自動化されたタスクを実行するアプリケーション。指令サーバーからの指示で、内部のデータを盗取したり外部へ攻撃したりする。感染すると第三者へのDDoS攻撃や攻撃の踏み台にされる可能性＝加害者になる可能性が大きい。

【事例】　エストニアに対するサイバー攻撃（2007年）：エストニアの親ロシア派住民と反ロシア派住民の対立が2007年4月26日夜に暴動へ転じると、翌日夜、50カ国以上の100万台以上のパソコンからエストニア政府機関等に一斉攻撃が始まり、エストニア国内で多くのインターネット・サービスが麻痺したり、システムやウェブサイトの改竄が行われたりした事件。この事件によってエストニアは約1週間にわたり国家機能が麻痺した。

【事例】　ジョージアに対するサイバー攻撃（2008年）：南オセチア紛争でロシア軍がジョージア（当時の「グルジア」）に侵攻した際、「ロシアの愛国的パルチザンのハッカー」がグルジアの大統領府、議会、外務省、国防省、メディアのコンピュータ・システムにサイバー攻撃して機能不全にした事件。

◇バックドアを利用するサイバー攻撃

バックドア：管理者に気付かれないように攻撃者がポートにアクセスして遠隔操作し内部情報を流出させたり犯罪行為の実行役に仕立てあげたりする「裏口」のこと。

（注：クライアント側にバックドアが仕込まれる場合、ダウンロードしたプログラムに「**トロイの木馬**」が仕込まれていたり、メールの添付ファイルを開いて感染したりして、気づかないうちにバックドアが作成されてしまう。サーバーにバックドアが仕込まれる場合は、攻撃者がサーバーのシステムやサーバー上で動作しているアプリケーションの脆弱性を突いて侵入し、バックドアが設置されてしまう。さらに、アプリケーションの開発中に意図的に組み込まれるバックドアもある。バックドアが設けられると、バックドアを設置した攻撃者が自由に遠隔から端末を操作できるようになる。このような乗っ取りを受けると、機密情報の盗取やデータの破壊や書き換え、操作記録（ログ）の盗取、DoS攻撃などの踏み台にされる可能性、攻撃者の遠隔操作によってインターネット経由で犯罪者に仕立てられてしまう可能性もある。）

【事例】　**オーロラ作戦**：第5章を参照。

【事例】　**HUAWAY事件**：2018年12月、華為技術（HUAWAY）副会長兼最高財務責任者（CFO）の孟晩舟（創業者の娘）は、イラン制裁違反と銀行詐欺の容疑等で、アメリカの要請に基づいたカナダ当局によって逮捕され、2019年1月にアメリカで起訴された。2019年5月には、アメリカのトランプ大統領が「安全保障上の脅威となる外国企業」の通信機器の調達をアメリカ企業に禁止する大統領令に署名した。これにより、HUAWAYに対する禁輸措置が発動された。

トランプ政権が中国のIT（情報技術）製品を締め出そうとしたのは、20世紀から長年にわたって製品に**バックドア**などの不正なプログラムが組み込まれ、スパイ活動に用いられるという安全保障上の懸念があったからとされている。2020年2月11日、アメリカのオブライエン（Robert O'Brien）大統領補佐官は、HUAWAYが世界中の通信事業者に販売している基地局やアンテナ、スイッチング機器などの通信事業者用装置に、通信事業者が気づかない「中国当局が使用できるバックドア」を仕込んでいたことを明らかにした。これを受けて、アメリカ検察当局は2月13日、HUAWAYを不正な利益を取得した組織犯罪と認定し、企業秘密窃取の疑いで追起訴した。

◇トロイの木馬

ギリシア神話で兵士が入った木馬がトロイアの街に招き入れられたように、PC用のスクリーンセイバー、画像や文書ファイル、スマートフォンの役に立ちそうなアプリ等、「好ましいプログラム」または「悪質ではないプログラム」であるかのように装うマルウェア。

【事例】　チベット亡命政府のメーリング・リスト登録者に対する「トロイの木馬」事件：チベット亡命政府のメーリング・リスト登録者全員へ、遠隔操作ができる不正プログラム「トロイの木馬」が仕込まれたMicrosoft社PowerPointのPPSX形式のExileRATファイルが送りつけられた2019年の事件。受け取り側のスマートフォンやパソコン端末のシステムに侵入し、個人情報の盗取やデータ破壊やプログラムの起動、監視を行ったとCisco Talosが公表した。ExileRATとは、システム情報（PC名、ユーザー名、ドライブ・リスト、ネットワーク・アダプタ、プロセス名）の盗取、ファイルの取得や転送、プロセスの実行や終了を実施できるRATのプラットフォーム。

◇スパムの送りつけ

スパム：受信者の意向を無視して無差別かつ大量に送りつけられるメッセージ。大量の迷惑メールによる営業妨害だけでなく、**スパイウェア**（人知れずPCに侵入して情報を特定の場所に送信するプログラム）などのマルウェア感染や**フィッシング**（オンライン上で個人情報などを騙し取る詐欺行為）を併うものがある。

【事例】　ゴーストネット事件（2009年）：チベット最高指導者のダライ・ラマ14世のwebsiteをはじめ103カ国の1295台のPCが不正アクセスを受け、監視目的のウイルスが仕掛けられた事件。トロント大学ムンク国際研究センターの専門家が明らかにした。攻撃による監視を受けたのは、インド、ブリュッセル、ロンドン、ニューヨークにあるチベット亡命政府事務所、東アジアと東南アジアの政府機関、アジア開発銀行、ASEAN、NATO、AP通信社等。ターゲットとなるPCを「**ゴーストネット**（インターネット経由のスパイ情報網）」の監視下に置くために、メールの添付ファイルでウイルスを送りつけ、ターゲットとなるPCに感染させ、情報を盗取したり、ウェブカメラやマイクといった周辺機器を勝手に動かしたりする。

◇ゼロデイ攻撃：ソフトウェアの脆弱性（セキュリティホール＝システムセキュリティ上に発生する不具合や設計ミスによる弱点）が発見されて修正プログラムが提供される日（＝One day）より前に、その脆弱性を悪用する攻撃。

【事例】　中国に拠点を置き国家の支援を受けるハッカー集団Hafniumが2021年１月初旬にソフトウェアの欠陥を発見して攻撃を始め、２月下旬までには中国国家安全部と関係する他のハッカー集団もこの脆弱性を悪用して、Exchangeのサーバー内にスクリプトを実行できる機能を構築して長期的にハッキングを容易にするマルウエアをインストールし、その組織内のデータを抜き出してファイルサーバーなどにアップロードする等、攻撃が大規模なものになり、標的が世界の主要産業や政府にまで拡大していったことで、マイクロソフト社が2021年３月に顧客に対して修正プログラムをダウンロードするように呼びかけた事件。侵入されたのは12カ国以上の政府機関や欧州銀行監督機構等の国際機構から、民間銀行、電力供給会社、老人ホーム、アイスクリーム会社等多岐にわたり、世界で25万台以上のサーバーが影響を受けた。

アメリカと同盟国グループの政府は、2021年7月19日、中国による一連の悪質なサイバー攻撃を批判し、中国国家安全部が関与していると一斉に批判した。「同盟国グループ」には、イギリスやカナダ等の北大西洋条約機構（NATO）加盟国、欧州連合（EU）、オーストラリア、ニュージーランド、日本が参画した。NATOは6月14日にブリュッセルの本部で開催された首脳会議で中国の軍事的脅威に懸念を示す首脳宣言を発表したばかりであった。

米中首脳会談直前のスノーデンによる告発

IoTは社会や生活を豊かにするものである。しかし、それだけではない。各国の情報収集・情報盗取などにも利用されている。その最も有名な事例の1つは、世界中に波紋を拡げた「**スノーデン事件**」であろう。

スノーデン事件とは、アメリカの国家安全保障局（NSA）によるアメリカ国民や諸外国等への大規模な監視活動と情報収集について、元NSAおよびCIA（中央情報局）局員の**スノーデン**（Edward J. Snowden）が2013年6月に香港で告発した事件である。後に、アメリカの大手IT企業が世界的な通信監視プログラムPRISM（プリズム）に同意の上で関与していたことが明らかにされた。スノーデンによる告発が*The Guardian*紙に掲載された翌日の6月7日、中国の習近平国家主席が訪米し、アメリカのオバマ大統領との首脳会談でアメリカに対する中国によるサイバー攻撃が議題にのぼるはずであった。しかし、スノーデンの告発の影響で米中首脳会談におけるサイバー問題はうやむやとなった。

スノーデンにより、アメリカ政府の盗聴活動は欧州諸国や日本等の同盟国でも行われていたことが暴露された。メール、チャット、ビデオ会議、ネット検索履歴、電話での通話等、世界中のあらゆる通信経路を経る情報をNSAが掌握しようとしている事実に、世界中が驚いた。日本では内閣府、経産省、財務省、日銀、同職員自宅、三菱商事の天然ガス部門、三井物産の石油部門などで電話盗聴があったという文書が公表されている。その後の日本においては、同年2013年12月6日の第185回国会で**秘密保護法**が成立し、同月13日に公布され、2014年12月10日に施行された。

第2節　クラウゼヴィッツと孫子から学ぶ「戦争」と「戦術」：戦争準備の最大の目的は、戦争を戦わなくても済むようにすること

「情報システムに基づく体系的な作戦能力」を高めようとする中国

中国政府が2015年5月26日に公表した国防白書『中国の軍事戦略』は、「戦うことができ、勝ち戦をすることができる軍事闘争の準備」を謳った。そのうえで、同白書は「情報システムに基づく体系的な作戦能力を高める」ことを明示した。同書は、中国にとって「能力を発展させる重大な安全保障分野」として、「海洋」「宇宙」「サイバー空間」「核戦力」を挙げた。同書は、「サイバー空間は経済・社会発展の新たな支柱であり、国家安全保障の新たな領域である」「サイバー空間をめぐる国際的な戦略的競争が日々激しくなっており、少なくない国がサイバー空間における軍事力を発展させている」と、サイバー空間戦略を重要な軍事領域に位置づけた。

2020年12月26日に第13期全国人民代表大会第24回会議で可決された「改正国防法」（2021年1月1日施行、2009年以来11年ぶりの改正）では、従来の「第4章　国境防衛、海上防衛、空中防衛」に「とその他重要な安全保障分野の防衛」が追加され、既存の条文に「国は必要な措置を講じ、宇宙、電磁、サイバースペースを含むその他の重大な安全保障分野の活動、資産及びその他の利益の安全を擁護する」が追加された。

クラウゼヴィッツの『戦争論』：戦争とは他の手段をもってする政治の継続

プロイセンの軍人で戦略家であった**クラウゼヴィッツ**（Karl von Clausewitz、1780～1831年）は**『戦争論』**において、「**戦争とは他の手段をもってする政治の継続にほかならない**」と指摘し、「政治の手段としての戦争」、「政治交渉の一部としての戦争」を論じた。クラウゼヴィッツは、戦争の究極の目標が「自国の安全と敵国の完全なる打倒」であると記す一方で、実際の戦争が敵の殲滅にまで至らないのは、戦争というものが常に政治的動機から勃発するものであり、戦争は政治的意図を達成するための「あくまでも手段」にしかすぎないと論じている。

戦争とは勝ちさえすればいいわけではない。「勝った後」が重要である。戦争における「目標（戦争で獲得するもの）」と「目的（戦争で達成するもの）」は、同じではない。敵戦闘力の壊滅は、軍事行動の「目標」ではあるものの、戦争の「政治的目的」ではない。敵の殲滅という究極目標に近づけば近づくほど、「戦争という手段」と「戦争による目的」の乖離が拡大するかもしれない。そこで、クラウゼヴィッツは「戦争は必然的に政治の性格を担わなければならず、その規模は政治の尺度で測られねばならない」と論じたのである。

『孫子』の兵法：「戦わずして勝つ」

中国最古の兵書『孫子』13篇に記されている現代でも指針となる戦術は、広く世界中で読まれてきた。中国の戦略を読み解くうえで、重視すべき主な点として、以下等が挙げられる（太字は口語テキスト。細字は著者による解説）。

〈1〉計篇（開戦前に熟慮すべきことを述べた篇）「兵とは国の大事なり、死生の地、存亡の道、察せざるべからずなり」

戦争とは国家の大事である。死活が決まるところが存亡を決めるところなので、熟考しなければならない。そのために、5点（道、天、地、将、法）について経（はか）り、目算で比較し、その時の実情を策（はかる）のである。「道」とは、民を上と意を同じにする政治のあり方である。そこで、民は死生を共にして疑わないのである。「天」とは、陰陽、寒暑、時制である。「地」とは、遠近、険易、広狭、死生である。「将」とは、智・信・仁・勇・厳である。「法」とは、曲制（軍隊の編成）、官道（軍のガバナンス）、主用（軍事費）である。およそこれらの5点について、これらをよく理解している者は勝ち、これらを理解していない者が勝てないのである。よって、これらを比較して計り、その実情を策（はかる）のである。これらの5点によって、戦わずしてすでに勝敗を知るのである。

〈2〉謀攻篇（謀〔はかりごと〕によって攻めること＝戦わずして勝つ要道を述べた篇）「戦わずして人の兵を屈するは善の善なる者なり」

孫子は言う。およそ戦争においては、無傷で敵を屈服させるのが最善策である。敵を打ち破って勝つのはそれに劣る。百回戦争して百回勝つのは最善策ではない。戦争をせずに敵の兵を屈服させることが最善策である。

〈3〉謀攻篇「ゆえに上兵は謀を伐つ」

最善の戦争とは、敵の陰謀を陰謀のうちに破ることである。その次は、敵国の外交関係を破ることである。その次は、敵の軍を伐（う）つことである。最も拙いのは、敵の城を攻めることである。敵の城を攻める方法は、他の手段がなくてやむをえずに行うものである。これが謀（はかりごと）で攻める方法の原則である。

〈4〉謀攻篇「彼れを知りて己を知れば、百戦して殆（あや）うからず。彼れを知らずして己を知れば、一生一負す。彼れを知らずして己を知らざれば、戦う毎に必ず殆し」

戦争で勝つためには５つのことが必要である。第１に、戦うべき時と戦うべきではない時を知っていれば勝てる。第２に、大軍と小勢のそれぞれの使い方を知っていれば勝てる。第３に、上下の人々の求めるところが同じであれば勝てる。第４に、よく準備しておき油断している敵と戦えば勝てる。第５に、将軍が有能で君主がそれに干渉しなければ勝てる。敵と味方の双方の情勢を知っておけば、百回戦っても危険は少ない。敵の情勢を知らないで味方の情勢のみを知っているのであれば、勝ったり負けたりする。敵も味方もその情勢を知らなければ、戦うたびに危険である。

第３節　中国の危機認識とアメリカの警戒感

「総体国家安全観」の危機認識：「国際安全」と「国内安全」

中共の重要会議の一つに「三中全会」がある。中共では１期５年の任期中に７回の中央委員会の全体会議が開かれるが、一～二中全会で党や国家の人事を決めた後、三中全会で新指導部の中長期的な基本方針が決められ、それを受けて中国の国家としての政策方針が決められていく。習近平にとって最初の三中全会が2013年11月9～12日に開かれた第18期三中全会であった。その席で

国家安全委員会の設立が決定され、習近平がそのトップに就いた。翌年4月15日の第1回会議で習近平によって提唱されたのが「**総体国家安全観**」である。

三中全会直前の2013年10月に**日米安全保障協議委員会（2プラス2）**が開催されたが、重要議題の一つは、台頭する中国を抑止する防衛協力指針（ガイドライン）の再改定であった。日米はグローバルな貿易網を有する海洋国家として国際法の尊重に基づく海洋秩序を維持することの重要性を強調した。

2013年は、習近平にとって国内環境も厳しいものであった。2013年3月、人権の擁護や尊重等を訴えた**新公民運動**が展開され、全国各地で活動家が拘束された。4月の『人民論壇』による「一党が政権を担う制度をどう思うか」というアンケートで8割もの回答者が否定的に答えた。5月には、公民権や言論の自由や司法の独立を語るユーザーを対象に、「ネットでのデマ」を取り締まるキャンペーンが展開された。また、社会問題をめぐる集団抗議活動（**群体性事件**）が高まり、一部の地方政府では政策変更を余儀なくされた。さらには、三中全会直前の10月28日、天安門付近で車両が突入し炎上する事件が起こり、ウイグル人家族を含む死傷者が出た。公安当局はこの事件を直ちに「テロ」と認定し、外交部は10月31日にこの事件が**東トルキスタン・イスラーム運動（ETIM）**と関連していると表明した。東トルキスタン・イスラーム運動とは、イスラーム法（シャリーア）に基づくイスラーム国家を樹立することを目的として設立された過激テロ組織である。国連からはアメリカが「テロとの闘い」を最重視する最中の2002年「9月11日」にテロ組織として認定された。

こうした中で開催された三中全会において、習近平は、中国が「対外的に国家の主権、安全、発展利益を維持し、対内的に政治安全と社会安定を維持しなければならないという二重の圧力に直面している」との認識を示し、国家安全委員会を立ち上げたのである。それから半年後に開催された国家安全委員会において、習近平は**「国際安全」と「国内安全」を同時に重視**し、**伝統的安全保障と非伝統的安全保障を同時に重視**しなければならないと表明し、それに関わる領域を政治、国土、軍事、経済、文化、社会、科学技術、情報、生態系、資源、核の11項目に広げた。この総体国家安全観を中共は**国家安全法**をはじめとする国法で具現化し確立していったのである。

2014年5月6日に国家安全保障の青書として1度だけ刊行された『**中国国**

家安全研究報告（2014）』が公表された。同書は、総体国家安全観が打ち出された背景として、「中国が国際社会におけるプレゼンスを増大させるのにともない、それを抑え込もうとする外部勢力からの挑戦も増大している」という認識を示した。中国の指導部はこのような「外部からの圧力」として TPP、民主主義や人権をめぐる中国への攻勢の強化を捉えていると同書は明示した。とりわけ、中国の指導者たちが最も危機感を強めたのは、「国際的に強まる圧力」がウイグル問題などの中国国内に存在する「矛盾」と連動する可能性に対してであった。『中国国家安全研究報告（2014）』は、国際テロ活動が激化の一途をたどる中で、2013 年は中国国内でもテロ事件が頻発したと指摘していた。そうした「矛盾」を利用して「体制転覆」や「国家分裂」を図ろうとする「国内外の勢力」に、中国共産党は危機認識を高めたのであった。それゆえ、「国際安全」と「国内安全」の両面を包括する概念として打ち出された「総体国家安全観」は、非伝統的安全保障をも重視しているのである。

「カラー革命」への危機認識

サイバー空間における米中の攻防は、先端技術をめぐる覇権をかけた競争だけではない。中国にとって、米中間の対立構図の一面は、異なる政治体制間における体制の「生存（サバイバル）」でもある。

中国国務院新聞弁公室は 2011 年 9 月 6 日に白書『中国の平和的発展（中国的和平発展）』を公表し、中国共産党や中国政府にとって「妥協する余地のない利益」としての「**核心的利益**」について、(1) 国家主権、(2) 国家安全保障、(3) 領土保全、(4) 国家統一、(5) 中国憲法に定められた国家の政治制度と社会の大局の安定、(6) 経済社会の持続可能な発展の基本的保障の 6 点を挙げた。中共によって最も重要な利益は「国家の政治制度と社会の大局の安定」、言い換えれば、中共による一党独裁体制の維持である。

中国はアメリカによる「**カラー革命**」「**和平演変**」に対して大きな危機認識を持っている。「カラー革命（Color revolution）」とは、21 世紀に独裁政権の交代を求めて起こった民主化運動により統治体制が変革された運動のことである。中国やロシアは、社会主義体制の転覆のためにアメリカが「カラー革命」を謀《はか》っているとみなしている。「和平演変」とは、平和的手段によって社会主義体制を崩壊させることである。

「カラー革命」には、以下等が挙げられる。2003年のジョージア（当時の「グルジア」）における「バラ革命」、2004年のウクライナにおける「オレンジ革命」、2005年のキルギスにおける「チューリップ革命」、等である。また、2009年のイランにおける「緑の革命」、2010年から2011年にかけてのチュニジアにおける「ジャスミン革命」に始まりアラブ世界に広まった「アラブの春」、2014年の「ウクライナ危機」も、「カラー革命」に含まれる。2014年の台湾で学生と市民らが立法院を占拠した社会運動「**ひまわり学生運動**」、2014年香港での「**雨傘運動**」も「カラー革命」の一環と認識されている。2019年以降の香港の反政府運動・民主化運動は2019年夏に中共によって「カラー革命」と認定された。

雨傘運動とは、2014年9月28日から79日間続いた香港の民主化要求デモのことである。2017年の香港行政長官選挙をめぐり、中国中央が香港の汎民主派を排除する選挙方法を決定したことに抗議する数万人の学生や市民が銅鑼湾（コーズウェイベイ）などの香港中心部を占拠した「Occupy Central（佔中＝セントラルを占拠せよ）」運動のことである。香港警察が催涙弾や催涙スプレーでデモ隊を排除しようとした攻撃に、デモ参加者が雨傘をさして対抗したことから「雨傘運動」と呼ばれている。

アメリカによる「カラー革命」や日本の「**価値観外交**」、「**自由と繁栄の弧**」と言った中国包囲政策に対して、中国は強く警戒してきた。中国は上海協力機構（SCO）のメンバー国と情報交換など協力や相互支持を推し進め、「各国の選んだ発展方向（＝政治体制）」を保障し合い、国家と周辺地域の安定を維持してきた。ウクライナ危機直後の2014年4月には、タジキスタンの首都ドゥシャンベで開催されたSCO加盟国安全保障会議の第9回会議において、国務委員で公安部部長の郭声琨が次のように語っている。「ロシアを含める地域安全協力のパートナーシップを促進し、監視と制御のネットワークを共同で強化し、外部勢力がその他の国家において、“外部勢力が社会の矛盾と社会の問題を利用して執政当局を覆そうと企てるカラー革命”の扇動を防止しよう」と。「カラー革命」への対策は、中国とロシアの「最も重要な利益（＝体制維持）の擁護」であり、両国の安全保障の重要な政策として位置づけられている。

アメリカ側が「カラー革命」を「民主化の進展」として描く一方で、中国側が「カラー革命」を「アメリカの陰謀による政府転覆の企み」として捉えていることが、米中対立構図の一要素となっている。

中国の「国家安全法」と「国防法」とサイバー空間における国家主権

このようなカラー革命を含め、中国の国内外に対する危機認識への対応として中国が国法化したのが、2015年の「国家安全法」であった。

中国の「国家安全法」は、重視すべき要素として、対外的な安全保障と国内の安全保障、国土と国民の安全保障、伝統的安全保障と非伝統的安全保障、社会発展の問題と安全保障の問題、個人と共同の安全保障の10点を挙げた。また、国家安全法第25条には、インターネットと情報の安全保障システムを構築し、その技術的能力を向上させ、インターネットと情報技術の革新的な研究開発を強化し、ネットワークへの攻撃、侵入、機密の抜き取り、違法で有害な情報の拡散等の違法行為を防止、阻止、法による取り締まりを強化し、サイバー空間における国家の主権と安全保障と利益を擁護することが規定された。

また、2020年12月26日に改正されて2021年1月1日に施行された中国「国防法」は、宇宙とサイバー空間等を含む領域における中国の「発展の利益」を守り、国際秩序を守り、国際ルールを作る姿勢を示した。

さらに、次項で述べる一連の法整備には、香港雨傘運動等の反政府の声を挙げる人々がSNSやYouTube等の動画サイト投稿を利用していたことに中国当局が大きな危機感を抱いていたことがうかがえる。また、2010〜2011年にかけてチュニジアにおいては「ジャスミン革命」が起こり長期政権に終止符が打たれ、ジャスミン革命を契機に起こった民主化運動「アラブの春」がエジプトやリビア等で長期政権を崩壊させた際、インターネットやSNSが民主化運動に大きな役割を果たしたことを受けて、サイバー空間における規制や政府による管理強化を強めることになった。

中国の「ネット強国」への道と「サイバー空間の主権」

中国とオバマ政権期のアメリカは、2015年9月25日の米中首脳会談で、知財に関わるサイバー攻撃を両国政府が容認しないこと、また、ハイレベル対話でサイバー空間における信頼醸成措置を構築していくことに合意した。また、同年12月2日の中国の郭声琨国務委員とアメリカのスーザン・ライス大統領補佐官との会談では、サイバー犯罪を取り締まるガイドライン策定や米中間のホットライン設置で米中両国が合意した。

しかし、この頃の中国はすでに「ネット強国」の建設へと歩み始めており、「サイバー空間における主権擁護」を強調していた。中国は中央ネットワーク安全・情報化指導小組を2014年2月に設立し、ネット戦略の策定に着手した。2015年7月に制定された「国家安全法」第25条では、インターネットおよび情報の安全保障について、「国は、インターネット・情報安全保障体系を構築してその技術的能力を高め、インターネットに対する管理を強化し、サイバー攻撃等の違法行為を取り締まり、インターネット空間における国家の主権、安全および利益を維持する」と規定された。

その年の3月に開催された全国人民代表大会の政府活動報告において、李克強は「互聯網+（インターネットプラス）行動計画」を公表した。「インターネットプラス」は、ネット技術、クラウド、ビッグデータ、IoT等でさまざまな産業と連携し、新たな産業発展の推進を目指すものである。2015年7月4日に国務院が「インターネットプラス行動を積極的に推進することに関する指導意見」を発布し、中国はデジタル先進国へ邁進していった。

この頃から、習近平をはじめ中国共産党はサイバー空間におけるグローバル・ガバナンスの構築を盛んに提唱するようになっていった。2015年12月16日には、浙江省烏鎮で開催された第2回世界インターネット大会の開幕式で習近平が基調演説を行い、「**サイバー空間運命共同体**」について重点的に語り、中国の世界インターネット・ガバナンスに関する主張を明示した。習近平は、(1) **サイバー主権の尊重**（国連憲章に定められている主権平等の原則と内政不干渉の原則の尊重）、(2) 平和と安全の確保（ネット空間を各国の競争の場にせず、サイバーテロやマネーロンダリングや不正取引やハッキング攻撃には国際条約に基づく制裁）、(3) 開放と協力の促進（ゼロサムの観念を捨て相互信頼と互恵）、(4) 良好な秩序の構築（法に基づくガバナンスの堅持。ネットの中では自由を唱えるだけでなく秩序を維持する必要性）、の「4つの原則」に基づきグローバルなインターネット・ガバナンスの変革推進を訴えた。

また、「サイバー空間運命共同体」の共同構築にあたって、(1) グローバルなネットワークインフラの建設加速、(2) ネットワーク文化交流プラットフォームの創造、(3) ネットワーク経済の革新発展の推進と「**デジタル中国**」**の建設推進**、(4) サイバーセキュリティの保障（通信傍受やサイバー攻撃やサイバー空間における軍拡への反対）、(5) インターネット・ガバナンス体系の構築（公正と正義の推進、一国主義への反対、インターネット・ガバナンスにおける多国間主義）、の5点を主張した。

さらに、国務院の国家インターネット情報弁公室、国家発展改革委員会、工業情報化部は、今世紀半ばまでの「**ネット強国**」の建設を総目標とする「**国家情報化発展戦略綱要**」を2016年7月に公表した。ネットユーザー数、ネットショッピング取引額などで世界1位の中国は、既に「ネット大国」である。2013年以降は「**ブロードバンド中国**」が実施され、物流拠点から配送目的地までの「**ラストワンマイル**」配送で全国的に繋がっている。そのネット大国が「ネット強国」を目指すと表明したのである。具体的には、情報化と工業化の融合した革新的情報経済システムの構築、ガバナンスの構築、ネット企業のグローバルなサービス・システムの発展、サイバー空間におけるガバナンスの構築、サイバーセキュリティ・システムの整備等が盛り込まれた。

2016年11月7日に全国人民代表大会常務委員会が採択した「**サイバーセキュリティ法**」は、「ネット空間の主権と国の安全保障の保護」を目的として掲げ、2014年11月に全人代常務委員会で採択された「**反間諜法（反スパイ法）**」、2016年4月に全人代常務委員会で採択された「**域外NGO域内活動管理法**」等とも連動して、国内外の政治活動や言論統制にも用いられている。具体的な規制としては、インターネット関連商品およびインターネット・サービスを中国基準へ適合する義務、中国で収集したデータの中国国内保存義務、データを国外へ持ち出す際の監督部門への報告と審査の義務、年1回のセキュリティ監査実施、ネットを利用した国家分裂扇動の禁止、外国からのサイバー攻撃を行った組織や個人に対する当局による財産凍結やその他必要な制裁措置の決定、セキュリティ製品の認証義務等が明記されている。2017年5月15日には、米日豪EUの54団体が同法への懸念を記した意見書を中国当局に提出したものの、同法は予定どおり6月1日に施行された。

さらに、2016年12月27日には、国家インターネット情報弁公室から「**国家サイバー空間セキュリティ戦略**」が公表された。同戦略は、サイバー空間も「国家主権の重要な構成部分」であるとし、インターネットを利用した他国への内政干渉や社会動乱の扇動等に危機感を示し、テロやスパイ、機密窃取に対抗する能力を強化する姿勢を示した。具体的には、以後の一定期間の国のサイバー空間セキュリティの取り組みにおける戦略課題として、(1) サイバー空間の主権を揺るぎなく守る、(2) 国の安全を断固として守る、(3) 重要な情報インフラを保護する、(4) サイバー文化建設を強化する、(5) サイバーテロと違法犯罪を取り締まる、(6) サイバー・ガバナンス・システムを整備する、(7) サイバーセキュリティの基礎を固める、(8) サイバー空間の防護能力を高める、(9) サイバー空間の国際協力を強化する、の9点を同戦略は挙げた。

2017年3月1日には、中国外交部と国家インターネット情報弁公室が、「**サイバースペース国際協力戦略**」を発表し、「サイバースペースの運命共同体を共に構築していくべきである」と提唱した。同戦略は、サイバースペースにおける国際協力は、①平和、②主権、③共同管理、④一般特恵の4つの原則に基づいて推進するべきであり、国連憲章の主権平等の原則を堅持し、サイバースペースにおける覇権主張を行わず、他国の内政に干渉しないこと、各国が共同でサイバースペースにおける国際ルールを制定し、多国間で民主的かつ透明なグローバル・インターネット・ガバナンス・システムを構築することを呼びかけた。

デジタル・シルクロード

習近平指導部は総体国家安全観の下に国家安全法制の体系的な整備を進めていた。その一つが、「いかなる組織も公民も、国の情報活動に協力しなければならない」と規定した**国家情報法**であった。同法は、2016年12月の第12期全人代常務委員会第25回会議に提出され、2017年6月27日に可決・成立、翌日施行された。

その半月後の14～15日にかけて、中国は北京で初の「一帯一路」国際協力サミット・フォーラムを主催した。このフォーラムで、中国は「一帯一路」における情報通信技術の連携・相互交流を目指す「**情報ハイウェイ**」の構築、後に「**デジタル・シルクロード**」と呼ばれる構想の構築を呼びかけた。

デジタル・シルクロードとは、5Gをはじめとする次世代デジタル技術における国際標準化の主導権を中国が確保していくことを目的とするプロジェクトである。もともとデジタル・シルクロード構想は、2015年3月に国家発展改革委員会・外交部・商務部が公表した「一帯一路」白書の中では、「**情報シルクロード**」**構想**として提起されていた。しかし、2017年5月に開催された第1回「一帯一路」国際協力サミット・フォーラムで習近平が「デジタル・シルクロード」を打ち出した。

世界的にCOVID19が蔓延する中で、「一帯一路」の沿線国でデジタル・シルクロードが加速している。一連の法制化によって「一帯一路」プロジェクトで広がる中国企業関連の5Gネットワーク、デジタル決済システム、光ケーブル、海底ケーブル、中国独自の衛星測位システムである「**北斗衛星測位システム**」等の情報を、中国当局は請求さえすれば入手が容易にできてしまう。これらの膨大な情報をAIで処理し、高度な監視社会を構築しようとしていることに対して、アメリカは安全保障上の問題として警戒を強めているのである。中国のAI顔認識技術の技術は極めて高く、2019年5月にはAI顔認識技術を用いたパンダの個体識別技術まで開発したと発表しているほどである。

APT攻撃を重視する米中

近年、**高度で執拗な攻撃（APT攻撃）**が多数確認されている。国家が関与するサイバー攻撃グループはAPTとも呼ばれる。

2015年12月31日、人民解放軍の「陸軍指導機関」「ロケット軍」ならび「戦略支援部隊（Strategic Support Force：SSF）」の創設大会が北京で開催された。さらに、海軍と空軍で5つの軍種構造が公表された。2016年1月11日には、軍事委員会の機関各部門の設置が完了し、従来の4総部から15の軍事委員会機能部門へ移行した。2016年2月1日、「5大戦区」の調整が完了し、人民解放軍は「7大軍区」から「5大戦区」へ移行した。「戦略支援部隊」が宇宙戦・サイバー戦・電子戦を担当しており、ネットワークシステム部（NSD）がサイバー攻撃の司令部である。日本を担当しているのが、青島に所在する「61419部隊」とされている。

中国のAPT攻撃部隊として有名なのが、2015年末まで「総参謀部の第3部（技術偵察部）」下にあった「61398部隊」である。経済活動や軍事情報、諜報活動を目的とした国家戦略の一部として、情報窃取や中国企業へのフィードバックがなされていると言われていた。61398部隊の存在が注目されたのは、アメリカの情報セキュリティ企業マンディアントが2013年2月19日に詳細な研究レポートを発表してからである。同報告書は、中国軍の管轄下でサイバー攻撃を行うハッカーは少なくとも「数百人、あるいは数千人の人員が配置されている」との推計を示した。また、同報告書は、サイバー攻撃を追跡し61398部隊が拠点を置く上海の浦東新区を特定したとする内容も含んでいた。マンディアントの報告書を基に61398部隊の本拠地と地図を掲載した*New York Times*紙は、アメリカの新聞社や政府機関、企業などのハッキングを行うグループ「Advanced Persistent Threat」がアメリカの電力網などの重要インフラを標的にしていると報じた。

同年6月のスノーデン事件によって「アメリカによる国際的なサイバー諜報活動」が国際輿論の批判に晒されてしまったため、アメリカが中国側へ突き付けるはずであった「アメリカに対する中国のAPT」は、米中首脳会談で踏み込まれることはなかった。しかし、2018年12月20日アメリカ司法省は、中国国家安全部傘下の中国を拠点とするAPT10がアメリカを含む12カ国以上の政府や軍やテクノロジー・通信・金融等の企業から知財や機密情報を盗取した容疑で2人の中国人を逮捕し、違法なAPT攻撃を止めるように中国へ呼びかけた。アメリカ司法省は、被告人らが中国国家安全部とも協力し、COVID19のワクチン開発に従事するアメリカ企業のネットワークの脆弱性を調査したとも指摘した。

第4節　サイバー・キルチェーン

アメリカの軍事技術革命とキルチェーン

「軍事技術革命」とは、新興テクノロジーと攻撃部隊間の新しいバトルネットワークを通じて、米軍が「**キルチェーン**（Kill Chain：敵の攻撃の構造を把握し、切断することで防御力を高める考え方）」と呼ぶものである。1992年の「ネ

ットワーク中心の戦い（NCW）」、2002 年にブッシュ政権のドナルド・ラムズフェルド国防長官が名づけた「**トランスフォーメーション**」、2014 年にオバマ政権のロバート・ワーク国防副長官が命名した「**第３の相殺戦略**」、いずれも、その基本概念は同じである（1950 年代にアイゼンハワー政権で推進された「第１の相殺戦略」は、東側の通常戦力の優位を「相殺」するための「**ニュールック戦略／大量報復戦略**」であった。1970 年代の「第２の相殺戦略」は、通常戦力における東側の優位に対するステルス技術や戦闘管理のネットワーク化であった。オバマ時代の「第３の相殺戦略」は、先端軍事技術による米軍の優位性を維持し作戦アクセスを確保することが戦略目標とされた。具体的には、無人機による作戦展開、海中戦闘能力、長距離攻撃能力、ステルス性兵器の開発、伝統的戦力と新技術の結合であった）。

「サイバー・キルチェーン」とは？

キルチェーン（Kill Chain）は、もともと軍事領域で使用されてきた言葉であり、敵の攻撃の構造を破壊する、切断することで自軍を防御、先制処置する考え方である。この考え方を基に、2009 年にロッキード・マーチン社がサイバー攻撃に対して提唱したものが「**サイバー・キルチェーン**（Cyber Kill Chain）」である。サイバー攻撃の７つの各フェーズにおける攻撃に対して有効な対策をとり、いずれかの段階において攻撃を阻止できれば、最終的には標的型攻撃から防衛できるという考え方である。

サイバー攻撃の具体的な内容は、以下の７つのフェーズに分類される。

①　**偵察**（Reconnaissance）：標的となる個人や組織を事前調査する。例えば、インターネットや SNS の公開情報、メール情報、組織へ潜入し攻撃に必要な情報を収集する。

②　**武器化**（Weaponization）：攻撃のために、武器となる脆弱性をつくコード作成や感染させるエクスプロイトキットやマルウェア等を作成する。

③　**デリバリー**（Delivery）：マルウェアを添付したメールや悪意ある URL リンク付きメールを仕掛けアクセスを待ったり、直接対象組織のシステムへアクセスしたりする。

④　**エクスプロイト**（Exploitation）：標的にマルウェア等の攻撃ファイル（エ

クスプロイト）を実行させたり、悪意あるリンクにアクセスさせたりしてエクスプロイトを実行させる。

⑤　**インストール**（Installation）：エクスプロイトにより攻撃コードが実行されると、標的がマルウェアに感染し、マルウェアが実行可能になる＝マルウェアがインストールされる。また、標的となっているPC利用者がうっかりメール等の悪意のあるURLにアクセスしてしまったり、マルウェアが含まれた添付ファイルを実行してしまったりすることで、マルウェアのインストールが完了してしまう。

⑥　**指令＆制御**（Command & Control）：マルウェアとC&Cサーバー（マルウェアに命令や制御コマンドを送信する外部サーバー）が通信可能になり、遠隔操作される。

⑦　**目的の実行**（Actions on Objectives）：侵入したPCから他のPCに侵入して、目的の情報を暗号化通信で盗取、改竄、データ破壊、サービス停止等、攻撃者の目的が実行される。最後に痕跡を残さずにログ等を消去する。

カーネギー国際平和財団のクリスチャン・**ブローズ**は、著書（*The Kill Chain：Defending America in the Future of High-Tech Warfare*）の中で、従来の戦争のように武力を行使することなく、情報ネットワークの重要施設に攻撃を仕掛けて相手国の機能を麻痺させ国家機能を無力化し、支配下に置くような新しい戦争のあり方が現代の政治的戦争である、と説いた。ロシアでは2013年にワレリー・ゲラシモフ（Valery Gerasimov）が武力を用いた戦闘の役割は小さくなり非軍事的攻撃によって相手を弱体化させることが中心的な戦略になると説いている（いわゆる、「**ゲラシモフ・ドクトリン**」）。

サイバー、宇宙、情報領域といった「グレー・ゾーン」における非伝統的な手段でアメリカに戦いを挑んでいるのが中国であるとブローズは指摘している。

また、ブローズは21世紀の20年間で対テロ戦争に追われてきたアメリカが、2010年からの軍事予算削減によって、先端技術で中国に差をつけられてしまったと警鐘を鳴らし、未来の軍事的優位を確保するために、**人工知能**（AI）、自律システム（Autonomous System：AS。統一された運用ポリシーによって管理されたネットワークの集まり。AS間の経路情報の交換によりインターネット上で効率的な経路制御が実現される)、**ユビキタスセンサー**(無数の無線末端を用いて物理的状況についての情報を収集する技術)、3D プリンター等の先端製造技術、**量子**通信といった先端技術の導入が不可欠であると強調している。

第10章　宇宙をめぐる米中覇権競争

本章で学ぶこと

軍事だけでなく経済や社会における宇宙利用が活発な現在では、小型衛星や宇宙旅行ビジネス等、民間主導の宇宙開発時代が到来したとも言われている。それは同時に、衛星攻撃兵器で他国の衛星を打ち落としたり破壊したりする能力が安全保障における優位性の確保に繋がるということでもある。そこで、宇宙を「戦闘領域」や「作戦領域」と位置づける動きが広がっている。

本章では、宇宙をめぐる国際関係の基本的なキーワードを確認しながら、宇宙における米中競争の構図について学んでいく。まず第1節で、宇宙空間をめぐる国際条約と宇宙活動をめぐる国連の基本的な原則を確認する。次の第2節で、月と火星の探査をめぐる米中競争の基本的な構図を理解する。続く第3節では、「宇宙強国」をめざす中国の近年の動向を概観し、それがアメリカや日本の脅威となっていることを学ぶ。

重要キーワード

宇宙をめぐる米中国際関係が論じられている報告書を読む際の頻出キーワードを覚えましょう。

①CS（Communications Satellite：通信衛星）

②ISR（Intelligence, Surveillance and Reconnaissance：情報・監視・偵察）

③PNT（Positining, Navigation, and Timing：測位、ナビゲーション、タイミング）

④C2（Command and Control：指揮・統制）

⑤DEW（Directed-energy Weapon：指向性エネルギー兵器）

⑥EW（Electronic Warfare：電子戦）

⑦Antisatellite（ASAT）Weapon（対衛星兵器／衛星攻撃兵器）

⑧　SSA（Space Situational Awareness：宇宙状況監視）

クイズです

なぜ、「宇宙空間の安定的利用の確保」が求められているのでしょうか？

「宇宙ゴミ（デブリ）」「対衛星兵器（ASAT）」「宇宙監視状況（SSA）」の3つのことばを必ず用いて、500～750字前後（口頭で2～3分前後）で説明してみよう。

《ヒント》「**モノのインターネット**（Internet of Things：**IoT**）」の発達した現在、情報収集、通信、測位等のための人工衛星の活用は領域横断で不可欠である。しかしその一方で、**宇宙ゴミ（スペースデブリ）**の急速な増加や**対衛星兵器（ASAT）**関連技術の進展に伴い、宇宙空間の安定的利用に対する脅威が増大している。そこで、デブリや不審な衛星等から防護し、宇宙空間の安定的利用を確保するための**宇宙状況監視（SSA）**体制の構築、宇宙を活用した各種能力の向上等、平時から有事までのあらゆる段階において宇宙・サイバー・電磁波の能力の獲得と強化に取り組むことが求められている。また、日本の同盟国であるアメリカをはじめ、関係国との連携強化が求められている。

第1節　宇宙空間をめぐる国際法と宇宙活動についての国連の基本原則

宇宙条約と宇宙関連4条約

1957年10月4日、世界初の人工衛星スプートニク1号の打ち上げに成功したソ連に先を越されたアメリカが手間どっているうちに、ソ連はスプートニク2号に犬と半トンの重量を載せ、宇宙空間からの生還を成功させた。また、スプートニク3号は、1.5トンの重量を載せた大型ロケットであった。それは、ソ連が核兵器を搭載した**大陸間弾道ミサイル**（ICBM）をアメリカへ飛ばせることを意味した（「**スプートニク・ショック**」）。スプートニクに衝撃を受けたアメリカは、1958年1月31日、アメリカ初の人工衛星エクスプローラ1号の打ち上げを成功させた。

冷戦期の宇宙空間をめぐる米ソ競争の火蓋が切られると、1959年、国連は常設委員会として「**宇宙空間平和利用委員会**（COPUOS）」を設置した。

COPUOS は、本委員会とその下に設置された法律小委員会と科学技術小委員会によって構成された。

1960 年代に米ソ間の宇宙開発競争が本格化する中、COPUOS の法律小委員会によって、宇宙の基本法となる「**宇宙条約**（月その他の天体を含む宇宙空間の探査及び利用における国家活動を律する原則に関する条約）」が作成され、1966 年に採択、1967 年に発効した。さらに、これを補完する 4 つの条約（**宇宙関連 4 条約**）が 1970 年代までに採択された。

「宇宙憲章」とも呼ばれる「宇宙条約」は、宇宙空間の探査及び利用における国家活動を規律する、最も基本的な宇宙法である。この宇宙条約には、(1) 宇宙活動自由の原則（☞1 条、5 条）、(2) 宇宙空間領有禁止原則（☞2 条）、(3)「宇宙平和利用原則（☞3 条）、(4)「国家への責任集中原則（☞6～7 条）」の 4 つの基本的な規則が含まれている。

「**宇宙救助返還協定**」（採択 1967 年、翌年発効）は、宇宙船の事故や緊急着陸の際の宇宙飛行士への援助を規定し、打ち上げ国の領土外で発見された宇宙物体を打ち上げ国へ返還する際の手続きを定めている。

「宇宙物体により引き起こされる損害についての国際的責任に関する条約（**宇宙損害責任条約**）」（1972 年採択、同年発効）は、打ち上げられた宇宙物体が地表面で引き起こす損害および飛行中の航空機や他の打ち上げ国の宇宙物体またはその中の人もしくは財産に対して与えた損害について、打ち上げ国が賠償責任を持つと規定している。

「宇宙空間に打ち上げられた物体の登録に関する条約（**宇宙物体登録条約**）」（1974 年採択、1976 年発効）は、打ち上げ国が宇宙物体の登録簿を保管し、打ち上げられた物体に関する情報を国連に提供することを規定している。同条約によって、ウィーンにある国連事務局の**国連宇宙部**が「宇宙空間に打ち上げられた物体に関する国連登録」を保管している。国連宇宙部は、宇宙空間平和利用委員会とその小委員会の事務局を務め、宇宙に関係する情報を加盟国に提供している。

「月その他の天体における国家活動を律する協定（**月協定**）」（1979 年）は、1966 年条約に定められた月およびその他の天体に関連した原則をさらに詳しく規定し、これらの天体における天然資源の将来の探査および開発を規制する基礎を定めている。この月協定では個人や企業を含めた資源の所有が禁止されているものの、批准国が少なく、アメリカも中国もロシアも参加していないため、実質的な法的拘束力はない。

表10-1　宇宙開発競争と宇宙条約の関連年表

1957年	ソ連、世界初の人工衛星スプートニク1号打ち上げ
1958年	アメリカ初の人工衛星エクスプローラ1号打ち上げ
1959年	国連、常設委員会として宇宙空間平和利用委員会（COPUOS）を設置
1966年	国連、宇宙条約を採択、1967年発効
1967年	国連、宇宙救助返還協定を採択、1968年発効
1972年	国連、宇宙損害責任条約を採択、同年発効
1974年	国連、宇宙物体登録条約を採択、1976年発効
1979年	国連、月その他の天体における国家活動を律する協定（月協定）を採択、1984年発効
1988年	日本、アメリカ、カナダ、欧州、宇宙基地協定に署名、1992年発効
2001年	国際宇宙基地協力協定（1998年1月署名）が発効
2007年	COPUOS、宇宙ゴミ（スペースデブリ）の発生抑制を目的とするスペースデブリ低減ガイドラインを採択

宇宙条約*第1条*　月その他の天体を含む宇宙空間の探査及び利用は、すべての国の利益のために、その経済的又は科学的発展の程度にかかわりなく行なわれるものであり、全人類に認められる活動分野である。月その他の天体を含む宇宙空間は、すべての国がいかなる種類の差別もなく、平等の基礎に立ち、かつ、国際法に従つて、自由に探査し及び利用することができるものとし、また、天体のすべての地域への立入りは、自由である。月その他の天体を含む宇宙空間における科学的調査は、自由であり、また、諸国は、この調査における国際協力を容易にし、かつ、奨励するものとする。

第2条　月その他の天体を含む宇宙空間は、主権の主張、使用若しくは占拠又はその他のいかなる手段によつても国家による取得の対象とはならない。

第3条　条約の当時国は、国際連合憲章を含む国際法に従って、国際の平和及び安全の維持並びに国際間の協力及び理解の促進のために、月その他の天体を含む宇宙空間の探査及び利用における活動を行わなければならない。

第4条　条約の当事国は、核兵器及び他の種類の大量破壊兵器を運ぶ物体を、地球を回る軌道に乗せないこと、これらの兵器を天体に設置しないこと並びに他のいかなる方法によつてもこれらの兵器を宇宙空間に配置しないことを約束する。月その他の天体は、もっぱら平和的目的のために、条約のすべての当事国によって利用されるものとする。天体上においては、軍事基地、軍事施設及び防備施設の設置、あらゆる型の兵器の実験並びに軍事演習の実施は、禁止する。科学的研究その他の平和的目的のために軍の要員を使用することは、禁止しない。月その他の天体の平和的探査のために必要なすべての装備又は施設を使用することも、また、禁止しない。

【著者注：宇宙空間については、「核兵器及び他の種類の大量破壊兵器を運ぶ物体を地球を回る軌道に乗せないこと」だけが規定されており、偵察衛星の利用は制約されておらず、軍縮面での課題となっている】

第5条　条約の当事国は、宇宙飛行士を宇宙空間への人類の使節とみなし、事故、遭難又は他の当事国の領域若しくは公海における緊急着陸の場合には、その宇宙飛行士にすべての可能な援助を与えるものとする。宇宙飛行士は、そのような着陸を行なつたときは、その宇宙飛行機の登録国へ安全かつ迅速に送還されるものとする。いずれかの当事国の宇宙飛行士は、宇宙空間及び天体上において活動を行なうときは、他の当事国の宇宙飛行士にすべての可能な援助を与えるものとする。条約の当事国は、宇宙飛行士の生命又は健康に危険となるおそれのある現象を月その他の天体を含む宇宙空間に発見したときは、直ちに、これを条約の他の当事国又は国際連合事務総長に通報するものとする。【著者注：そこで制定されたのが「宇宙救助返還協定」】

第6条　条約の当事国は、月その他の天体を含む宇宙空間における自国の活動について、それが政府機関によって行われるか非政府組織によって行われるかを問わず、国際的責任を有し、自国の活動がこの条約の規定に従って行われることを確保する国際的責任を有する。［後略］

第7条　条約の当事国は、月その他の天体を含む宇宙空間に物体を発射し若しくは発射させる場合又はその領域若しくは施設から物体が発射される場合には、その物体又はその構成部分が地球上、大気空間又は月その他の天体を含む宇宙空間において条約の他の当事国又はその自然人若しくは法人に与える損害について国際的に責任を有する。【著者註：そこで制定されたのが「宇宙損害責任条約」】

第8条　宇宙空間に発射された物体が登録されている条約の当事国は、その物体及びその乗員に対し、それらが宇宙空間又は天体上にある間、管轄権及び管理の権限を保持する。宇宙空間に発射された物体（天体上に着陸させられ又は建造された物体を含む）及びその構成部分の所有権は、それらが宇宙空間若しくは天体上にあること又は地球に帰還することによつて影響を受けない。これらの物体又は構成部分は、物体が登録されている条約の当事国の領域外で発見されたときは、その当事国に返還されるものとする。その当事国は、要請されたときは、それらの物体又は構成部分の返還に先だち、識別のための資料を提供するものとする。

第9条　条約の当事国は、月その他の天体を含む宇宙空間の探査及び利用において、協力及び相互援助の原則に従うものとし、かつ、条約の他のすべての当事国の対応する利益に妥当な考慮を払つて、月その他の天体を含む宇宙空間におけるすべての活動を行なうものとする。条約の当事国は、月その他の天体を含む宇宙空間の有害な汚染及び地球外物質の導入から生ずる地球の環境の悪化を避けるように月その他の天体を含む宇宙空間の研究及び探査を実施し、かつ、必要な場合には、このための適当な措置を執るものとする。条約の当事国は、自国又は自国民によつて計画された月その他の天体を含む宇宙空間における活動又は実験が月その他の天体を含む宇宙空間の平和的な探査及び利用における他の当事国の活動に潜在的に有害な干渉を及ぼすおそれがあると信ずる理由があるときは、その活動又は実験が行なわれる前に、適当な国際的協議を行なうものとする。条約の当事国は、他の当事国が計画した月その他の天体を含む宇宙空間における活動又は実験が月その他の天体を含む宇宙空間の平和的な探査及び利用における活動に潜在的に有害な干渉を及ぼすおそれがあると信ずる理由があるときは、その活動又は実験に関する協議を要請することができる。

月その他の天体における国家活動を律する協定（月協定）*第11条*

1　月及びその天然資源は人類の共同財産であり、この協定の規定、とりわけ本条5の規定に表現される。

2　月は、主権の主張、使用若しくは占拠その他のいかなる手段によっても、国家の専有の対象にはならない。

3　月の表面又は地下若しくはこれらの一部又は本来の場所にある天然資源は、いかなる国家、政府間国際機関、非政府間国際機関、国家機関又は非政府団体若しくは自然人の所有にも帰属しない。月の表面又は表面下に対する要員、宇宙機、装備、施設、基地及び設備、及びこれらの表面又は地下に接続する構造物を配置することは、月の表面又は地下若しくは月のいずれかの地域に対する所有権を生じさせるものではない。この規定は本条の5に述べられている国際レジームを侵害するものではない。

第2節　宇宙における米中競争と日本

宇宙は「協力の空間」か？「大国間競争の空間」か？

大国は宇宙空間を「協力の空間」としてのみ捉えているわけではない。宇宙空間には国境の概念がないため、人工衛星を積極的に活用すれば、地球上のあらゆる国・地域の観測、通信、測位等が可能となる。そこで、宇宙空間はむしろ「大国間競争の空間」となっている。

人工衛星の活用は領域横断（クロス・ドメイン）作戦の実現に不可欠であることから、宇宙空間の安定的利用に対する脅威は増大している。アメリカも中国も、**C4ISR（指揮、統制、通信、コンピュータ、情報、監視、偵察）**を強化して、軍事施設・目標偵察用の画像偵察衛星、弾道ミサイル等の発射を感知する早期警戒衛星、軍事通信・電波収集用の電波情報収集衛星、軍事通信用の通信衛星や、艦艇・航空機の航法や武器システムの精度向上等に利用する測位衛星をはじめ、各種衛星の能力向上に邁進している。

中国とロシアは、アメリカならびにアメリカの同盟国を危険にさらす**対衛星兵器**（ASAT）を開発して、複数の部隊に配備、訓練をしている。また、中国とロシアは、攻撃対象となる衛星と地上局との間の通信を**電波妨害装置**（攻撃対象となる衛星と地上局との間の通信等を妨害する電波妨害装置、いわゆる「**ジャマー**」）によって妨害し、対象衛星の機能を奪うASATを開発している、とアメリカ航空宇宙情報センター（NASIC）の報告書等が指摘している。例えば、中国もロシアも、ASATをはじめ**ジャミング**やサイバー空間機能（cyber-space capabilities）、**指向性エネルギー兵器**（DEW＝対象の衛星を指向性エネルギーにより攻撃する兵器）、地上配備型**衛星攻撃ミサイル**等を開発している。

中国とロシアは宇宙の非武器化に関する国際協定を積極的に提案しているが、それは中国とロシアが開発しているASATによる宇宙戦闘能力を追求することができるものとなっている。すでにロシアや中国が配備している**キラー衛星**（衛星攻撃衛星）等を禁止する条約の制定は実現が難しいのが現実である。

2021年4月13日、アメリカの国家情報長官室（ODNI）が毎年公表している「脅威評価報告書」は、中国がすでに地球低軌道における衛星を破壊するた

表10-2　アメリカや日本から警戒されている中国の主な行動

2006年	中国上空を通過したアメリカの偵察衛星が地上（中国）からレーザー照射。 ※このような攻撃を受けると、偵察衛星が把握する画像の一部が不鮮明となり一時的に監視機能が損なわれてしまう。「ダズリング」という。
2007年	中国の地上発射ミサイルによる自国衛星の破壊実験
2010年	中国が低軌道における衛星同士の近接実験
2014年	中国が衛星の破壊を伴わない対衛星ミサイルの発射実験
2015年	中国が衛星の破壊を伴わない対衛星ミサイルの発射実験
2016年	中国が静止軌道における衛星同士の近接実験
2018年	中国が衛星の破壊を伴わない対衛星ミサイルの発射実験。また、南沙諸島のミスチーフ礁に中国が造成した人工島に設置された車載式ジャミング装置について衛星通信妨害能力がある、と米軍が指摘。 (「ジャミング」: GPS信号や衛星通信帯域を妨害する能力)。
2019年	アメリカ国防情報局（DIA）報告書「宇宙での安全保障に対する課題」、中国が指向性エネルギー兵器によって人工衛星及びそのセンサーの稼働の妨害、弱体化、破壊を目指す公算が大きいと警告。同報告書は、中国が「300 kW級の衛星妨害用地上配備型化学レーザー」の開発を2020年頃に完了する可能性、限定的な衛星破壊のレーザー兵器を中国がすでに保有している可能性、中国が開発中の「探査・作業用の衛星」が軌道上の他の衛星を攻撃する目的でも使用される可能性があると指摘。

めの地上発射型対衛星兵器（ASAT）や、衛星の光学センサーを無効化または損傷させるための地上発射型ASATレーザーを配備していることを公表した。

中国がアメリカの衛星を無効化するキラー衛星の配備を進めていることから、宇宙を戦場とする米中の競争は激化する方向にある。

宇宙状況監視（SSA）と日米協力

中国はキラー衛星の模擬試験や対衛星ミサイルの発射実験を行ってきた。衛星破壊行為等によって発生した**スペースデブリ（宇宙ゴミ）**が、人工衛星の軌道上に飛散し、各国の人工衛星等の宇宙資産に対するリスクになっている。それだけではない。2019年1月のアメリカの国防情報局（DIA）の報告書「宇宙安全保障に対する挑戦」は、宇宙におけるアメリカの地位に対抗しようとしている中国が**電子戦**システムや**指向性エネルギー兵器**等を開発し、人工衛星およびそのセンサー稼働の妨害、弱体化、破壊を目指していると警鐘を鳴らしている。

しかし、現行の国際法では、宇宙物体の破壊禁止やスペースデブリの発生原因となる行為の回避等に関する規定がない。近年、国連宇宙空間平和利用委員会や国際機関間スペースデブリ調整委員会等においてガイドラインが議論されているものの、規制の制定は容易ではない。そこで、**宇宙状況監視**（SSA）に、各国が取り組んでいる。

2013年10月の日米「**2+2（ツー・プラス・ツー、日米安全保障協議委員会）**」において、両国は、SSA及び宇宙を利用した海洋監視について、二国間の情報の収集と共有を向上させることの重要性を強調した。それを受けて、翌2014年5月、JAXAがアメリカからの要請に応じてSSA情報を提供する協力が日米政府間で合意された。

こうした中、宇宙安全保障、SSA、宇宙交通管理（STM）、宇宙探査、宇宙商業活動、地球観測、全球測位衛星システム（GNSS）に関わる二国間協力を拡大し第三国および多国間機関への関与の機会を探求しようと、日米は2020年12月15日、一方の人工衛星に他方の国の機器を搭載する協力を行うための「日米相互防衛援助協定に基づく**ホステッド・ペイロード**協力に関する書簡」を交換した（注：「ホステッド・ペイロード」とは、研究開発およびミッション機材の相乗りのこと）。これにより日米両政府は、安全保障面での宇宙協力として、2023年度を目途に運用開始予定である日本の準天頂衛星「みちびき」6号機および7号機へのアメリカのSSAセンサーの搭載を通じたSSA能力向上を図ることになった。

宇宙における中国の台頭に対するアメリカの危機認識

21世紀のアメリカの宇宙政策は、政権交代のたびに大きく転換してきた。

コロンビア号事故の翌年の2004年、ジョージ・W・ブッシュ政権が「コンステレーション計画」を打ち出し、2015年から2020年までの間の有人月面着陸の方針を示していた。

しかし政権が代わると、計画が大幅に遅れて予算も大幅に超過していたことから、オバマ大統領は「コンステレーション計画」を中止した。また、ブッシュ政権が2015年までとしていた国際宇宙ステーション（ISS）の運用を2020

年までに延長し、ISSへの物資や人員の輸送を民間企業に任せる方針を打ち出した。「宇宙条約」には宇宙での資源の採掘や所有に規定がないことから、オバマ政権は宇宙開発への企業参入を促進しようと、個人や企業に宇宙資源の利用や所有を認める国内法「宇宙法」を2015年に成立させた。

トランプ政権に交代すると、アメリカは宇宙政策を再び転換した。トランプ政権は、国際社会におけるアメリカのリーダーシップや国家安全保障の面で宇宙が重要な存在であることにオバマ政権が無自覚であったと批判し、宇宙政策を転換させた。トランプは宇宙政策立案のために「**国家宇宙会議**」を再開する大統領令に2017年6月にサインした（1989年設立の「国家宇宙会議」は1994年以降休止していた）。同年12月には、月と火星に向かうことを国家政策とする大統領令がサインされ、月と火星への有人探査計画は後に「**アルテミス計画**」と命名された。また、2019年12月には、6番目の軍種として約1万6,000人規模の「**宇宙軍**」を新たに創設した。トランプ政権の宇宙政策転換の背景には、オバマ政権期の「失われた8年」において、中国が宇宙開発で目覚ましく発展したことに対するアメリカとしての強い危機認識があった。

中国は、「中国製造2025」を公表した2015年5月、月着陸探査機「**嫦《じょう》娥《が》**4号」を2020年に打ち上げて月の裏側の探査に人類で初めて着手する計画を公表した。また、独自の宇宙ステーションの建設や有人月着陸計画を明らかにし、2030年代には中国が「**アメリカと並ぶ宇宙強国**」になると宣言した。2016年6月には、軌道上における衛星への燃料補給実験で初の成功をおさめた。同年8月に中国は初の**地球観測衛星「高分3号」**の打ち上げに成功したが、「高分3号」は、地球海洋・陸地情報の監視モニタリングを24時間全天候で実現するとともに、国家海洋局、水利部、民政省、中国気象局、中国衛星発射測控システム部、中国航天科技集団公司等の各ユーザー部門に観測データを提供する。これにより、「海洋権益の保護」が強化される。これは、「海洋強国」を推進する中国の能力を高めることになり、軍事的に活用されていく方向である。「**高分」特別プロジェクト**は、2010年以来、「統一計画、**軍民融合**、自主革新、応用強化」の原則に従い進められてきた。

2016年9月には、中国は「天宮2号」を打ち上げ、翌10月に有人の「神舟11号」と中国初の無人補給船「天舟1号」とのドッキングを成功させた。また同月、中国航天科技集団公司は、中国が2022年前後に20トン級の宇宙ステーション・ユニットを打ち上げる計画を明らかにした。これらが成功すれば、2024年の国際宇宙ステーション退役後に中国が世界で唯一の宇宙ステーション保有国となる。

こうした状況を受けて、2016年9月のアメリカ連邦議会では、「アメリカは中国との宇宙競争に負けつつあるのか」という公聴会が行われたほどであった。

2017年12月の「**国家安全保障戦略**」で宇宙資産に対する攻撃能力が非対称的な優位性をもたらすとの考えを示したトランプ政権は、2018年3月の「**国家宇宙戦略**」で敵対国が宇宙を戦闘領域に変えたと指摘し、宇宙空間におけるアメリカ及び同盟国の利益を守るために脅威を抑止および撃退していくと表明した。2019年1月の「**国家情報戦略**」でも、敵対国が一部の分野でアメリカを上回る能力を持ち宇宙におけるプレゼンスを増大させているとの警戒感を示し、同月の「**ミサイル防衛の見直し**」において、中国とロシアの極超音速ミサイル等への宇宙空間を活用した防衛強化を打ち出した。また、同年7月の「**国家軍事戦略**」で、宇宙・サイバー領域を重視すると表明し、2020年6月、以後10年間の宇宙政策の指針となる「**国防宇宙戦略**」で、中国が宇宙の軍事利用を推進していると警戒を示した。

2020年選挙キャンペーン中の8月、4年毎に民主党全国大会で承認される党綱領において、ISSにおける継続的なプレゼンスを通じて宇宙におけるアメリカの役割への支援を強化し、アメリカ人を月に戻し、さらに遠くの火星に行き、太陽系を探索する次のステップを踏み出すNASAの取組をアメリカならびに民主党が支援すると盛り込まれた。

一方の中国は、2021年5月に、火星探査機「天問1号」が火星への着陸に成功した。2020年7月に打ち上げられていた「天問1号」は、2021年2月に火星の周回軌道に到達し、同年5月に中国の探査機として初めて火星に着陸した。火星への着陸は、旧ソビエトとアメリカに次ぐ3カ国目となった。2021年6月には、火星探査車「祝融」が火星表面での探査に成功し、中国はアメリカに次ぐ2番目の国となった（ソ連とロシアの探査車は何度も失敗してきた）。

また、2021年4月29日には、独自の宇宙ステーション「天宮」の建設に向けて、宇宙ステーションを制御する司令室と居住区を含む中核施設の「天和」

を搭載した大型ロケット「長征5号B遥2」を中国海南島の文昌衛星発射センターから打ち上げ、予定の軌道に乗せた。翌日には、中国独自の有人宇宙ステーションに物資を運ぶ無人補給船「天舟2号」が地球周回軌道上で、前日に打ち上げたコアモジュール「天和」とのドッキングを成功させた。同年6月16日には宇宙飛行士3人を乗せた有人宇宙船「神舟12号」を甘粛省の酒泉衛星発射センターから運搬ロケット「長征2号下遥12」を使って打ち上げ、6月17日に建設中の宇宙ステーションとドッキングさせた。完成後は宇宙飛行士3人が約3カ月滞在して科学実験など作業を本格化させた。

「世界への開放」を掲げる中国の宇宙ステーションに搭載される実験について、情報が2018年春に公開され、国連宇宙部（UNOOSA）と中国が共同で実験計画を公募した。日本を含む27カ国から42件の応募があり、最終的に東京大学の航空機やロケットエンジン燃焼の安定性に関する研究を含む17カ国23機関の申請計画が2019年6月に採用された。アメリカの専門家からは、情報収集など軍事利用を懸念する声が挙がった。

中国の「嫦娥計画」とアメリカの「アルテミス計画」

中国は、2019年1月、無人探査機「嫦娥4号」を世界で初めて月の裏側に着陸させた。月は自転と公転がほぼ同じで、地球に対して常に見せている面を「月の表側」、その反対側を「裏側」と呼ぶ。月の裏側に着陸した探査機は、そのままでは地球と通信することができない。中国はこの問題を解決するために、2018年5月、**通信探査衛星「鵲橋《じゃっきょう》」**を打ち上げた。「鵲橋」とは、七夕伝説の中で鵲（カササギ）が天の川にかける橋のことで、織姫と彦星が渡って出会うとされている橋の名である。「鵲橋」は、地球と月の重力が釣り合う「ハロー軌道」に打ち上げられ、地球と月の裏側の通信を中継した。衛星「鵲橋」は、中国のみならずオランダやサウジアラビアの研究機関が開発した観測機器も搭載した。また、2020年12月には、嫦娥5号が月の表側北西に位置するリュムケル山付近の約2キログラムの岩石と塵の試料を地球に持ち帰るという中国初（世界では1969～1972年のアメリカ、1976年のソ連に次ぐ3番目）の試料採集帰還ミッションに成功した。

2020年までに「周回・着陸・帰還」という3ステップ達成を目標としてき

た中国の月探査プロジェクト「嫦娥計画」では、2023〜2024年に打ち上げを予定している嫦娥6号による**月の南極**におけるサンプル採取帰還、その後の嫦娥7号による月の南極の地形、物質成分、宇宙環境についての総合的な探査が計画されている。

中国が月の裏で着々と進めている探査で注目されているのが、発電用核融合炉の燃料にもなる**ヘリウム3**の存在である。ヘリウム3は、地球上では稀少であるが、磁場のない月では、太陽で起こる核融合反応の生成物の一部として、ヘリウム3が太陽風に乗って月面に吹きつけられ、およそ100万トンのヘリウム3が月表面にあると言われている。ヘリウム3は、核融合の材料になるだけでなく、クリーンな核融合エネルギーを産出するシステムが開発できれば、地球全体の何世紀分ものエネルギー燃料として利用できるかもしれない可能性がある。ヘリウム3の研究次第では、月の資源によって、中国が世界のエネルギー戦略の主導権を握ることが可能になる。また、月の土壌が豊富な酸素と水素を含んでいることから、月の土壌から抽出する酸素をロケット燃料に使用したり、月の土壌に作るソーラーパネルから太陽エネルギーを受けて活用したりする可能性も期待されている。

一方、再び宇宙においてリーダーシップを執らなければならないと考えるアメリカでは、2017年12月に当時のトランプ大統領が月に宇宙飛行士を送り込むことを定めた「宇宙政策指令第1号」に署名し、2018年5月には、民間企業による宇宙活動の規制改革を定めた「宇宙政策指令第2号」に署名した。2019年5月にNASAが公表したスケジュールによれば、「2024年の最初となる女性飛行士と、次となる男性飛行士」による月面着陸と月面探査、それに続き2030年代に火星探査が実施されるという。また、この構想が「**アルテミス計画**」と名づけられたことも公表された。アルテミス（Artemis）の名前の由来は、ギリシャ神話に登場する月の女神で、アポロの双子である。かつての**アポロ計画**の偉業になぞらえながら、女性の活躍を彷彿させる名称がつけられたのである。2020年12月には、月の南極に「アメリカで初となる女性飛行士と、次となる男性飛行士」の18名が公表された。

アルテミス計画では、月の南極で発見された氷を生命維持に利用するとともにロケット燃料として活用し、2024年までに月面に長期滞在可能な基地を築く計画である。月の無人周回飛行後、2022 年前後には有人宇宙船「オリオン」が月周回の後、2022 年から 2024 年にかけて**月周回有人拠点「ゲートウェイ」**にドッキングし、2024 年までに宇宙飛行士が「ゲートウェイ」で待機する月着陸船に乗り換えて月面に着陸することが想定されている。

第 3 節　「宇宙強国」を目指す中国

グローバル・コモンズで膨張する中国

2016 年に宇宙事業始動から 60 周年を迎えた中国は、初の人工衛星「東方紅 1 号」の打ち上げに成功した 4 月 24 日を「中国の宇宙の日」と制定した。「中国の宇宙の日」を迎えた習近平は、「『中国の宇宙の日』を制定した目的は、歴史を銘記し、宇宙事業の精神を継承し、全国民、特に青少年たちの科学に対する尊重、未知の世界の探求、革新の勇気と情熱を喚起し、「**中華民族の偉大なる復興**」という『中国の夢』を実現するために、強い力を集結することにある」と指摘した。2016 年 12 月に公表した宇宙白書「2016 中国の宇宙」では、「**宇宙強国の建設**」や「**中国の夢の実現**」といった方針が示された。

2015 年 5 月公表の国防白書「中国の軍事戦略」は、中国にとって「能力を発展させる重大な安全保障分野」として、海洋、宇宙、サイバー空間、核戦力の 4 領域を挙げている。

「中国の軍事戦略」は、「宇宙は国際的な戦略的競争における新たな高みである。関係国は宇宙に関する能力や手段を発展させており、宇宙空間の兵器化の兆しが見えている」、と明記した。同白書は「中国は一貫して宇宙空間の平和利用を主張しており、宇宙空間の兵器化や宇宙空間での軍備競争に反対し、積極的に国際宇宙協力に協力している」とも説いた。しかし、中国は過去に何度も衛星破壊実験を行ってきており、かえって中国の宇宙プロジェクトのねらいの一つが「宇宙の兵器化」「軍事利用」に備えているものであることがうかがえる。

また、「宇宙」における能力の発展は、「核戦力」「サイバー空間」の能力発展とも密接な関係にある。宇宙戦略とサイバー戦略は、ミサイルの誘導・コントロール、偵察監視、早期警戒等のパフォーマンスを向上させることになるからである。

宇宙空間の軍事化？

主要国の宇宙戦略には、国威発揚や宇宙資源の開発等の広い意味がある。同時に、軍事的な意味もある。国境がない宇宙空間で開発を進めれば、地球上のあらゆる地域の観測や通信、測位等が可能になる。アメリカや中国は、C4ISR（**指揮、統制、通信、コンピュータ、情報、監視、偵察**）機能の強化等を目的として、軍事施設・目標偵察用の画像偵察衛星、軍事通信・電波収集用の電波情報収集衛星、軍事通信用の通信衛星、艦艇・航空機の航法や武器システムの精度向上等に利用する測位衛星をはじめ、各種衛星の能力向上や打上げに努めている。

「一帯一路」と宇宙事業

2016年6月16日、中国政府は、中国独自の**全地球衛星航法システム「北斗」**に関する初の白書を発表した。「北斗」は、アメリカのGPS、ロシアのGLONASS、ヨーロッパの「ガリレオ」等と違って、メッセージの送受信ができる。人民解放軍は、「北斗」の広域化により、独自の衛星航法システムで行動能力を高めている。

第3章で述べたように、中国は「**銀河号事件**」の翌年＝1994年に「北斗」の開発に着手した。2012年に西太平洋地域の限定された範囲で北斗の運用が開始され、2015年には「北斗3号」が打ち上げられた。中国は次第にシステムを支える衛星の数を増やした。

2020年7月31日、習近平は全世界を対象とする「北斗3号」システムの正式開通を宣言した。翌月3日には、中国衛星誘導システム管理弁公室が、屋内や深海等を含めて繋がる、さらに高性能な次世代「北斗」システムを2035年までに整備する計画を明らかにした。

北斗システムは、「一帯一路」の軍事的側面を内包している。GPSの技術は軍事的な開発技術と密接な関係があり、音速の10倍の速さを備え持つ極超音速ミサイルは、アメリカのミサイル防衛でも撃墜が不可能とされている。位置情報の通知や携帯電話のネット接続が可能となっている「北斗」を中国漁船は国家からの助成を得て搭載済みである。南シナ海や東シナ海等で利用されている。「海洋強国」と「宇宙強国」を目指す中国が、両者を包括的に運用する時、「一帯一路」の軍事的側面によって、日本の領域を守る海上保安庁や自衛隊はさらに大きな脅威にさらされることになっていく。

北斗システムの「技術革新」とヨーロッパとの「全面的な戦略的パートナーシップ」

中国はヨーロッパとの協調関係によって「北斗」の技術革新を飛躍させてきた。

中国とEUは中国がWTOに加盟した2001年に「**全面的なパートナーシップ**」の構築に合意した。しかし、中国EU関係が本格的に発展したのは、「全面的な戦略的パートナーシップ」に合意した2003年以降のことである。この年、中国は2億7,000万ドルを拠出して欧州の「**ガリレオ（Galileo）**」**計画**に参入した。欧州版GPSであるガリレオは、2002年3月のEU首脳会議で、計画推進が合意された（2016年12月より運用開始）。アメリカのGPSは軍事衛星のシステムを民間向けに提供する信号を利用したサービスであるため、有事の際にはその利用が制限されてしまう。そこで、**欧州宇宙機関**（ESA）加盟国は独自の開発に向かった。その頃欧州と関係を強化していたのが、中国であった。

大陸間弾道ミサイル（ICBM）を発射するためには、衛星測位システムが必要になる。1982年以降、独自の衛星測位システム構想の基礎研究を本格化させた中国は、1983年6月にイタリアならびに西ドイツそれぞれと共同で静止衛星を使った衛星通信実験を開始した。1984年には中国独自の実験通信衛星の打ち上げに成功した。静止軌道への打ち上げ、つまりは測位衛星が使用する高度2万kmレベルの軌道への打ち上げが可能になったことで、「**長征ロケット**（＝中国が独自に開発した運搬ロケット）」の運用が始まった。1994年になると、中国は国際的な電波利用の調整を行う**国際電気通信連合**（ITU）に衛星測位用電波使用を申請し、国際的な電波利用の調整を開始した。その後、中国最初の試験衛星「北斗」が2000年10月31日、同年12月21日に、それぞれ静止軌道に打ち上げられた。「次の段階」へ進もうとしていた中国は、2003年にガリレオ計画に参加したのである。ヨーロッパは2007年11月に中国との国際協力を断念した。しかし、中国がガリレオに参加したことで、中国はヨーロッパからかなりの技術資料を入手して参考にしたと見られている。第2世代「北斗」の測位信号の形式はガリレオと類似していることが、指摘されている。

「遥感」・通信放送衛星・「北斗」の三大システム

中国は、2016年12月27日に公表した宇宙白書で、以後5年間の開発計画を示した。その会見の席で、中国の宇宙開発を統括する国家航天局は、中国の宇宙開発の目標が「2030年頃までに世界の宇宙強国の列に加わること」であると語っていた。

中国は、**地球観測衛星「遥感」**と**通信放送衛星**と**航行測位衛星「北斗」**の三大システムで、一体化した情報ネットワークを構築していく。地球観測衛星「遥感」は、地球観測（リモート・センシング）を目的とした衛星である。これは、2016年8月に中国の国務院が公表した「第13次5カ年計画（2016〜2020年）国家科学技術革新計画」で示された「**深宇宙・深海・深部・深藍**」をめぐり「遥感」と通信放送衛星と「北斗」の三大システムが活用されていくことを示していた。第13次5カ年計画は、「深宇宙・深海・深部・深藍」について、国家安全と戦略的利益を保障する技術体制を発展させることを明記した。「深宇宙」では「**宇宙ステーション**の建設」と「火星探査」を目指している。「深海」では、中国は海資源調査、国家海洋権益維持のために、「**深海宇宙ステーション**の建設」を目指し、深海探査を行っている。「深部」には、地球深部の鉱産物・エネルギー資源の調査と開発、都市空間の安全利用、減災・防災等の内容が含まれている。「海洋強国」を目指す中国では、海洋資源・海洋空間への依存度が大幅に高まっている。「深藍」は、ネット空間、情報技術、人工知能（AI）の戦略的ハイテク技術である。これには量子通信・量子コンピュータ、航空エンジン、ロボット等が含まれている。ここでポイントとなるのは、「深宇宙・深海・深部・深藍」が個々に取り組まれているものではなく、これらを一体化した安全保障戦略として取り組まれているという点である。その文脈から、「宇宙強国」と「海洋強国」と「ネット強国」は緊密に連携した戦略として捉えられる。

グローバルな広域量子暗号通信ネットワーク構築を目指す中国

2016 年 8 月 16 日、中国は、世界で初めて、量子暗号通信の運用を目指す**量子実験衛星「墨子号」**を「長征 2 号」(CZ-2D) で打ち上げた。中国は、グローバルな量子暗号通信のネットワークを築こうとしている。光ファイバーは損耗するため、光ファイバーで長距離量子通信を実現するには大きな課題がある。また、量子暗号通信は、光の粒子の性質を利用した技術で、第三者が情報を盗取すると痕跡が残る。量子暗号の生成後、双方は機密通信が可能になる。

2017 年 1 月 18 日には、約 1,200 キロ離れた青海省と雲南省の 2 カ所で光子のペアを「**量子もつれ**」の状態で地上に放出することに成功した。量子暗号通信では特殊な関係の光子のペア「量子もつれ」を使い情報を暗号化し、受け手が光子を基に暗号を解読する。第三者が解読や盗聴をしようとすれば光子の性質が変わるので、その検知によって、ハッキングが阻止される仕組みである。また、同年 9 月 29 日には、中国・オーストラリア間で、世界で初めてとなる大陸間量子暗号による通信動画通話と量子パスワード伝送を成功させた。

2017 年 3 月には、世界初の量子機密通信幹線「京滬《けいこ》(jinghu) 幹線」(北京市〜上海市間) を開通させた。また、2017 年 12 月には、量子通信ネットワーク「寧蘇量子幹線」(江蘇省南京市〜蘇州市) を開通させ、通信や金融等の分野での利用が始められた。これらによって、中国は宇宙と地上の一体型の広域量子通信ネットワークの雛形の構築に成功したことを世界に示した。

中国は、2030 年頃までに、**グローバルな広域量子暗号通信ネットワーク**を構築し、**量子通信産業チェーン**を形成することを計画している。

2020 年 1 月には、中国科学技術大学の潘建偉らが、**墨子号**と**京滬幹線**を連携させ、世界初の衛星・地上間量子通信ネットワークの構築に成功した。同ネットワークで北京、済南、合肥、上海の 4 つの量子都市を含む 4 省・3 直轄市の 32 地点をカバーしている。

宇宙空間における責任ある行動に関する国連決議

宇宙空間における責任ある行動のあり方に関する初の決議案は、2019 年 10 月にイギリスが国連総会第一委員会と第四委員会合同パネルにおいて共同ステートメントを実施したことから始まった。その後、2020 年 10 月の国連総会第一委員会において、イギリスをはじめ日本を含む22カ国が共同で提案した決議案は、翌11月に150カ国の賛成を得て採択された（反対12カ国、棄権8カ国）。さらに、2020年12月7日の国連総会本会議においては、164カ国の賛成、中国を含む12カ国の反対、6カ国の棄権で、**「宇宙空間における責任ある行動に関する決議案」（=「責任ある行動の規範、規則及び原則を通じた宇宙における脅威の低減」）**が採択された。同決議は、宇宙空間における活動への国連憲章を含む国際法の適用およびすべての国家の宇宙探査・宇宙利用への権利を再確認し、宇宙システムに対する脅威及び安全保障上のリスクを調査し、責任ある行動等につき評価し、議論を進展させるよう奨励している。

中国が同決議に反対したのは、同決議は中国を名指ししてこそいないものの、同決議が明示した「脅威」は中国だからである。

同決議は、平和、安全、安定かつ持続的な宇宙空間の維持の重要性を強調し、宇宙活動において平和目的のための宇宙の探査および利用に引き続きコミットし、国際法に基づく義務に反する活動を差し控えるように要請している。また、宇宙システムの破壊に起因する軌道上の**スペースデブリ**が軌道上での衝突リスクや誤解または誤算の可能性を高めている点を強調している。さらに、「**宇宙空間における軍備競争の防止**（PAROS）」が国際的な平和および安全保障に対する重大な脅威を回避することを再確認している。また、PAROSに関する問題についての**ジュネーヴ軍縮会議**（CD）の中心的役割を想起し、PAROSに関わる取組が地上であれ宇宙空間であれ、あらゆる潜在的な技術および手段の利用を考慮する必要があるとの認識を明記し、それらの技術および手段が国際的な平和および安全保障の目的に矛盾して利用されることは脅威と認識されたり、地球上における不安定化を招いたりする可能性があり、そのような脅威がすでに宇宙空間および地球上に存在することを強調している。

また、同決議は、責任ある行動の規範、規則および原則のさらなる発展および履行を通じて、宇宙システムに対する脅威を低減するために協働する必要性に留意して、国際法に基づいて宇宙の探査および利用に関わる活動を実施すべきことを確認し、宇宙システムに対する脅威を低減するための最善の行動につき共通の理解に達し、ホットライン設立を検討する要望を表明している。また、CDメンバー国等に対して任意で自国の宇宙政策等についての情報を提供するように奨励し、宇宙システムに対する脅威および安全保障上のリスクを調査し、責任ある行動等につき評価し、議論を進展させるよう奨励している。

第11章　海洋で「膨張する中国」とアメリカ・日本

本章で学ぶこと

2021年2月1日、中華人民共和国政府は中国の海警局に武器使用権限を与えるという国際法や国際慣行と相容れない海警法を施行した。また、日本の外務省は、中国による海洋進出について「安全保障上の強い懸念」と危機感を同年の『外交青書』で示した上で、沖縄県尖閣諸島周辺で中国海警局の船が領海侵入を繰り返していることを「国際法違反」と初めて明記した。一方の中国は中国の軍事力をグローバルな国益の保護に活用するため、「遠海防衛」を展開し始めている。

このような現状を理解していくための基礎的な概念やルールや枠組みについて、本章では以下の構成で学んでいく。まず第1節で、国家の3要素、権原、領域、接続水域、排他的経済水域（EEZ）、大陸棚、無害通航権、島の権利を確認する。次の第2節では、「海洋強国」を目指している大陸国家の中国が「自ら主張する海域を中国の管轄海域」と称して展開している「法律戦」と構造改革について理解する。第3節では、北極圏と南極圏における開発に積極的に進出しようとねらう中国の意図と、それによる日本への影響を考える。

第1節　海洋法と国家の権利

「国家」であるための要件とは？

国家として認められるためには、**国家の3要素**（**領域**と**国民**と**主権**）を必要とする。主権は対内的には排他的な統治権、対外的には独立した外交権を意味する。1933年の米州の「国の権利及び義務に関する条約」（**モンテビデオ条約**）第1条では、国家の資格として、①永久的住民、②明確な領域、③政府、④他国との関係を持つ能力を要件としている。他国との関係を持つ能力すなわち独立した**外交能力**を有して初めて**主権国家**としての地位が認められる。外交能力の独立性を欠けば、主権を制限された不完全なアクターにとどまる。

国家の「権原」には何があるの？

国際関係の中での国家の**領域**を考える時、最も基本となるのは**領土**である。領水は領土に、領空は領土と領水に付随するからである。国家が自国の領域における排他的な管轄権を有すること、すなわち、**領域主権**において最も基本的なものは領土に対する**権原**（title）である。国家がある土地に対する領有権を取得するのに必要な法律上の根拠を権原と言う。

権原には、先占、時効、割譲、併合、征服、添付の６つがある。

「**先占**」は国際法的にいずれの国にも属していない土地である「**無主の土地**」に対して国家による**領有の意思表示**と**実効的な占有**を行い、自国の領域に編入することである。領有の意思表示は無主の土地を自国に編入するための立法措置や行政措置、宣言、公の地図上の掲示等によって行われる。

「**時効**」は、「他国の領域である土地」もしくは「領有の帰属が不明な土地」をある国が**長期にわたり領有の意志表示**をもって**平穏に実効的に占有**し続け、長期にわたる占有が黙認されることで、ある国がその土地に対する領有権を確立することである。国家によるある土地に対する領有権の得喪に関わる時効については、時効の完成に必要な特定の**期間**は定められているわけではない。

「**割譲**」とは、国家の領土の一部を国家間の合意により他国へ譲渡することで、譲渡された国がその土地に対する領有権を得ることである。「**併合**」とは、国家の領土の全部を国家間の合意により他国へ譲渡することで、譲渡された国がその土地に対する領有権を得ることであり、また、被併合国が国家として存続しなくなることである。「**征服**」とは、ある国家が別の国家を武力で屈服させることによって、屈服させられた国家の全領域を自国の領域とすることである。「**添付**」とは、隆起等の自然現象で領土が増えることであるとともに、海岸の埋め立て等の人工的な添付も認められている。

「海の憲法」国連海洋法条約とは？

広大な海に囲まれた島国の日本は大きな海洋国家である。日本は「海の憲

図 11-1　各種海域の概念図

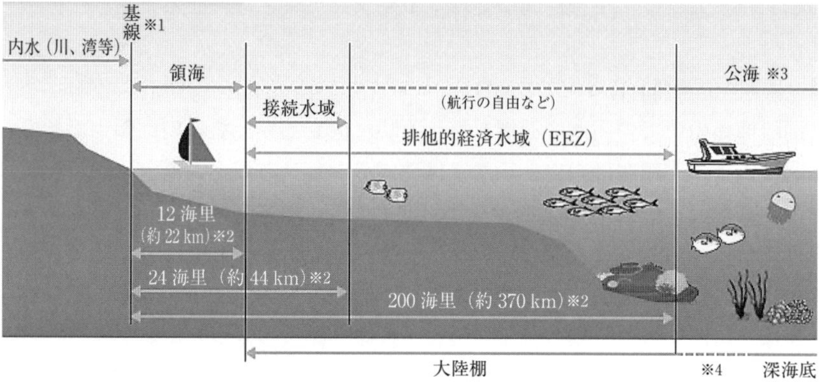

※1　通常の基線は、沿岸国が公認する大縮尺海図に記載されている海岸の低潮線とされ、その他一定の条件を満たす場合に直線基線、湾の閉鎖線および河口の直線などを用いることが認められている。
※2　領海、接続水域および EEZ の範囲は、図中に示された幅を超えない範囲で沿岸国が決定する。
※3　国連海洋法条約第 7 部（公海）の規定はすべて、実線部分に適用される。また、航行の自由をはじめとする一定の事項については、点線部分に適用される。
※4　大陸棚の範囲は基線から原則として 200 海里までであるが、大陸縁辺部の外縁が領海基線から 200 海里を超えて延びている場合には、延長することができる。ただし、基線から 350 海里あるいは 2500 メートル等深線から 100 海里を超えてはならない。基線から 200 海里を超える大陸棚は、国連海洋法条約に基づき設置されている「大陸棚の限界に関する委員会」の行う勧告に基づき設定する。深海底は、大陸棚の外の海底およびその下である。
出所：外務省「海の法秩序と国際海洋法裁判所」2010 年 7 月 23 日
[https://www.mofa.go.jp/mofaj/press/pr/wakaru/topics/vol61/index.html]。

法」とも呼ばれる**国連海洋法条約**（UNCLOS＝アンクロス）を 1983 年 2 月に署名、1996 年 6 月に批准した。同条約は日本については同年 7 月 20 日に発効した。

UNCLOS は海洋の諸制度を包括的に規定している。**領海**（内水を含む）と排他的経済水域（EEZ）をあわせた水域には、国家の主権が行使できる。そのため、主権を行使できる範囲を本来の範囲よりも拡大しようとする国々は、必ずしも国際法を基準にして領有権を争うとは限らない。海の秩序は、**第 3 次国連海洋法会議**（1973〜1982 年）が 1982 年にジャマイカにおける最終議定書および条約の署名会議において国連海洋法条約を採択するまでは、主権に支配される領海とそれに支配されない**公海**という 2 つの水域を基本的な区分としてきた。同条約は、領海と公海の間に、資源の探査・開発・海洋の汚染防止・海洋の科学的調査等について主権を行使できる新たな水域として、EEZを設定した。EEZの設定には、200海里以内での沿岸国の資源管轄権を排他的なものにすることで、第2次世界大戦後に独立した新興国家の利益を確保し、その経済発展を促進しようとする意図があった。

国連海洋法条約によれば、沿岸国の海洋の主権は、領海の上空並びに領海の海底およびその下に及び（第2条）、**基線**から測定して**12海里**を超えない範囲でその領海の幅は決められる（第3条）。また、領海の幅を測定するための通常の基線は、沿岸国が公認する大縮尺海図に記載されている海岸の**低潮線**とされている（第5条）。

沿岸国は、自国の基線から**24海里**を超えない**接続水域**において、(a) 自国の領土または領海内における通関上、財政上、出入国管理上または衛生上の法令の違反の防止、(b) 自国の領土または領海内で行われた (a) の法令違反に対する処罰、に必要な規制を行うことができる（第33条）。

「排他的経済水域（EEZ）」の権利とは？

国連海洋法条約第5部は、領海の幅を測定するための**基線**から**200海里**を超えない**排他的経済水域**について規定している。

沿岸国は、排他的経済水域において、次の権利を持っている。(a) 海底の上部水域並びに海底およびその下の天然資源（生物資源であるか非生物資源であるかを問わない）の探査、開発、保存、管理のための主権的権利並びに排他的経済水域における経済的な目的で行われる探査、開発のためのその他の活動（海水、海流および風からのエネルギーの生産等）に関する主権的権利、(b) 人工島、施設および構築物の設置および利用、海洋の科学的調査、海洋環境の保護および保全に関する管轄権、等である（第56条）。

排他的経済水域は、拡張してはならない（第57条）。

すべての国は、沿岸国であるか内陸国であるかを問わず、排他的経済水域において、国連海洋法条約の関連する規定に定めるところにより、第87条に定める航行および上空飛行の自由、海底電線および海底パイプラインの敷設の自由（船舶および航空機の運航並びに海底電線および海底パイプラインの運用に係る海洋の利用等）の自由を享有している。また、いずれの国も、排他的経済水域においてこの条約により自国の権利を行使しおよび自国の義務を履行するに当たり、沿岸国の権利および義務に妥当な考慮を払うものとし、また、第5部の規定に反しない限り、国際法に従って沿岸国が制定する法令を遵守しなければならない（第58条）。

沿岸国は、排他的経済水域における人工島、施設および構築物の建設、運用および利用を許可しおよび規制する排他的権利を有しており、それらに対して、通関上、財政上、保健上、安全上および出入国管理上の法令に関する管轄権を含む排他的管轄権を有している（第60条）。沿岸国は、適用のある国際的基準を考慮して安全水域の幅を決定できる。安全水域は、人工島、施設または構築物の性質および機能と合理的な関連を有するようなものとし、また、その幅は、一般的に受け入れられている国際的基準によって承認されまたは権限のある国際機関によって勧告される場合を除くほか、当該人工島、施設または構築物の外縁のいずれの点から測定した距離についても500メートルを超えるものであってはならない。安全水域の範囲に関しては、適当な通報を行わなければならない（第60条）。

人工島、施設および構築物は、島の地位を有しない。これらのものは、それ自体の領海を有せず、また、その存在は、領海、排他的経済水域または大陸棚の境界画定に影響を及ぼすものではない（第60条）。

「大陸棚」の権利とは？

「大陸棚」については、1958年に第1次海洋法会議で「**大陸棚条約**」が採択され、海岸に隣接する領海の外の水深200メートルまでの海底とその下、または水深がそれを超える場合には、天然資源の開発可能なところまでの海底とその下、と定義された。その後、開発技術の急速な進歩によって、大陸棚の範囲を深海の海底にまで拡大しようとする沿岸国があらわれたため、深海底の減少が危惧され、第3次海洋法会議で採択されたUNCLOSにおいて、現在の第76条（大陸棚の定義）を中心とする制度が作られた。

UNCLOS第6部（大陸棚）は、大陸棚を次のように定義している。

第76条 1　**沿岸国の大陸棚**とは、当該沿岸国の領海を越える海面下の区域の海底及びその下であってその領土の自然の延長を辿って大陸縁辺部の外縁に至るまでのもの又は大陸縁辺部の外縁が領海の幅を測定するための基線から 200 海里の距離まで延びていない場合には、当該沿岸国の領海を越える海面下の区域の海底及びその下であって当該基線から 200 海里の距離までのものをいう。

2　沿岸国の大陸棚は、4 から 6 までに定める限界を越えないものとする。

3　大陸縁辺部は、沿岸国の陸塊の海面下まで延びている部分から成るものとし、棚、斜面及びコンチネンタル・ライズの海底及びその下で構成される。ただし、大洋底及びその海洋海嶺又はその下を含まない。

4　(a) この条約の適用上、沿岸国は、大陸縁辺部が領海の幅を測定するための基線から 200 海里を超えて延びている場合には、次のいずれかの線により大陸縁辺部の外縁を設定する。

（ i ）ある点における堆積岩の厚さが当該点から大陸斜面の脚部までの最短距離の 1 % 以上であるとの要件を満たすときにこのような点のうち最も外側のものを用いて 7 の規定に従って引いた線

（ ii ）大陸斜面の脚部から 60 海里を超えない点を用いて 7 の規定に従って引いた線

(b) 大陸斜面の脚部は、反証のない限り、当該大陸斜面の基部における勾配が最も変化する点とする。

5　4 (a) の（ i ）又は（ ii ）の規定に従って引いた海底における大陸棚の外側の限界線は、これを構成する各点において、領海の幅を測定するための基線から 350 海里を超え又は 2500 メートル**等深線**（2,500 メートルの水深を結ぶ線）から 100 海里を超えてはならない。

6　5 の規定にかかわらず、大陸棚の外側の限界は、海底海嶺の上においては領海の幅を測定するための基線から 350 海里を超えてはならない。この 6 の規定は、海台、海膨、キャップ、堆及び海脚のような大陸縁辺部の自然の構成要素である海底の高まりについては、適用しない。

7　沿岸国は、自国の大陸棚が領海の幅を測定するための基線から 200 海里を超えて延びている場合には、その大陸棚の外側の限界線を経緯度によって定める点を結ぶ 60 海里を超えない長さの直線によって引く。

8　沿岸国は、領海の幅を測定するための基線から 200 海里を超える大陸棚の限界に関する情報を、衡平な地理的代表の原則に基づき附属書 II に定めるところにより設置される**大陸棚の限界に関する委員会**に提出する。この委員会は、当該大陸棚の外側の限界の設定に関する事項について当該沿岸国に対し勧告を行う。沿岸国がその勧告に基づいて設定した大陸棚の限界は、最終的なものとし、かつ、拘束力を有する。

沿岸国は、大陸棚に対して主権的権利を行使することができ、大陸棚を探査したり、大陸棚の天然資源を開発したりする排他的な権利を持つ（UNCLOS 第77条）。大陸棚の沿岸国以外の国は、当該沿岸国の明示の同意なしにそのような活動を行うことができない（第77条）。ただし、沿岸国の権利は、大陸棚上部水域またはその上空の法的地位に影響を及ぼすものではないため、沿岸国は他国の航行やその他の権利・自由を侵害してはならない（第78条）。また、沿岸国の同意を得れば、すべての国が大陸棚に海底電線および海底パイプラインを敷設する権利を有しているため、沿岸国は他国による大陸棚における海底電線または海底パイプラインの敷設または維持を妨げることができない（第79条）。

向かい合っているかまたは隣接している海岸を有する国の間における大陸棚の境界画定は、国際司法裁判所規程第38条に規定する国際法に基づいて合意により行わなければならない（第83条）。関係国が合理的な期間内に合意に達することができない場合には、関係国は、合意に達するまでの間、理解および協力の精神により、実際的な性質を有する暫定的な取極を締結するためおよびそのような過渡的期間において、最終的な合意への到達を危うくしまたは妨げないためにあらゆる努力を払わなければならない（第83条）。その際、暫定的な取極は、最終的な境界画定に影響を及ぼすものではない。

「無害通航権」とは何か？

α国の軍艦がβ国の領海を「通過」することは、国際社会では合法なのであろうか。中国は南シナ海での実効支配を強め、他国籍船舶の無害通航権を制限する法律を制定し、国際秩序を一方的に書き換えようとしている。この無害通航権とはどのような権利であろうか。

すべての国の船舶は沿岸国であるか内陸国であるかを問わず、国連海洋法条約に従うことを条件として、領海において**無害通航権**を有している（第17条）。

通航とは、次のことのために領海を航行することをいう（第18条）。

(a) 内水に入ることなくまたは内水の外にある停泊地もしくは港湾施設に立ち寄ることなく領海を通過すること、

(b) 内水に向かってもしくは内水から航行することまたは (a) の停泊地も

しくは港湾施設に立ち寄ること。

通航は沿岸国の平和、秩序または安全を害しない限り、無害とされている（第 19 条）。無害通航は国連海洋法条約および国際法の他の規則に従って行わなければならない。外国船舶の通航は、当該外国船舶が領海において次の活動のいずれかに従事する場合には、沿岸国の平和、秩序または安全を害するものとされる。

（a）武力による威嚇または武力の行使であって、沿岸国の主権、領土保全若しくは政治的独立に対するものまたはその他の国際連合憲章に規定する国際法の諸原則に違反する方法によるもの。

（b）種類のいかんを問わず兵器を用いる訓練または演習。

（c）沿岸国の防衛または安全を害することとなるような情報の収集を目的とする行為。

（d）沿岸国の防衛または安全に影響を与えることを目的とする宣伝行為。

（e）航空機の発着または積込み。

（f）軍事機器の発着または積込み。

（g）沿岸国の通関上、財政上、出入国管理上または衛生上の法令に違反する物品、通常または人の積込みまたは積卸。

（h）故意のかつ重大な汚染行為。

（i）漁獲活動。

（j）調査活動または測量活動の実施。

（k）沿岸国の通信系または他の施設への妨害を目的とする行為。

（l）通航に直接の関係を有しないその他の活動。

「島」の権利と「人工島」の権利

中国は南シナ海で人工島を造成し、軍事要塞化を進めている。島と岩と人工島で生じる権利の違いは何であろうか。以下の表 11-1 で確認しよう。

UNCLOS の第 121 条は、以下のように島を定義している。

国連海洋法条約　「第 8 部　島の制度」「第 121 条　島の制度」

1　島とは、自然に形成された陸地であって、水に囲まれ、高潮時においても水面上にあるものをいう。
2　3に定める場合を除くほか、島の領海、接続水域、排他的経済水域および大陸棚は、他の領土に適用されるこの条約の規定に従って決定される。
3　人間の居住または独自の経済的生活を維持することのできない岩は、排他的経済水域または大陸棚を有しない。

表 11-1　島と岩と人工島の権利

	生じる権利
島	領海（12 海里）、EEZ（200 海里）、大陸棚
岩	領海
低潮高地	ない
人工島	ない

注：低潮高地＝自然に形成された陸地であって、低潮時には水に囲まれ水面上にあるが、高潮時には水中に没するもの

第 2 節　海洋で膨張する中国

「海洋強国」を目指す中国

1989 年の天安門事件で制裁を受けた中国は、日本からの制裁解除を足がかりに国際的孤立を解消していったにもかかわらず、1992 年 2 月、沖縄県尖閣諸島を「中国の主張する領土」の範囲に含む「**領海及び隣接区域法**」を制定した。また同年 10 月の第 14 回党大会において、江沢民は「今後、軍隊は現代戦争の必要に応えて向上に力を入れ、戦闘力を全面的に増強し、国家の領土、領空、領海の主権と海洋権益の防衛、祖国の統一と安全の擁護という神聖な使命をよりよく担わなければならない」と強調した。この頃から、中国高官らは「**海洋権益の擁護**」を公然と主張するようになっていった。

世界で 4 番目に広大な国土を有する中国の領水と EEZ を合わせた面積は、世界の多くの資料によれば 87.8～88 万平方キロである。それは、日本の約 1/5、アメリカの約 1/13 である。領土と領海と EEZ の主権が及ぶ範囲の面積を比較すると、日本の約 3 倍、アメリカの約半分である。

ランド・パワーである中国が「**海洋強国の建設**」へ向かうことを対外的に明らかにしたのは 2003 年である。同年 5 月 9 日、中国国務院は「全国海洋経済発展計画綱要」を通知し、海洋経済の発展目標として「海洋強国の建設」を初めて公式文書で明示した。それから 3 年後の 2006 年 3 月の全人代で採択された「第 11 期 5 カ年計画」で、「海洋」が初めて単独の章題（「第 26 章合理利用海洋和気候資源」）として掲載された。

2015 年 3 月の第 12 期全人代第 3 回会議政府活動報告において、国務院総理の李克強は「中国は海洋大国である」「海洋強国という目標に向けて邁進しなければならない」と読み上げた。全人代の政治活動報告は報告前に既に原稿が印刷されているものであるが、印刷された原稿にはない「海上能力の建設を強化する」という一文が報告当日に付け加えられた。

ランド・パワーの中国はなぜ海に積極的に向かうのか？

グローバルに台頭する中国のパワーは、その経済成長に支えられている。中国の経済力を基軸とする勢力圏拡大構想「一帯一路」は、中国のエネルギー資源や貿易品の重要な輸送ルートをカバーしている。

かつて中共総書記であった胡錦濤は、2003 年 11 月 29 日の中央経済工作会議閉幕の講話で、輸入原油の約 8 割が通過するマラッカ海峡という中国のシーレーンの安全保障を米軍に依存している脆弱性、いわゆる「**マラッカ・ジレンマ**」について語っていた。中国の「国防白書」を見ると、2002 年版までは「海岸防衛」に重点が置かれていたが、2004 年版では「海軍は近海の防御作戦空間と防御の深度を拡大し、海上戦場の建設を強化・整備し、近海で海上戦役を行う総合的作戦能力と核反撃能力を増強する」と明記されていた。2002 年から 2004 年の間に、中国海軍の任務が拡大された。

「一帯一路」には、中国の「マラッカ・ジレンマ」への対応策が含まれている。「一帯一路」は「共同安全保障」という目標としての「人類運命共同体」構想に向かって「一帯一路」の沿線国を牽引する安全保障構想でもある。

そこで考えるべき点は、なぜ、中国が「マラッカ・ジレンマ」への対応策を講じる必要があるのか、ということである。通常の国際関係であれば、米海軍が重要な経済貿易相手国である中国のシーレーンを遮断するとは考えにくい。

それは、「米軍による海上封鎖に備えなければならない可能性」を中国が準備していると言うことなのであろうか。

2015年版の「国防白書」では、軍事闘争の準備の基点が「情報化局地戦」に置かれていた。また、同書は「海上の軍事闘争と軍事闘争の準備を際立たせ、国家の領土主権、統一と安全を断固として守る」と明記した。それでは、中国は誰に対して何処で何を想定して準備しているのであろうか。中国が軍事闘争の可能性を「海上」に絞っていることから考えれば、南シナ海や東シナ海での衝突の可能性を想定して、アメリカに対する「**接近阻止・領域拒否（Anti-Access/Area Denial：A2AD）**」を一層強化していこうとしている、と言うことであろう。

「A2AD」って何？

A2ADは、アメリカ国防総省による連邦議会への2009年次報告書に示されて以来、注目されてきた概念である。接近阻止は、ある作戦領域に敵対者が入ることを阻止するための能力である。領域拒否は、作戦領域内における敵対者の行動の自由を制限する能力である。A2／ADに用いられる兵器の例として、弾道ミサイル、巡航ミサイル、対衛星兵器、防空システム、潜水艦等がある。

中国は「**海洋の経略**（注：経略＝四方を攻め取り、天下を支配・統治すること）」と「**制海権**」を押さえるための範囲を**第1列島線**から**第2列島線**へと拡大させている。第1列島線とは、九州～沖縄～台湾～フィリピン～ボルネオに至る中国の防衛ラインのことである。第2列島線とは、伊豆諸島～小笠原諸島～グアム～サイパン～パプアニューギニアに至る中国の防衛ラインのことである。第1列島線から中国側は、米軍に戦力を展開させない状況を維持するためのA2ADの戦略区域である。第2列島線から中国側は、米軍の接近を阻止するための防衛ライン「アクセス阻止（A2）」である。

地政学的重要な台湾・尖閣・南シナ海

「海洋大国」から「海洋強国」への転換を目指す中国が太平洋へ向かう時、尖閣を含む沖縄周辺と沖ノ鳥島の地政学的位置づけは、特別な意味を持つ。中国海軍が太平洋に進出するのに、東シナ海、バシー海峡（台湾とフィリピン領

図 11-2　第1列島線と第2列島線

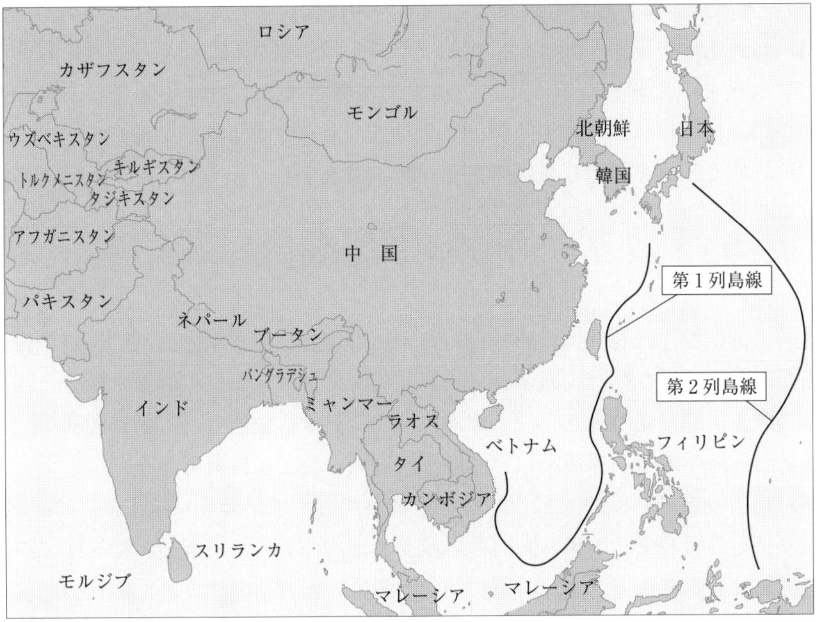

出　典：Office of the Secretary of Defense, *Military Power of the People's Republic of China. 2009*, p. 18, [https://archive.defense.gov/pubs/pdfs/China_Military_Power_Report_2009.pdf].

バシー島の間の海峡)、日本海から津軽海峡を経る3つのルートがある。インド洋へ進出するルートは、台湾海峡からマラッカ海峡を通る航路がある。

沖縄県尖閣諸島をめぐる「現在の中国」のねらいには、海洋資源の開発や漁業権のみならず、そう遠くはない未来に、軍事的な戦略ポイントを確保しようとすることにもある。「海洋の経略」と「制海権」を押さえる範囲を「第1列島線」から「第2列島線」へと拡大させる段階にある中国にとって、東シナ海での膨張は新たな段階に入っている。

尖閣をめぐり「法律戦」をしかける中国

近年の中国は、尖閣をはじめ日本の南西方面にも大きな影響を及ぼす可能性を潜ませる多くの法律を制定してきた。

2009年12月26日の新華社の報道によれば、第11期全人代常務委員会は「島の天然資源を合理的に開発し、国家の**海洋権益**を守るため」に「**島嶼（海島）保護法**」を採択・公布し、2010年3月1日に施行した。海島保護法は「中国が主張する海域」にある島嶼の保護に適用される。2010年1月の『解放軍報』によれば、海島保護法には、(1) 無名の島を命名し国家主権を主張する、(2) 海域の管轄を強化し海洋権益を維持・保護する、(3) 堅牢な海上防衛の前線を築く、という3つの立法目的がある。

2016年2月26日には、鉱物資源を「海洋強国」に向けた重点的な取組の一つと位置づけ、「国家の管轄範囲に属さない深海海底区域」の資源探査、開発活動および環境保護等について定める中国で初の法律「**深海海底区域資源探査開発法**」が制定された。同法は、(1) 深海海底区域における資源の探査・開発に関する法的規範の確立、(2) 深海に関する科学技術研究および資源調査の推進、(3) 海洋環境の保護、(4) 深海海底区域の資源の持続可能な利用の促進、(5) 人類の共通利益の維持の5つを立法目的としている。UNCLOSは深海底およびその資源を「人類の共同の財産」と定めており、同条約の締約国に深海底における資源探査および開発に関する規定の履行を確保するため、国内法を整備することを求めている。しかし、2013年から作業が始まった同法には、「中国の国民および法人等の正当な権利と利益を保護する」と規定されている。

2016年9月3日には、国防のための交通整備を強化し交通分野の「**軍民融合**」を促進することを目的とする「国防交通法」が制定された。

2020年6月20日には、軍改革にともなう海警編入等を反映させた「**人民武装警察法**」が改正され、翌21日に施行された。同法改正によって、**人民武装警察**（「**武警**」とも呼ぶ）は、**内衛部隊**、**機動部隊**、**海警部隊**、教育機関および研究機構等から構成されることになった。同法は、武警を人民解放軍等とともに中国の「**武装力**」として規定している。公安部隊として創設された武警は、1982年に人民解放軍の警備任務および公安の国境防衛、消防等の任務を移管されて、**中央軍事委員会**と**国務院**（中国における最高国家権力の執行機関であり、最高の国家行政機関）の公安部による二重の指揮を受けていた。しかし、武装警察は2018年元旦から中央軍事委員会の直属に改編された。これにより、二重指揮系統が解消され、海警は「準軍隊」「第2海軍」と近隣諸国から警戒

図 11-3　平時の指揮系統のイメージ

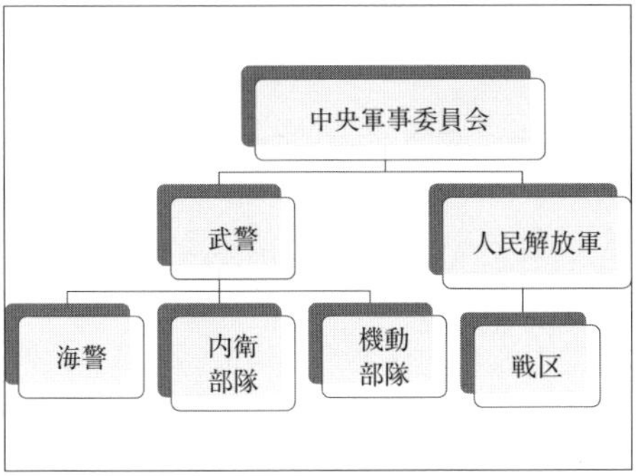

図 11-4　有事と非戦闘共同行動の指揮系統イメージ

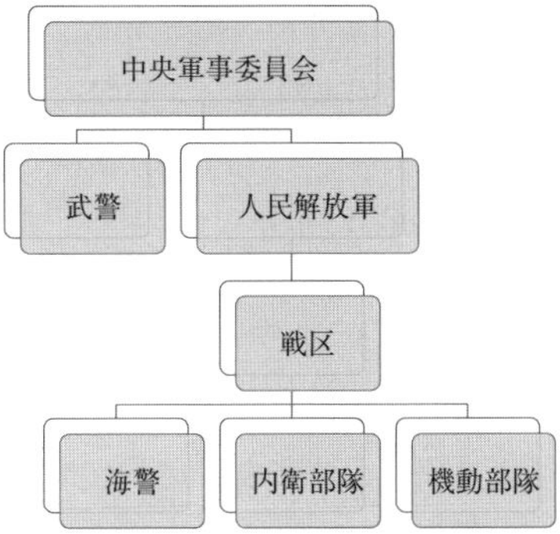

されることになった。

改正された人民武装警察法第10条により、人民武装警察の平時の任務は中央軍事委員会あるいは中央軍事委員会が授権する武警組織が指揮し、人民解放軍と共同で救援・治安維持・演習等の非戦闘行動に参加する場合は中央軍事委員会の授権する**戦区**が指揮し、戦時の執行任務は中央軍事委員会あるいは中央軍事委員会の授権する戦区が指揮する。いずれも中央軍事委員会の規定による。

海警は2018年に国務院の**国家海洋局**（＝**中国海警局**）の管理下から切り離され、中国海警局の名称を保ちつつ、中央軍事委員会下で武警に編入されていた。2013年まで、中国の海上法執行機関は、通称「**5龍**」と呼ばれる機関が担っていた。5龍とは公安部の「**海警**」、国土資源部国家海洋局の「**海監／海監総隊**」、交通運輸部海事局の「**海巡**」、農業部漁政局の「**漁政**」、海関総署（＝税関に相当）の「**海関**」の5機関であった。2013年3月に「海巡」を除く4機関が「国家海洋局（対外的には「海警」の呼称を用いていた）」として統合され、公安部の指導下にあった。そこでの「海警」の任務は、海上権益の維持と法執行であった。しかし、2018年7月、海警は「武警海警総隊」として中央軍事委員会の指揮を受ける武警に編入された（対外的には引き続き「海警」の呼称を維持した）。2019年旧正月前に王仲才海軍少将が海警局のトップに就任したという人事から見ても、海警が海軍下に置かれたことが明らかであった。

こうした状況を受けて武警法の改正第4条が武警の担う任務に「**海上権**の執行」を追加したことは、近隣諸国やアメリカの警戒感を高めることになった。

海警による「海上権の執行」の具体的な内容については、改正法第47条で「法律で別途定める」とされていた。これを法制化したのが、2021年1月22日に交付され、2月1日に施行された「**海警法**」である。

海警法第83条には、海警が国防法や武警法等の関係軍事法規と中央軍事委員会の命令に基づいて「防衛作戦等の任務」を遂行することが明記された。

また、海警法第21条は「外国の軍用船舶及び非商業目的に用いる外国政府の船舶の我が国（＝中国）が管轄する海域における我が国（＝中国）の法律、法規に違反する行為に対し、海警機構は必要な警戒及び管理措置を講じ、それらを制止し、関連する海域を直ちに離れるよう命じる権利を有する。離れることを拒否しかつ重大な危害若しくは威嚇を引き起こす場合、海警機構は強制退去、強制曳航等の措置を講じる権利を有する」と規定し、海警法第22条は「国家の主権、主権的権利、及び管轄権が海上において外国の組織、個人の不法な侵害を受けている、若しくは不法な侵害の切迫した危険に直面している場合、海警機構はこの法律及びその他の関連する法律、法規に従って武器の使用を含む必要な全ての措置を講じ、その場での侵害を阻止し、危険を排除する権利を有する」と規定している。

つまり、今後、尖閣諸島周辺の日本の領海内で操業している日本の漁船に対して、中国の海警が違法操業だとして停船命令を出したり、日本の海上保安庁の巡視船に対して強制退去を命じたり、強制曳航等の措置をとろうとするかもしれないという「国際法違反」が現実に起こりうる可能性があるかもしれないのである。

さらに、海警法第6章「警察の装備と武器使用」において、第47条ならびに第49条に以下の武器使用権限が指定されている（下線は著者によるものである)。日本の漁業や公安関係の人々にとって大いに懸念される内容となっている。

第47条以下の各号の状況において、海警機構の人員は警告が無効である場合、携帯する武器を使用することができる。

(1)　船舶が犯罪容疑者を輸送している、または武器、弾薬、国家機密資料、麻薬等の物品を違法に輸送している証拠があり、停止命令に従わない場合。

(2)　外国船舶が我が国（注：＝中国）の管轄海域に侵入し不法に生産活動に従事し、停船命令に従わない場合、または他の方法で乗船や検査を拒否し、他の手段を使用しても停止するのに十分でない場合。

第 47 条 2 項の「中国の（主張する）管轄海域」については、2020 年の草案の段階では「中華人民共和国の内海、領海、接続水域、排他的経済水域、大陸棚、及び中華人民共和国が管轄するその他の海域」とあったが、施行された法律からは削除されている。また、第 48 条において、「携帯する武器以外にも、船舶または航空機に搭載された武器の使用も可能である」とされており、第 50 条では、「武器使用の必要限度の程度及び緊急性については、海警機構の人員による合理的な判断」に委ねられていることが規定されている。さらには、第 49 条では、「海警機構の人員が法律に遵って武器を使用する場合、警告が間に合わない場合、または警告後にさらに深刻で有害な結果を引き起こす可能性がある場合、警告をしないで直接武器を使用することができる」と規定されている。

武警法改正や海警法制定等一連の軍整備強化の新方針や組織再編を受け、2020 年 12 月 26 日には、「中華人民共和国国防法」が改正・公布され、2021 年 1 月 1 日に施行された。その立法目的として「中華民族の偉大なる復興の実現」が第 1 条に明記された。また、新時代における軍の使命・任務が、中共の指導・社会主義制度の安定、国の主権・統一・領土の防衛、国外における国益の保護であることが明記された。国際法に違反して一方的な現状変更を試みている「**依法治国の中国**」について、日本政府には、中国の違法性と「**法の支配**」の重要性を国際世論に訴えていくことが求められている。

第 3 節　北極と南極への野望

中国は第 14 次 5 カ年計画で北極と南極圏の積極的方針

中国政府は 2021 年 3 月の全国人民代表大会で、「2021～2025 年の経済社会発展第14次5カ年計画ならびに2035年長期目標要綱」を発表し、北極圏で実践的な協力に関与して「シルクロード」を開設し、南極の保護と利用に関与する能力を高めていくという方針を明らかにした。

同要綱によれば、国家の安全保障や発展の全局に関わる戦略的な国家重大科学技術プロジェクトとして実施される「**科学技術の最先端分野における難関攻略**」として掲げられた7分野の一つが、「**深宇宙、地下深部、深海、極地の探査**」であり、この分野のプロジェクトに「極地の立体観測・監視プラットフォーム及び大型砕氷船等の開発」や「極地調査砕氷船の**雪竜**による極地探査2期建設」等が盛り込まれた。

中国が北極圏でのシルクロードの積極的な建設を打ち出したことは、アメリカを含む北極圏諸国を警戒させている。

中国が北極海におけるシルクロード建設を表明したのは、2017年のことであった。中国の国家発展改革委員会と国家海洋局が2017年6月に「一帯一路における海上協力のビジョン」を発表し、海のシルクロードにおける「**海洋経済（ブルー・エコノミー）**」の3つの重点建設ルートとして、①中国～インドシナ半島経済回廊～南シナ海～インド洋、②中国～オセアニア～南太平洋、③中国～北極海～ヨーロッパの3本の**ブルー・エコノミー・シルクロード**の構想を打ち出した。その半年後の2018年1月2日には、中国は「**北極政策白書**」を公表し、北極と1ミリも接していないのにもかかわらず「**北極近接国家**」を自称し、「**氷上のシルクロード**」建設を表明して、インフラの整備と北極圏ガバナンスへの参加を求めていくと訴えた。中国の科学調査船「向陽紅01」は、2019年8月10日から第10回北極調査任務に出航し、ベーリング海、ベーリング海峡、チュクチ海等で50日間の調査を行っている。また、中国の第11次北極科学調査隊は中国初の国産極地科学調査用砕氷船「雪竜2号」でチュクチ海台、カナダ海盆、北極海中心の公海海域等において2020年6月から3カ月間調査を行った。2019年9月には、南北極域の環境を観測することを目的とする地球観測衛星「京師1号（BNU-1: Ice Pathfinder）」が、山西省太原衛星発射センターから長征4Bロケットに搭載されて打ち上げられた。「京師1号」は2020年6月から北極観測を開始し、海氷の変化の観察や海路情報の提供をしている。

北極評議会への参加

1984 年から南極の調査を実施してきた中国は、1995 年以降、北極圏の調査を始め、現在では「一帯一路」を通じて北欧諸国との関係を強化している。

北極圏には世界全体の未発掘の石油の 1 割、天然ガスの 3 割が存在するとされている。探査されていない炭化水素物は世界の埋蔵量全体の 4 分の 1 に相当するという専門家の見方もある。また、地球温暖化の影響で欧州とアジアを結ぶ最短航路の**北極海航路**が可能になると予想され、注目が集まっている。

北極圏は伝統的に北極評議会の利害関係の場であった。しかし、2013 年 5 月に北極評議会が 12 カ国の非北極圏諸国（日本、中国、フランス、ドイツ、ポーランド、スペイン、オランダ、イギリス、インド、イタリア、韓国、シンガポール）を「常任オブザーバー参加国」として加えたことで、北極圏の利権をめぐるプレイヤーが拡大した。オブザーバーは閣僚会合等に招待され、議長裁量によって会合における発言や文書の提出も可能となっている。

中国の温家宝国務院総理は、AC のオブザーバー地位が認められる前月、アイスランドを訪問し、中国とアイスランド間の FTA や「北極協力に関する枠組み協定」等に調印した。アイスランドとの FTA は、中国がヨーロッパにおいて締結する最初の FTA であった。アイスランドは中国の北極評議会におけるオブザーバー資格を強く支持して頼もしいパートナーとなっていた（両国は 2007 年から FTA 交渉を進めていた）。同年 7 月 22 日から 8 月 2 日には、中国の極地観測船「雪竜号」がロシア北西部のフランツ・ヨーゼフ島、ロシア北部のセヴェルナヤ・ゼムリャ諸島の北を通り、アイスランドの訪問に成功した。

2002 年に中国海軍による初の世界一周航海を実施した中国は、2004 年夏にノルウェー領スピッツベルゲン島に中国初の北極科学観測基地「黄河基地」を開設した。2012 年に、アイスランドで「中国・アイスランドオーロラ共同観測台」を設置し、2016 年には、グリーンランドと「北極科学研究の共同推進に関する覚書」に調印した。

北極圏と米中攻防

中国が 2018 年に「**北極政策白書**」を公表して中国自らを「北極に近い国」であると強調するとともに、中国 5 カ所目となる南極観測基地施設の建設を勢力的に進めていたことを受けて、2019年6月1日にアメリカ国防総省が公表した「インド太平洋戦略」は、中国が「一帯一路」で北極圏に「**北極シルクロード**（Polar Silk Road）」を築き南極を勢力下に置こうとしていることに警鐘を鳴らした。その2カ月後には、当時のトランプ大統領が「デンマーク自治領グリーンランドを買いたい」と周辺に漏らしていると世界中のメディアが報じた。アメリカでは1946年のトルーマン政権期にも対ソ連戦略でグリーンランドの買収を画策したことがある（バイデン政権期には、ブリンケン国務長官が2021年5月のデンマーク訪問時に、グリーンランド購入を明確に否定している）。

トランプのグリーンランド購入構想の背景として、**グリーンランドの地政学**が挙げられる。グリーンランドにあるアメリカのチューレ基地の位置は、南北両極上空を軌道として周回する衛星にアクセスできる世界でも極めて限られた場所の一つであり、地球全体を網羅するGPS網構築には要衝となる。米軍のチューレ基地には、宇宙監視用のレーダーや弾道ミサイル用早期警戒レーダー等があるとされている。

2016年には、中国企業はグリーンランドの旧米軍基地を購入しようとした。しかし、デンマーク政府が取引を停止させていた。また、2017年のグリーンランド首相の訪中時に、グリーンランド側からヌーク、イルリサット、カコルトックの3カ所の新空港建設計画への融資を国家開発銀行や中国輸出入銀行等の中国の複数の銀行へ要請すると、中国側は中国企業が建設する条件で融資に関心を示した。しかし、優先交渉社に選ばれた中国国営企業が、研究施設や衛星通信基地の建設、空港の改良工事等を提案したことから、2018年5月、アメリカのマティス（James Mattis）国防長官が「同盟国としてのデンマーク」のフレドリクセン（Claus H. Frederiksen）国防大臣をアメリカへ招き、中国がカナダ沖に軍事拠点を持つことになるかもしれないと警告し、中国資本による新空港建設を停止させた。2019年2月までに、アメリカ政府とデンマーク政府は、「高い利子や地政学上の懸念」を理由に挙げ、デンマーク政府が融資して空港の共同管理権を有することにして、中国企業との契約を停止させることに成功した。

グリーンランド自治政府は、2009年の自治政府法によって外国政府および国際機関と交渉し合意を結ぶ権限を獲得していたが、デンマーク王国憲法、市民権、最高裁、外交・安全保障、為替・金融政策権限はデンマーク政府に委ねられていた。デンマーク政府に融資の要請を再三行っていたが聞き入れられないでいたため、中国からの巨額投資を歓迎したグリーンランド自治政府は、中国企業の入札をデンマーク政府の了解を得ず事前承認してしまっていた。そこで、アメリカ国防総省は管轄権を持つデンマーク政府に対して、中国資本による新空港建設に「警告」を発し、アメリカがグリーンランドにおける軍民両用空港建設に投資するという「異例の声明」まで出したのであった。

日本の「国際海峡」と「特定海域」

中国の北極シーレーンは、東シナ海や日本海から津軽海峡もしくは宗谷海峡等を通ってベーリング海へと繋がる。中国が北極海への進出を加速させると言うことは、宗谷海峡や津軽海峡における中国船の航行が増えることになる。

「公海または排他的経済水域の一部分」と「公海または排他的経済水域の他の部分」との間には、「国際航行に使用されている海峡」と呼ばれる水域がある。UNCLOSによれば、「**国際航行に使用されている海峡**」の水域の法的地位は当該水域、当該水域の上空並びに当該水域の海底およびその下に対する海峡沿岸国の主権または管轄権の行使に影響を及ぼすものではない（UNCLOS第34条）。

ただし、「国際航行に使用されている海峡」の海峡内に航行上および水路上の特性において同様に便利な公海または排他的経済水域の航路が存在するものについては、国連海洋法第3部は適用されない（UNCLOS 36条）。

すべての船舶および航空機は、「国際航行に使用されている海峡」において、**通過通航権**を有している。ただし、海峡が海峡沿岸国の島および本土から構成されている場合において、その島の海側に航行上および水路上の特性において同様に便利な公海または排他的経済水域の航路が存在する時には、「通過通航」は、認められない（UNCLOS第37～38条）。

日本国内の5つの「**特定海域**（宗谷海峡、津軽海峡、対馬海峡西水道及び東水道、大隅海峡）」は日本の法律により「公海」となっており、「自由通航」が認められているのであって、「国際航行に使用されている海峡」における通過通航制度を適用しているわけではない。

通過通航は、公海または排他的経済水域の一部分と公海または排他的経済水域の他の部分との間にある海峡において、航行および上空飛行の自由が継続的かつ迅速な通過のためのみに行使される。

1977年に日本で制定された「領海法」では、領海が基線からその外側12海里までとされていたが、国際航行に使用されるいわゆる「国際海峡」の宗谷海峡、津軽海峡、対馬海峡西・東水道、大隅海峡の5海峡は「特定海域」として、その海域に関わる領海が基線からその外側3海里の線およびこれと接続して引かれる線までの海域とされた。これら5海峡を特定海域にしておくことは日本の国益を損じることになるとの意見が日本の専門家の中にはある。

南極で衛星通信システムの強化

1983年に南極条約に加盟した中国は、1984年に初の南極観測隊28人を派遣し、1985年に南極大陸に最初の南極基地「長城」を建設した。南極大陸における研究基地増設には、大国としてのグローバルな影響力強化と、豊富な地下埋蔵資源（石油・ガス・水・鉱物）、そして衛星通信基地としての戦略がある。2017年2月までに、中国第33次南極調査隊が南極ロス海地域で5カ所目となる南極観測基地新設の用地選定作業を完了している。

2015年2月には、**北斗衛星測位システム**の南極基地局を正式に稼働させている。南極に設置されたリモートセンシング衛星受信基地は、中国国内4カ所の海洋衛星受信基地（北京、三亜、牡丹江、杭州）と違い、**極軌道**を通る衛星の作業効率を最大限にできるため、広範囲のデータをスピーディかつリアルタイムに収集できる。中国はロシアのグロナス（GLONASS）と提携して、アメリカのGPSの優位を崩そうとしていると言われている。

2021年5月7日には、極地科学観測砕氷船「雪竜2号」が上海の国内拠点埠頭に帰還し、南極の長城基地と中山基地の物資補給、南極海生態系と海洋環境の総合調査、偏西風帯環境観測浮標の回収等の第37次南極科学観測を完了させた。「雪竜2号」が初めて単独で行った南極一周の観測任務であった。2020年11月10日に出発した観測隊は、179日で3万6,000カイリ以上を航行した。

終章　米中覇権競争と日本

終章で学ぶこと

本章まで読み進めてきた読者には、現代の国際社会を理解していくための国際関係論の基礎的な概念や枠組みをつかんでいただけたであろう。国際関係論は非常に幅の広い学問領域である。限られた紙幅で扱う主要な論争的イシューをできるだけ絞り、具体的な経緯については主要な点のみを事例にとり、現実の国際関係を理解するための基礎的な用語や枠組みをできるだけ平易に叙述することを心がけた。また、本書を学ぶことで、読者が現在展開されている米中の競争関係の構図を基礎的なレベルから理解できるように、約30年間の米中関係を対象として、経緯とイシューの両面について記述し、その方向性を示すことを試みた。

本書は、第Ⅰ部で国際関係論の主要な理論を、第Ⅱ部で近年の米中関係のあゆみを、また、第Ⅲ部で主な論争的イシューを論じてきた。読者は第Ⅱ～Ⅲ部を包括的に理解することで、現在激化している米中競争関係は、一部のメディアが報じているようなアメリカ側が仕掛けたもの／トランプが仕掛けたものではなく、富強大国化した中国が独善的な対外姿勢を鮮明にし、国際社会のルールを尊重せずに国際レジームの紛争処理メカニズムを機能不全にし、本来は国際協調の枠組みであるべき国際機構を自国の利益を反映させる枠組みにし、ケーブルの中のサイバー空間やグローバルコモンズ（国際公共財）であるべき宇宙空間や海洋で軍事的に優位に立とうと中国が挑戦していることに対するアメリカ側の抵抗であることを理解してきたことであろう。

しかし、アメリカも中国もどちらも日本の経済や安全保障にとって最も重要な国である。そこで、米中対立構図を前提に、最終章では、日本を取り巻く安全保障体制を考察するには、いかなるアプローチをとるべきかを考えていく。

第1節でシステムとしての安全保障体制について、第2節でレジームとしての安全保障体制について学ぶ。前者の**システム**とは相互作用の総体を示す概念である。後者の**レジーム**とは、相互作用を制御するための規範やルールを示す概念である。第3節で本書の結びを記す。

第1節　システムとしての安全保障体制

覇権モデルか？　勢力均衡モデルか？

覇権（hegemony）とは、政治的にも経済的にも軍事的にも圧倒的なパワーを突出させた国家が国際安全保障秩序を形成し、そのパワーを背景に国際社会で**国際公共財**を他国へ提供し、支配したり管理したりするシステムである。

一方、**勢力均衡**（balance of power）とは、ある国家または国家群が強大になりすぎないように力の均衡を図り（＝覇権の阻止）、国際社会の平和を維持しようとするシステムである。アナーキー（無政府状態）な国際社会において、諸国家が自らの独立や安全を守るためには、他国がシステム内で圧倒的なパワーの優位を得ようとする行動を妨げることが必要になることもある。対立する国家間、勢力間でパワーのバランスがとれていれば、侵略行為に及ぼうとするとコストがかかる。それゆえ、バランス・オブ・パワーが維持されていれば、侵略行為が事前に抑制され、国際社会は安定すると論じられてきた（多国間システムの中で勢力を均衡させるには二国間の均衡ではなく、国家集団間のパワーを均衡させることが求められる）。

国家Aが自国の相対的なパワーを増大させようとすれば、3つの選択肢がある。(1) 自らの力を増大する、(2) 自らの力に他国の力を加える、(3) 敵対国から他国の力を引き離す、の三択である。(1) を選択すれば**自助**すなわち軍備増強に乗り出すことになる。(2) と (3) を選択すれば同盟の形成や強化に向かうことになる。日本が選択できる政策は (1) ～ (3) すべてであり、海洋で膨張する中国の対外姿勢を念頭に置けば、これら3つを同時に行うことが国防の観点からは望ましい。

歴史的に見ると、「長い18世紀」の後のヨーロッパでは、大国による**勢力均衡**を前提とする**正統主義**が基本原則となったウィーン会議（1814～1815年）から1853年まで、**ウィーン体制**下で、大国同士がお互いに牽制しあいながら大戦争を防ぐ勢力均衡を維持することで平和を続けた。ドイツが統一され台頭するとシステムは動揺し、1870 年にウィーン体制は終焉を迎えたが、**ビスマルク体制**によって、ヨーロッパは第 1 次世界大戦まで地域の平和を維持した。19 世紀のヨーロッパにおける大国間協調の歴史は、国際秩序の維持には、その正当性と正統性を参加している諸国が支持しなければならないことを物語っている。したがって、「力による現状変更」に動く修正主義国家のパワーが台頭しているアジアにおいては、ヨーロッパの歴史からは参考にならない。また、アジアの中小国は安全保障においてアメリカに依存している一方で、経済においては中国とのサプライチェーンを深化させており、かつアメリカ自身も中国との太いサプライチェーンを構築していることから、経済のグローバリゼーションが不可逆的な現在の世界において、冷戦時代の米ソによるモデルも採用することはできない。中国は、冷戦期の国際共産主義運動の時とは異なり、「中国モデル」を世界へ輸出しようとしているわけではないし、イデオロギー対立による陣営の分断を図ろうとしているわけではない。また、いくら中国が単独で台頭していても、中国にはアメリカのような強力な同盟がなく、アメリカの同盟と対抗的な同盟を形成することは、短中期的には適わず、ブロック形成による世界の分断は現実的ではない。「一帯一路」によって経済的にも政治的にも中国の影響力が高まっているものの、中国はグローバルな公共財の提供や規範形成に乗り出しているわけではない。さらに、半世紀にわたり「核の傘」を提供することでアメリカが構築してきた同盟関係は、アメリカのコミットメントが不透明化し信頼を失っている中で見直されつつある。アメリカと中国という 2 つの超大国のどちらかを選ぶことをアジアの中小国は強制されたくないし、選ぶことのできない国は少なくない。

従来、勢力均衡には 5 つのパターンが見られてきた。(1) **同盟の形成や強化**、(2) **共同分割型**、(3) **バランサー型**、(4) **大国間の協調型**、(5) **合従型**、の 5 つである。(2) の共同分割型は、大国が自国の安全保障を確保するために、**ポーランド分割**のように、中小国を犠牲にして均衡を図ろうとする大国間のための均衡である。(3) のバランサー型は、**台湾関係法**によりアメリカが台湾に防衛のための兵器を供給したり台湾の安全に対する脅威にはアメリカが対抗措置をとったりすることでバランスをとろうとしている東アジアのように、対立している二国間または多国間のバランス・オブ・パワーを維持するために、大国が力の小さい方の国を支援することで中等国を抑制し、システムの安定と平和を維持するシステムである。**自助**のみでは「核保有国の中国」とのバランスがとれない日本が選べる勢力均衡の選択肢は（1）と（3）である。

> **参照：台湾関係法（アメリカの国内法）**
> 第2条B項　合衆国の政策は以下の通り。
> （2）同地域の平和と安定は合衆国の政治、安全保障及び経済的利益に合致し、国際的な関心事であることを宣言する。
> （3）合衆国の中華人民共和国との外交関係樹立の決定は、台湾の将来が平和的手段によって決定されるとの期待に基づくものであることを明確に表明する。
> （4）平和手段以外によって台湾の将来を決定しようとする試みは、ボイコット、封鎖を含むいかなるものであれ、西太平洋地域の平和と安全に対する脅威であり、合衆国の重大関心事と考える。
> （5）防御的な性格の兵器を台湾に供給する。
> （6）台湾人の安全、社会、経済の制度に危害を与えるいかなる武力行使または他の強制的な方式にも対抗しうる合衆国の能力を維持する。

勢力均衡を見込めない場合には、中小国は**中立政策**を選択するか、勢いがあるとみなす方の大国に追従することで自国の独立と安全保障を保持しようとする**バンドワゴン（勝ち馬に乗る）**政策を選択することになる。ASEAN 諸国は、中国に脅威を抱きながらも中国経済パワーの前に中国とは対峙できないでいる。

こうした状況では、「アメリカと同盟関係にある日本」には、**合従連衡《がっしょうれんこう》**が求められるであろう。合従連衡とは、その時の利害や情勢に応じて国家や組織が連携したり離反したりする外交の駆け引きのことである。合従とは、南北に連なる6カ国（斉・燕・楚・韓・魏・趙）が同盟を組み、秦に対抗しようとした、古代中国の政策のことで強国に対抗する中小諸国による同盟や連合の形成である。連衡とは「横に連ねる」の意味で、秦はこれら6カ国のそれぞれと個別に同盟を結んでいき、合従を分断したとされる。バイデン政権が打ち出した民主主義国家による「一帯一路」への対抗策は、現代の合従連衡と言えよう。

米中対立は「冷戦2.0ではない」

歴史家の**ギャディス**（John Lewis Gaddis）はソビエトとアメリカが直接衝突しなかった冷戦を「**長い平和**」と表現した。米ソ冷戦は核兵器で脅しあったからこそ保たれた「冷戦期の平和」であった。しかし、2020年8月に東欧を歴訪したポンペオが米中の対立を「『**冷戦2.0**』**ではない**。中共の脅威に対抗するのはそれよりもずっと難しい」と警鐘を鳴らしたように、また、バイデン政権に移ったアメリカ政府の立案者においても、米中対立関係は伝統的な超大国間の競争ではなく、**民主主義対専制主義の闘い**とみなしている。

「アメリカの道徳的リーダーシップ（America's moral leadership）」の再建を目指すバイデン政権の発足直前、1月13日に**インド太平洋調整官**に就いた、オバマ前政権で東アジア・太平洋担当国務次官補を務めたキャンベル（Kurt M. Campbell）は、2019年9/10月号の*Foreign Affairs*誌に、ジェイク・サリバンとともに寄稿した共同論文“Competition Without Catastrophe: How America Can Both Challenge and Coexist With China”において、最終的に中国がソビエトよりもパワフルなイデオロギーの問題を作り出し、中国が超大国として台頭していくにつれて、世界秩序も**権威主義**へ傾斜していく可能性があると示唆していた。その一方、キャンベルとサリバンは、アメリカ外交の目的が**グランド・バーゲン**（**大取引**）いわゆる**米中G2**ではなく、軍事、経済、政治、グローバル・ガバナンスの4つの主要な競争領域における米中共存でアメリカが有利な条件を確立することにあると説いていた。

富強大国化した中国は覇権への野望を顕わにしており、もはやアメリカ一国では「膨張する中国」の野心を抑えることが不可能になっている。そこで、バイデン政権は中国のような専制国家に対してアメリカとその同盟国や友好国で「**民主主義の同盟**」を構築し、中国に対抗できるバランス・オブ・パワーを維持しようとしている。しかし、2020年のアメリカ大統領選において選挙を通じた平和的な権力移行という民主主義の根幹が揺らいだアメリカが「民主主義の同盟」を掲げても、ドイツをはじめとするヨーロッパや民主主義国が少ないアジアでは、アメリカ政府と温度差が生じている。アメリカの中国への対抗策は、関税等の経済制裁に依存しており、TPP復帰といったリベラルな戦略を放棄してしまっている。そうしたアメリカの行動によって、国際政治のリベラリズムは衰退している。アメリカのリーダーシップに懐疑的となった同盟国からすれば、バイデンがアメリカの覇権の復帰を称えても響かないであろう。

大国間協力を必要とする地球規模の課題が現在ほど多くはなかった冷戦時代に**モノカルチャー型経済**であったソ連の位置づけとは異なり、現在の中国は民主主義諸国と緊密な**グローバル・バリュー・チェーン**を築いており、米中の経済**デカップリング（切り離し）**は現実的ではない。また、気候変動問題をはじめ喫緊の地球的規模の課題において、米中協力は不可欠となっている。

そうした状況で日本が米中両国政府の動向とともに注意しなければならないのは、中国とのグランド・バーゲン／G2 論／米中共同管理論を支持するアメリカ内の勢力にほかならない。テキサス A&M 大学のレイン（Christopher Layne）教授をはじめとする論客たちは、アジア地域におけるアメリカ・プレゼンスの相対的衰退を考慮すれば、アメリカが事実上アジアにおける中国の勢力圏構築を認めるという譲歩もやむをえないと考えている。日本の人口動態を考えれば、中期的には国力が低下していく日本に対して「アメリカの国益」をアメリカの政策立案者たちがどのように位置づけていくのか、日本は冷静に見据えていく必要がある。

第２節　レジームとしての安全保障体制

４つのモデル

レジームとしての安全保障体制については、脅威の存在（特定の脅威に対するものか、不特定の脅威に対するものか）、脅威への対応（脅威への対抗か、脅威への協力か）で、以下の４類型に分類できる。

表終-1　国際安全保障体制の４類型

脅威への対応	不特定の脅威	特定の脅威
脅威への対抗	集団安全保障体制	集団防衛体制
脅威への協力	協調的安全保障体制	共通の安全保障モデル

「協調的安全保障体制」とは？

協調的安全保障（cooperative security）とは、潜在的な不特定の敵も含めて多国間の枠組みを形成し、対話や協力を通じて相互に信頼醸成を構築し、地域の紛争防止と戦争のリスクを低減させる安全保障レジームである。協調的安全保障が想定する脅威は、**安全保障のジレンマ**や**非伝統的な脅威**（テロ、海賊、自然災害等）である。相互不信を低減させるために情報交換や相互交流等の信頼醸成措置が求められる。協調的安全保障レジームの代表的な機関は**欧州安全保障協力機構**（OSCE）である。

ASEAN地域フォーラム（ARF）はOSCEのような成果をあげてはいないが、(1) **信頼醸成**の促進、(2) **予防外交**の進展、(3) **紛争解決**へのアプローチ、という3段階の漸進的な進展を目指している。参加メンバーは、ASEAN10（ブルネイ、インドネシア、マレーシア、タイ、フィリピン、シンガポール、ベトナム、ラオス、ミャンマー、カンボジア）と非ASEANの16カ国（日本、アメリカ、カナダ、オーストラリア、ニュージーランド、パプアニューギニア、韓国、北朝鮮、モンゴル、中国、ロシア、インド、パキスタン、東ティモール、バングラデシュ、スリランカ)、とEU（EU外務安保政策上級代表、欧州対外活動庁）である。

「共通の安全保障体制」とは？

共通の安全保障（common security）とは、1980年9月に元スウェーデン首相のパルメ（Sven Olof J. Palme）の提唱で組織された「軍縮と安全保障問題に関する独立委員会」が1982年6月に国連事務総長に提出した報告書「共通の安全保障：核軍縮への道標」が打ち出した安全保障レジームである。核戦争に勝利者はありえないとの認識に立ち、ゼロ・サム的発想を転換して相互協力で共通の安全保障を確保すべきと考える。「対抗による安全保障」ではなく「協力による安全保障」こそが共通の利益であるとの認識をレジーム内で必要とする。また同時に、安全保障は軍事的優位によっては達成されるものではないとの前提に立ち、力による軍事行動よりも、軍事行動の抑制の方が諸国にとって大きな利益になるとの認識を形成し、紛争の予防に繋げる考え方である。

日本の安全保障環境においては、「特定の脅威」へも対応しなければならないのであるから、以下、集団安全保障と集団防衛の概念について理解していこう。

集団安全保障とは？

集団安全保障（collective security）とは、同盟に基づく勢力均衡が世界大戦を招いたことへの反省からうまれた安全保障の枠組みである。集団安全保障の定義は、多くの学者の説くところで力点の置き方が必ずしも同じではないが、共通点を整理すると、①すべてのメンバーを包括する国際機構の常設、②武力行使の禁止、③国際的紛争の平和的解決の義務、④既存の秩序の破壊者に対する他のすべての加盟国の協力による共同制裁、によって平和の破壊を防ごうとする枠組みである。後述する**集団防衛**は、レジームの外における特定の脅威に対してバランス・オブ・パワーによって紛争を起こさせないようにする「力による抑止」の概念である。これに対して、集団安全保障は、「圧倒的な力の優位」によってレジーム内の平和と秩序の破壊行為を抑止する概念である。

集団安全保障は日本にとって最適で有効な手段か？

日本の外交方針は、太平洋戦争後、一貫して**国連中心主義**であった。

では、国連中心主義は現在の日本の安全保障環境を考える時、最適で有効なアプローチであろうか。

集団安全保障が有効に機能するためには、少なくとも以下3つの条件が必要になる。第1に、いかなる平和を破壊したり侵略したりするアクターに対しても「圧倒的に優位なパワー」を行使できること、すなわち非軍事的制裁（41条制裁）および軍事的制裁（42条制裁）が実効性を伴えるパワーを有していなければならない。第2に、集団安全保障レジーム内で、安全保障をめぐる同じ考え方を共有している必要がある。第3に、レジームを構成するすべてのメンバーが集団安全保障という利益を共有することである。

第1の条件については、国連憲章第5章（安全保障理事会）の第24条（任務及び権限）と第27条（表決）、そして第43条（国連軍の編成）を含む第7章（平和に対する脅威、平和の破壊及び侵略行為に関する行動）の規定、そして日本にとって潜在的に脅威となっているのみならず直接的に脅威となっている国家の国連における地位と権能を考えれば、安保理常任理事国の5大国主義や軍事制裁の機能不全から、脅威に対する圧倒的なパワーを成立することは極めて困難である。

国連憲章第24条　国際連合の迅速且つ有効な行動を確保するために、国際連合加盟国は、国際の平和及び安全の維持に関する主要な責任を安全保障理事会に負わせるものとし、且つ、安全保障理事会がこの責任に基く義務を果すに当って加盟国に代って行動することに同意する。

前記の義務を果すに当たっては、安全保障理事会は、国際連合の目的及び原則に従って行動しなければならない。この義務を果すために安全保障理事会に与えられる特定の権限は、第6章、第7章、第8章及び第12章で定める。

安全保障理事会は、年次報告を、また、必要があるときは特別報告を総会に審議のため提出しなければならない。

第27条　安全保障理事会の各理事国は、1個の投票権を有する。

手続事項に関する安全保障理事会の決定は、9理事国の賛成投票によって行われる。

その他のすべての事項に関する安全保障理事会の決定は、常任理事国の同意投票を含む9理事国の賛成投票によって行われる。但し、第6章及び第52条3に基く決定については、紛争当事国は、投票を棄権しなければならない。

第7章　平和に対する脅威、平和の破壊及び侵略行為に関する行動

第39条　安全保障理事会は、平和に対する脅威、平和の破壊又は侵略行為の存在を決定し、並びに、国際の平和及び安全を維持し又は回復するために、**勧告**をし、又は第41条及び第42条に従っていかなる措置をとるかを決定する。

第40条　事態の悪化を防ぐため、第39条の規定により勧告をし、又は措置を決定する前に、安全保障理事会は、必要又は望ましいと認める**暫定措置**に従うように関係当事者に要請することができる。この暫定措置は、関係当事者の権利、請求権又は地位を害するものではない。安全保障理事会は、関係当時者がこの暫定措置に従わなかったときは、そのことに妥当な考慮を払わなければならない。

第41条　安全保障理事会は、その決定を実施するために、兵力の使用を伴わないいかなる措置を使用すべきかを決定することができ、且つ、この措置を適用するように国際連合加盟国に要請することができる。この措置は、経済関係及び鉄道、航海、航空、郵便、電信、無線通信その他の運輸通信の手段の全部又は一部の中断並びに外交関係の断絶を含むことができる。

第42条　安全保障理事会は、第41条に定める措置では不充分であろうと認め、又は不充分なことが判明したと認めるときは、国際の平和及び安全の維持又は回復に

必要な空軍、海軍または陸軍の行動をとることができる。この行動は、国際連合加盟国の空軍、海軍又は陸軍による示威、封鎖その他の行動を含むことができる。

第43条 国際の平和及び安全の維持に貢献するため、すべての国際連合加盟国は、安全保障理事会の要請に基き且つ1又は2以上の**特別協定**に従って、国際の平和及び安全の維持に必要な兵力、援助及び便益を安全保障理事会に利用させることを約束する。この便益には、通過の権利が含まれる。

前記の協定は、兵力の数及び種類、その出動準備程度及び一般的配置並びに提供されるべき便益及び援助の性質を規定する。

前記の協定は、安全保障理事会の発議によって、なるべくすみやかに交渉する。この協定は、安全保障理事会と加盟国との間又は安全保障理事会と加盟国群との間に締結され、且つ、署名国によって各自の憲法上の手続に従って批准されなければならない。

第45条 国際連合が**緊急の軍事措置**をとることができるようにするために、加盟国は、合同の国際的強制行動のため国内空軍割当部隊を直ちに利用に供することができるように保持しなければならない。これらの割当部隊の数量及び出動準備程度並びにその合同行動の計画は、第43条に掲げる1又は2以上の特別協定の定める範囲内で、**軍事参謀委員会**の援助を得て安全保障理事会が決定する。

第46条 兵力使用の計画は、**軍事参謀委員会**の援助を得て安全保障理事会が作成する。

第47条 国際の平和及び安全の維持のための安全保障理事会の軍事的要求、理事会の自由に任された兵力の使用及び指揮、軍備規制並びに可能な軍備縮小に関するすべての問題について理事会に助言及び援助を与えるために、**軍事参謀委員会**を設ける。

軍事参謀委員会は、安全保障理事会の常任理事国の参謀総長又はその代表者で構成する。この委員会に常任委員として代表されていない国際連合加盟国は、委員会の責任の有効な遂行のため委員会の事業へのその国の参加が必要であるときは、委員会によってこれと提携するように勧誘されなければならない。

第48条 1. 国際の平和及び安全の維持のための安全保障理事会の決定を履行するのに必要な行動は、安全保障理事会が定めるところに従って国際連合加盟国の全部または一部によってとられる。

2. 前記の決定は、国際連合加盟国によって直接に、また、国際連合加盟国が参加している適当な国際機関におけるこの加盟国の行動によって履行される。

第49条 国際連合加盟国は、安全保障理事会が決定した措置を履行するに当って、共同して相互援助を与えなければならない。

第 50 条　安全保障理事会がある国に対して防止措置又は強制措置をとったときは、他の国でこの措置の履行から生ずる特別の経済問題に自国が当面したと認めるものは、国際連合加盟国であるかどうかを問わず、この問題の解決について安全保障理事会と協議する権利を有する。

第 2 の集団安全保障レジーム内における安全保障をめぐる同じ考え方の共有という条件については、本書第 1～11 章で学んできたように、日本と中国の間では、国家主権、領域、国防、普遍的価値をめぐる認識に大きな違いがある。

第 3 のレジームを構成する全てのメンバーが集団安全保障という利益を共有するという条件については、安保理での拒否権を有している「5 大国の中国」に対する制裁決議へ持ち込むことは厳しく、また「一帯一路」で中国が経済的にも政治的にもそのプレゼンスを台頭させている現在、制裁どころか圧倒的な批判さえも難しいと言える。2020 年 6 月 30 日に中国が香港の「一国二制度」に終焉をもたらした「国家安全維持法」制定をめぐり、同日のジュネーヴで開催された第 44 回国連人権理事会では 27 カ国が同法に反対を表明したものの、賛成したのは 2 倍近い 53 カ国であった。支持派の 53 カ国はいずれも「一帯一路」で巨額な投資を中国から受けている国ばかりであった。

つまり、もしもの有事の際には、国連の役割に期待しても、「集団安全保障機構としての国連」が果たす役割とその有効性には大きな限界があるということである。

集団防衛

国連憲章は、武力行使を禁止している。しかし、2 つだけ例外がある。それは**軍事措置**と**自衛権の発動**である。

自衛権とは**自己保存権**の中の一つで、**急迫性**、**必要性**、**均衡性**の要件をみたす必要がある。他国への侵略には干渉せず、自国の安全保障を自国で防衛しようとすることを個別的自衛権に基づいた**個別的安全保障**という。ある国が武力攻撃を受けた場合、自国と同盟を結んでいる他国が共同で防衛する権利を**集団的自衛権**という。同盟を結び複数の国家が共同で安全保障を確立しようとすることを**対抗的安全保障／集団防衛**（collective defense）という。

国連憲章第51条は、武力攻撃に対する措置として、自衛の固有の権利を認めている。

国連憲章第51条　この憲章のいかなる規定も、国際連合加盟国に対して武力攻撃が発生した場合には、安全保障理事会が国際の平和及び安全の維持に必要な措置をとるまでの間、個別的又は集団的自衛の固有の権利を害するものではない。この自衛権の行使に当って加盟国がとった措置は、直ちに安全保障理事会に報告しなければならない。また、この措置は、安全保障理事会が国際の平和及び安全の維持または回復のために必要と認める行動をいつでもとるこの憲章に基く権能及び責任に対しては、いかなる影響も及ぼすものではない。

集団的自衛権は、自国に攻撃をしていない他国を自国と同盟を結んでいる第三国への攻撃をもって第三国とともに（あるいは代わって）反撃することで、**サンフランシスコ会議**で初めて導入された概念である。集団的自衛権には、(1) **個別的自衛権の共同行使**、(2) **他国に関わる死活的利益の防衛**、(3) **他国の権利の防衛**、の3つがある。例えば、(1) の共同行使は、侵略的な国家Xによって国家α、国家β、国家γがそれぞれ武力攻撃を受けたことを要件に、個別的自衛権を共同で行使する。(2) の他国に関わる死活的利益の防衛は、国家Xが国家αに武力攻撃を仕掛けた場合、国家βと国家γは自国が武力攻撃を受けているわけではないが、武力攻撃を受けた国家αと密接な関係にあり、βとγが死活的な利益を侵害されたことを要件に手段的自衛権を行使する。(3) の他国の権利の防衛は、1981年の**ニカラグア事件**で**国際司法裁判所**によって1986年に採用された事例（ニカラグア政府によるホンジュラス等隣国の反政府勢力への軍事援助を理由にアメリカがニカラグアへ爆撃したことについて、ニカラグアがアメリカの行為を国際法違反として国際司法裁判所に提訴した事件。アメリカはニカラグアによるホンジュラス等隣国への武力攻撃に対する集団的自衛権の行使と主張した。国際司法裁判所は、集団的自衛権行使の要件として、①武力攻撃を直接受けた国による武力攻撃を受けた旨の宣言と、②他国への援助の要請の2点を要件とした）。

オバマ政権期の中国に対するソフトな政策路線に失望してきたアジアでは、バイデン政権発足によるアメリカの対中国外交に不安を抱いていた人々は少なくはなかった。しかし、2021年1月28日、菅義偉総理とバイデン大統領は電話会談において日米両国が同盟を一層強化していくことを確認し、日米安保条約第5条の尖閣諸島への適用を含む日本の防衛に対する米軍の揺るぎないコミットメントと日本に対する**拡大抑止**の提供に対する決意も再確認したことによって、日本も含めてアジア諸国は安堵することになった。同年3月16日に開催された**日米安全保障協議委員会（日米「2+2」）**でも、アメリカ政府は、**地政学的な競争**が深刻化しているという安全保障環境の認識の下、核を含むあらゆる種類のアメリカの能力による全ての領域を横断する防衛協力を深化させ、拡大抑止を強化するため緊密な連携を向上させ、**ルールに基づく国際秩序**を推進していくことを改めて確約した。

「拡大抑止」とは、米軍が同盟国へ抑止力を提供することを意味する。**戦争が違法化**された現代社会であっても、国際法を遵守し平和を愛する国家ばかりではない。日本の周辺には大きな「脅威」が存在する。脅威となる国からの攻撃を事前に思いとどまらせるには、攻撃を抑止するための**意図**と**能力**を抑止する側が持っていなければならない。さらに、それを「脅威となる国」へ確実に認識させることが必要となる。「脅威となる国」は、もしも日本を攻撃しようとするならば、日本の自衛隊のみならず、米軍とも対決することを覚悟しなければならなくなると思わせるのである。つまり、核兵器を所有できない日本にとって、日米同盟は「**国際公共財**」として機能している。

しかし、同盟には「**捨てられる恐怖**」と「**巻き込まれる恐怖**」の「**同盟のジレンマ**」がある。「捨てられる恐怖」とは、支援が必要な時に同盟が守られずに見捨てられるかもしれないという恐れである。「巻き込まれる恐怖」とは、同盟相手国の戦争に巻き込まれる可能性があるという恐怖である。

バイデン政権は、政権発足直前の1月13日に、オバマ前政権で東アジア・太平洋担当国務次官補を務めたキャンベル（Kurt M. Campbell）をインド太平洋調整官に起用することを発表した。それまで中国の覇権拡大を警戒してきたキャンベルは当月刊行された *Foreign Affairs* 誌に、アジア太平洋地域において勢力均衡を維持し、地域国家が正統性を認める秩序を構築する、これらの2つの平和を脅かす中国に対処するためには同盟国とパートナーの連帯をまとめなければならない、と主張していた。しかし、キャンベルは同誌に掲載した論文“How America Can Shore Up Asian Order: A Strategy for Restoring Balance and Legitimacy”の中で、アジア諸国は現在のシステムが修復できないほどのダメージを受けるまで、連帯形成に価値を見出さないかもしれない、と悲観的な認識を示していた。

参考：日本国とアメリカ合衆国との間の相互協力及び安全保障条約（1960年1月19日年署名、1960年6月23日発効）（下線は著者による）

日本国およびアメリカ合衆国は、両国の間に伝統的に存在する平和及び友好の関係を強化し、並びに民主主義の諸原則、個人の自由及び法の支配を擁護することを希望し、また、両国の間の一層緊密な経済的協力を促進し、並びにそれぞれの国における経済的安定及び福祉の条件を助長することを希望し、国際連合憲章の目的及び原則に対する信念並びにすべての国民及びすべての政府とともに平和のうちに生きようとする願望を再確認し、両国が国際連合憲章に定める個別的又は集団的自衛の固有の権利を有していることを確認し、両国が極東における国際の平和及び安全の維持に共通の関心を有することを考慮し、相互協力及び安全保障条約を締結することを決意し、よつて、次のとおり協定する。

第1条　締約国は、国際連合憲章に定めるところに従い、それぞれが関係することのある国際紛争を平和的手段によつて国際の平和及び安全並びに正義を危うくしないように解決し、並びにそれぞれの国際関係において、武力による威嚇又は武力の行使を、いかなる国の領土保全又は政治的独立に対するものも、また、国際連合の目的と両立しない他のいかなる方法によるものも慎むことを約束する。締約国は、他の平和愛好国と協同して、国際の平和及び安全を維持する国際連合の任務が一層効果的に遂行されるように国際連合を強化することに努力する。**←※国連憲章第2条と7章を参照。**

第2条　締約国は、その自由な諸制度を強化することにより、これらの制度の基礎をなす原則の理解を促進することにより、並びに安定及び福祉の条件を助長することによつて、平和的かつ友好的な国際関係の一層の発展に貢献する。締約国は、その国際経済政策におけるくい違いを除くことに努め、また、両国の間の経済的協力を促進する。**←※自由主義体制**

第3条　締約国は、個別的に及び相互に協力して、継続的かつ効果的な自助及び相互援助により、武力攻撃に抵抗するそれぞれの能力を、憲法上の規定に従うことを条件として、維持し発展させる。←※ヴァンデンバーグ決議（1948年6月11日のアメリカ上院における決議。正義による平和と人権擁護と基本的自由のために、合衆国憲法の手続きに従い、かつ、国連憲章の目的・原則・規定に従い、個別的・集団的自衛のための地域的協約やその他の集団的協約を漸次発展させる、等を謳った決議）を背景とする。

第4条　締約国は、この条約の実施に関して随時協議し、また、日本国の安全又は極東における国際の平和及び安全に対する脅威が生じたときはいつでも、いずれか一方の締約国の要請により協議する。

第5条　各締約国は、日本国の施政の下にある領域における、いずれか一方に対する武力攻撃が、自国の平和及び安全を危うくするものであることを認め、自国の憲法上の規定及び手続に従つて共通の危険に対処するように行動することを宣言する。前記の武力攻撃及びその結果として執つたすべての措置は、国際連合憲章第51条の規定に従つて直ちに国際連合安全保障理事会に報告しなければならない。その措置は、安全保障理事会が国際の平和及び安全を回復し及び維持するために必要な措置を執つたときは、終止しなければならない。

第6条　日本国の安全に寄与し、並びに極東における国際の平和及び安全の維持に寄与するため、アメリカ合衆国は、その陸軍、空軍及び海軍が日本国において施設及び区域を使用することを許される。前記の施設及び区域の使用並びに日本国における合衆国軍隊の地位は、1952年2月28日に東京で署名された日本国とアメリカ合衆国との間の安全保障条約第3条に基く行政協定（改正を含む）に代わる別個の協定及び合意される他の取極により規律される。

◆　新安保条約の付属文書である「岸＝ハーター交換公文」

合衆国軍隊の日本国への配置における重要な変更、同軍隊の装備における重要な変更並びに日本国から行なわれる戦闘作戦行動（前記の条約第5条の規定に基づいて行なわれるものを除く）のための基地としての日本国内の施設及び区域の使用は、日本国政府との事前の協議の主題とする。

第7～10条　省略

第3節　結語

コンストラクティヴィズムか？　リベラリズムか？　リアリズムか？

本書は米中関係について多角的に検討してきた。日本にとって、現在の米中関係を分析するアプローチ方法としてどの理論によるのが最適であろうか。

コンストラクティヴィズムの論者は国際規範を形成することで国家のアイデンティティと利益を形成すると説き、規範やアイデンティティという非物質的な要因が対外政策の変更に及ぼされると考え、また、国際規範が国内規範に優先されると説くが、アメリカも中国も常に国際規範よりも自国の国益を何よりも優先してきている。米中関係の分析にコンストラクティヴィズムが役立つことはない。

リベラリズムは、国際関係が対立や競争するだけのものではなく、協力関係を築くことができるものであると考える立場であり、協力をするための何らかのメカニズムを作ることでアナーキー（無政府状態）な国際社会においても協力が可能になるという考え方である。リベラリズムが説く「協力を可能にする何らかのメカニズム」を模索しようとするならば、平和を実現するには国家主権が何らかの形で制限されるべきと考える傾向がリベラリズムにはあるため、核心的利益を優先して追求する中国を分析するアプローチとしては最善とは言えない。リベラリストは、アナーキーな国際社会において、制度や組織やルールが各国の行動を変える効果があると主張している。しかし、近年の国際レジームは米中両国の価値や利害を反映させる米中競争攻防の舞台となっており、米中によるガバナンスのための制度的枠組みとなっている。リベラリストは、諸国家の協議に基づいて秩序が形成され、諸国家間で行動が繰り返されることによって国際レジームが発展すると唱えてきた。しかし、中国もアメリカも、都合のよいときにはレジームを尊重するものの、自国の核心的利益に合わない時は国際レジームの定めるルールを無視している。特に、中国のさまざまな国際レジームにおける台頭が、国際レジームにおける紛争解決のメカニズムを機能不全にしてきている。地政学的競争が先鋭化している現在の大国間関係において、リベラルな国際協調の模索は理想的ではあるが非現実的でしかない。

デモクラティック・ピース論については、第１章で説明したように、中国の民主（minzhu）とアメリカのデモクラシー（democracy）は異なる概念である。むしろ中国は「カラー革命」を安全保障の脅威と位置づけているとともに、アメリカが異なる中国の政治体制を認めるように「人類運命共同体」「新しい国際関係」「国際関係の民主化」を長きにわたり訴え続けてきたのである。カラー革命に対して権威主義国家が示す反動を軽視してはならない。このアプローチでは米中が協調を模索するメカニズムにはなりえない。

複合的相互依存論については、アメリカ側が中国への「関与政策／エンゲージメント政策」を断念した現在、過大評価ができないアプローチである。中国への経済制裁はアメリカの経済的打撃となることがわかっていたにもかかわらず、アメリカは不公正な行動を続ける中国に対して、超党派で中長期的な戦いを挑んでいる。米中間の依存関係が深化しているからこそ、アメリカの利益が脅かされ、それがアメリカの中国に対する大きな反発を生み、米中競争が激化していると言える。複合的な相互依存が深化しているからこそ、複合的な多くのイシューで論争的な対立や摩擦を生み出しているからである。一方の中国は、国際社会のサプライチェーンにおける中国への依存度を高め「アメリカへの強力な抑止力」とすることが2020年4月の中共の会議において習近平によって指示されている。中国は相互依存関係を協調のメカニズミムではなく抑止のメカニズミムに据えようとしている。

リアリズムについては、ケネス・ウォルツをはじめとする構造的リアリズムは、アナーキーな国際システムにおいて、国家がまず既存のバランス・オブ・パワーの現状維持に動くと説いている。しかし、富強大国化した中国はその台頭にふさわしい地位と発言権のさらなる向上を求め、さらなるパワーの増大に向かい、アジアにおける覇権を目指している。したがって、構造的リアリズムのアプローチでは米中関係の分析に相応しくない。

一方、「一帯一路」による中国の台頭が続けば、そう遠くない未来に、アメリカに代わって中国がアジアの経済・軍事・政治を支配する覇権国になる可能性は低くない。そうであるならば、覇権安定論は望めない。むしろ専制国家で国家資本主義の中国による帝国的な覇権を防止するためには、日本には勢力均衡のアプローチが必要になる。

アナーキーな国際システムにおいて、国家がパワーを最大化しようと行動すると説くミアシャイマーによる攻撃的リアリズムは、国家がパワーの最大化を目指し、覇権の達成が最終的な目標となると考える理論である。攻撃的リアリズムは、国家が勢力均衡を崩そうとする動きを妨げるために用いる主な戦略として**バランシング（均衡）**と**バック・パッシング（責任転嫁）**の２つがあると説いた。バック・パッシングでは、「バック・パッシングをする側＝**バック・パッサー**」は、自らは身を引いて安全を確保しつつ傍観している間に、他の大国や中等国家を**バック・キャッチャー**（責任転嫁をされる側）とし、バック・キャッチャーに侵略的な国家を抑止する荷を負わせる戦略である。オフショア・バランシングである。インドはQUADの中でインドがバック・キャッチャーにされないように中国へ慎重な姿勢を見せている。日本はインドをバック・キャッチャーに据えることはできないが、アメリカとオーストラリアが中国と直接対決している。その一方で、日本はアメリカやインドから彼らのバック・キャッチャーにされないように、有効な勢力均衡策を模索していかなければならない。

日米同盟は軍事だけの同盟ではない

海洋で膨張する中国は、安全保障では日本にとって最大の脅威である。しかし、同時に経済的に関係を深化させている重要な隣国でもある。その中国と実際に衝突しないために、有効な均衡策を模索していく必要が日本にはある。しかし、日本は自助だけでは「核保有国の中国」と均衡をとることができない。

安全保障において、実際に軍事行動に突入してしまえば、国防政策としては失敗である。現実の軍事行動を相手に執らせる前に相手の軍事行動を抑止しなければ、有効な安全保障政策とは言えない。抑止には意図と能力の両方が必要である。脅威となる国に対して、抑止となる能力と意図の両方を見せつけ、相手が行動に出る前に軍事行動を諦めさせなければならない。そこで、軍事的にも経済的にも価値の共有においてもアメリカとの同盟強化による拡大抑止が必要となる。

また、日米同盟は軍事同盟だけでなく、普遍的価値においても経済においても同盟である。日本は、日米同盟の軍事強化だけでなく、いくつもの多層のレジームにおいてルールに基づく国際秩序を強化する外交をアメリカやアジアやヨーロッパの諸国とともに推進し、そのレジームに中国を組み込んでいくことが求められている。また同時に、東南アジア諸国が中国の勢力圏に組み込まれてアジアがフィンランド化することを阻止していくために、アメリカとの連携を模索していかねばならない。21世紀版の合従連衡の模索である。中国の対外政策における合理的計算は、彼らの利益とみなされれば競争しながらも協力にも向かわせることになる。そこで、国際社会のルールを破ることで、より多くのコストが中国にかかっていくことになるということを国際社会は中国にわからせていかねばならない。

しかし、それはたやすいことではないであろう。2021年6月11〜13日にイギリスで開催されたG7が中国を念頭に、「ルールに基づく秩序」を守ることの重要性を確認する見通しであることに反発した中国の在英大使館は、6月12日、「ルールとは少数の国が定めるものではない」「世界の物事を少数の国が動かすような時代はすでに過ぎ去った」と訴えた。

とは言え、日本にはいくつかの方策があるはずである。その一つが、アメリカのTPP復帰や中国がFTAAPへの道として参加への検討を始めたCPTPPへの加盟交渉における日本の外交手腕である。WTO体制ならびに国際貿易体制の根幹が揺らぎ続けてきた中でCPTPPを纏めた日本政府には、「公正な貿易ルールの確立」「法の支配」を強調しながら、アメリカのTPP離脱後のCPTPPのリーダー国として、中国の加盟への交渉とアメリカ復帰をめぐり、その外交手腕を期待したい。

参考文献

天児慧・三船恵美編『膨張する中国の対外関係：パクス・シニカと周辺国』勁草書房、2010年。

伊東寛『「第5の戦場」サイバー戦の脅威』祥伝社新書、2012年。

伊東寛『サイバー・インテリジェンス』祥伝社新書、2015年。

伊東寛『サイバー戦争論：ナショナルセキュリティの現在』原書房、2016年。

ウォルツ、ケネス（河野勝・岡垣知子訳）『国際政治の理論』勁草書房、2010年。

ウォルツ、ケネス（渡邉昭夫・岡垣知子訳）『人間・国家・戦争：国際政治の3つのイメージ』勁草書房、2013年。

内海善雄『「国連」という錯覚：日本人の知らない国際力学』日本経済新聞出版、2008年。

大矢根聡『コンストラクティヴィズムの国際関係論』有斐閣、2013年。

オングストローム、ヤン、&ワイデン、J. J.（北川敬三監訳）『軍事理論の教科書』勁草書房、2021年。

カー、E・H（原彬久訳）『危機の20年：理想と現実』岩波文庫、2011年。

金谷治『新訂孫子』岩波文庫、2000年。

カント（宇都宮芳明訳）『永遠平和のために』岩波文庫、1985年。

ギャディス、ジョン・L.『ロング・ピース—冷戦史の証言「核・緊張・平和」』芦書房、2003年。

クラウゼヴィッツ（篠田英雄訳）『戦争論』上下巻、岩波文庫、1968年。

クラズナー、スティーブン・D.（河野勝訳）「グローバリゼーション論批判：主権概念の再検討」渡辺昭夫・土山実男編『グローバル・ガヴァナンス：政府なき秩序の模索』東京大学出版会、2001年、pp. 45～68。

クラズナー、スティーヴン・D. 編（河野勝監訳）『国際レジーム』勁草書房、2020年。

グローバルガバナンス委員会（京都フォーラム翻訳）『地球リーダーシップ：新しい世界秩序をめざして』日本放送出版協会、1995年。

コヘイン、ロバート・O. &ナイ，ジョセフ・S.（滝田賢治監訳）『パワーと相互依存』ミネルヴァ書房、2012年。

コヘイン、ロバート（石黒馨・小林誠訳）『覇権後の国際政治経済学』晃洋書房、

1998年。
佐藤敦子「コンストラクティヴィズム」吉川直人・野口和彦『国際関係理論』勁草書房、2006年。
シェリング、トーマス（河野勝監訳）『紛争の戦略：ゲーム理論のエッセンス』勁草書房、2008年。
谷脇康彦『サイバーセキュリティ』岩波新書、2018年。
ナイ、ジョセフ・S.（山岡洋一訳）『スマート・パワー：21世紀を支配する新しい力』日本経済新聞出版社、2011年。
ナイ、ジョセフ・S. ジュニア＆ウェルチ、デイヴィッド・A.（田中明彦・村田晃嗣訳）『国際紛争：理論と歴史（第8版）』有斐閣、2011年。
ナイ、ジョセフ・S.（山岡洋一訳）『ソフト・パワー：21世紀国際政治を制する見えざる力』日本経済新聞出版社、2004年。
ナイ、ジョセフ・S.（土山実男訳）『核戦略と倫理』同文舘出版、1988年。
フリードマン、トーマス（東江一紀訳）『レクサスとオリーブの木：グローバリゼーションの正体（上・下巻）』草思社、2000年。
ブル、ヘドリー（臼杵英一訳）『国際社会論：アナーキカル・ソサイエティ』岩波書店、2000年
ホッブズ（水田洋訳）『リヴァイアサン（改訳）1〜4』岩波文庫、2004年。
マキアヴェッリ（河島英昭訳）『君主論』岩波新書、1998年。
ミアシャイマー、ジョン・J.（奥山真司訳）『大国政治の悲劇』五月書房、2007年。
三船恵美『米中露パワーシフトと日本』勁草書房、2017年。
モーゲンソー（現代平和研究会訳）『国際政治：権力と平和（Ⅰ・Ⅱ・Ⅲ）』福村出版、1986年。
横田洋三（監修）、滝澤美佐子他（編著）、太田育子他著『入門国際機構』法律文化社、2016年。
ラセット、ブルース（鴨武彦訳）『パクス・デモクラティア：冷戦後世界への原理』東京大学出版会、1996年。
ローズクランス、リチャード（土屋政雄訳）『新貿易国家論』中央公論社、1987年。
ローズクランス、リチャード（鈴木主税訳）『バーチャル国家の時代：21世紀における富とパワー』日本経済新聞社、2000年。
ロック、ジョン（加藤節訳）『完訳統治二論』岩波文庫、2010年。
ロドニック、ダニ（柴山桂太・大川良文訳）『グローバリゼーション・パラドックス』白水社、2014年。
Baylis, John, & Owens, Patricia, & Smith, Steve, *The Globalization of World Poli-*

tics: An Introduction to International Relations, Oxford University Press, 2020.

Brose, Christian, *The Kill Chain: Defending America in the Future of High-Tech Warfare*, Hachette Books, New York, 2020.

Hardin, Garrett, “The Tragedy of the Commons,” *Science*, 162 (1968), pp. 1243-1248.

Jackson Robert, & Sørensen, Georg, *Introduction to International Relations: Theories and Approaches*, Oxford University Press, 2019.

Onuf, Nicholas Greenwood, *World of Our Making: Rulesand Rule in Social Theory and International Relations*, University of South Carolina Press, 1989.

Pevehouse, Jon C. W. & Goldstein, Joshua S., *International Relations* (11th Edition), Pearson, 2016.

ホワイトハウス［https://www.whitehouse.gov/］

アメリカ国防総省［https://www.defense.gov/］

アメリカ国家安全保障局［https://www.nsa.gov/］

アメリカ国務省［https://www.state.gov/］

U. S.-China Economic and Security Review Commission [https://www.uscc.gov/]

Foreign Affairs [https://www.foreignaffairs.com/]

Christian Brose, “The New Revolution in Military Affairs War’s Sci-Fi Future,” *Foreign Affairs*, May/June 2019, [https://www.foreignaffairs.com/articles/2019-04-16/new-revolution-military-affairs].

全国人民代表大会［http://www.npc.gov.cn/］

中国国務院新聞弁公室［http://www.scio.gov.cn/index.htm］

中国国防部［http://www.mod.gov.cn/］

中国外交部［https://www.fmprc.gov.cn/web/］

新華社［http://m.xinhuanet.com/］

環球時報［https://www.huanqiu.com/］

索　引

■か行

著者略歴

駒澤大学法学部教授（国際関係論）。平和・安全保障研究所研究委員。早稲田大学第一文学部卒業。米国ボストン大学大学院修了（MA in International Relations）。学習院大学大学院政治学研究科博士後期課程単位取得退学。博士（政治学）。日本学術振興会特別研究員（DC 2）、中部大学国際関係学部専任講師、同助教授、駒澤大学法学部准教授を経て現職。専攻は中国の外交・国際関係論。著書に『基礎から学ぶ国際関係論』（泉文堂）、『中国外交戦略　その根底にあるもの』（講談社選書メチエ）、『米中露パワーシフトと日本』（勁草書房）、共編著に『膨張する中国の対外関係』（勁草書房）、共著に *The Troubled Triangle: Economic and Security Concerns for the United States, Japan and China*（Inoguchi and Ikenberry eds., Macmillan）、*Assessing Maritime Power in the Asia-Pacific: The Impact of American Strategic Re-Balance*（Kennedy and Pant eds., Ashgate）などがある。

米中覇権競争と日本

2021年9月15日　第1版第1刷発行

著者　三《み》船《ふね》恵《え》美《み》

発行者　井村寿人

発行所　株式会社　勁《けい》草《そう》書房

112-0005 東京都文京区水道2-1-1　振替 00150-2-175253
（編集）電話 03-3815-5277／FAX03-3814-6968
（営業）電話 03-3814-6861／FAX03-3814-6854
大日本法令印刷・中永製本

ISBN978-4-326-30306-9　Printed in Japan